国家出版基金项目
NATIONAL PUBLICATION FOUNDATION

日本近代对中国边疆调查及其文献研究

袁向东　张明杰　主编

民俗学上所见之蒙古

（日）鸟居君子　著

娜荷芽　译

暨南大学出版社
JINAN UNIVERSITY PRESS

中国·广州

图书在版编目（CIP）数据

民俗学上所见之蒙古/（日）鸟居君子著；娜荷芽译. —广州：暨南大学出版社，2018.12
（日本近代对中国边疆调查及其文献研究/袁向东，张明杰主编）
ISBN 978 - 7 - 5668 - 2521 - 6

Ⅰ.①民… Ⅱ.①鸟…②娜… Ⅲ.①蒙古族—少数民族风俗习惯—研究—中国 Ⅳ.①K892.312

中国版本图书馆 CIP 数据核字（2018）第 253978 号

民俗学上所见之蒙古
MINSUXUE SHANG SUOJIAN ZHI MENGGU
著 者：（日）鸟居君子 译 者：娜荷芽
....

出 版 人：徐义雄
策划编辑：潘雅琴
责任编辑：潘雅琴 冯 琳
责任校对：叶佩欣
责任印制：汤慧君 周一丹

出版发行：暨南大学出版社（510630）
电 话：总编室（8620）85221601
营销部（8620）85225284 85228291 85228292（邮购）
传 真：（8620）85221583（办公室） 85223774（营销部）
网 址：http://www.jnupress.com
排 版：广州良弓广告有限公司
印 刷：广州市快美印务有限公司
开 本：787mm×960mm 1/16
印 张：19.5
字 数：346 千
版 次：2018 年 12 月第 1 版
印 次：2018 年 12 月第 1 次
定 价：98.00 元

（暨大版图书如有印装质量问题，请与出版社总编室联系调换）

总　序

中日交往，源远流长。千百年间，日本曾视中国为"圣人之国""礼仪之邦"。然步入近代，中国却变为日本侵略扩张的标的。在以西学为范本的近代学术的诸多领域，也是日本人着了先鞭。早在清末民初，日本的一些组织和个人就到中国各地，从事形形色色的调查及其他活动，并留下了为数众多的调查报告、见闻游记等文献资料。

仅就调查活动而言，既有出于政治与军事目的的侦探，包括兵要地志、政情民俗、商贸经济、民族文化、社会风貌等，也有以所谓学术考察为名的各种调查，如考古发掘、民族宗教、地质地理、建筑美术等。就笔者所见所知，这类调查文献大大小小数以千计，仅涉及东北和内蒙古（日本所谓"满蒙"）地区者，就多达两三百种。若加上那些秘不示人或已焚毁的机密报告等，近代日本人涉及我国边疆地区的调查、游记等文献资料，其数量之多，可想而知。

这些文献资料对于我们解读近代中日关系，考察日本人清末民初在中国境内的活动及其对中国的认识至关重要。同时对弥补和丰富我国的边疆史料，再现边疆地区的社会风貌及历史断面，也有一定的参考价值。

一、军事侦探

在这类文献资料中，最早的应属军事侦探类。明治政府成立之初，即现觊觎中国之心。早在1872年8月，日本政府就派遣池上四郎少佐、武市熊吉大尉及外务省官员彭城中平三人，秘密潜入我国东北地区，从事侦探活动。为掩盖军人身份，两名军官暂被委任为外务省官员。他们改名换姓，乔装成商人，从营口到沈阳等地，对辽东半岛及周边地区的地理兵备、政情风俗等进行侦探调查，翌年回国后，提交了由彭城中平起草的《满洲视察复命书》。此乃近代日本人最早的对我国的调查报告。

1873年后，日本政府有组织地将部分陆海军官分批派往中国，从事侦探谍报活动。如 1873 年末派遣以美代清元中尉为主的 8 名军官，1874 年派遣以大原里贤大尉为首的 7 名军官等，即早期所谓"清国派遣将校"之实例。这些人打着留学来华学语言的旗号，其实所接受的指令是"搜集情报"，是对我国与朝鲜、俄国接壤的东北地区和内陆、沿海各省，以及台湾等地进行调查。1875 年，日本驻华公使馆开始常驻武官，福原和胜大佐上任后，负责监督和指挥在我国的日本军官的行动。1878 年，随着日本参谋本部的设立，以军事侦探为目的的军官派遣体制得以确立，派遣及侦探活动也更为组织化、规模化和具体化。分期分批派遣的军官以营口、北京、天津、烟台、上海、汉口、福州、广州、香港等为根据地，对我国诸多省区进行广泛而又缜密的调查，范围不仅仅是东北、华北、华中及南方沿海诸省，而且扩展到陕甘内陆、新疆及云贵等边疆地区。如常驻北京的长濑兼正少尉曾潜入甘肃区域，大原里贤大尉曾深入川陕地区，小田新太郎大尉曾入川鄂云贵地区，从事密探活动。1886 年奉命来我国的荒尾精中尉，以岸田吟香经营的乐善堂为据点，纠集一些所谓"大陆浪人"，对我国内陆省份及新疆地区进行侦探调查。其谍报活动后由退役军官根津一继承，日后设立日清贸易研究所，后又发展为东亚同文书院，成为培养和造就情报人员之摇篮，调查和搜集中国情报之大本营。

这些派遣军官定期向日本政府及有关组织发送情报，不少人还留下了详细的侦探日志、调查复命书及手绘地图等。如岛弘毅的《满洲纪行》、梶山鼎介的《鸭绿江纪行》等，即为其中的调查报告。后来，日本参谋本部编纂《中国地志》（总体部，1887）、《满洲地志》（1889）和《蒙古地志》（1894）等文献时，曾参考了这些军官的实地调查记录。部分军官还直接参与了编纂和校正工作。这些地志并非普通意义上的地理志，而是带有强烈军事色彩的兵要地志，而且完成于中日甲午战争之前，这一点尤其值得注意。遗憾的是，除部分已公刊的之外，不少文献已无从获知其下落。只有当时的手绘地图，"二战"后为美军所扣押并运往美国，现藏于美国国会图书馆。另外，中日甲午战争后，由日本参谋本部牵头实施的对我国的地图测绘及侦探活动，更是触目惊心。《外邦测量沿革史》（3 卷，参谋本部·北中国方面军司令部编，1979 年复版版）、《陆地测量部沿革志》（陆地测量部编，1922）、《参谋本部历史草案》（7 卷 + 别册，广濑顺皓主编，2001）以及《对支回顾录》（上下卷，对支功劳者传记编纂会编，1936）、《东亚先觉志士记传》（上中下 3 卷，葛生能久主编，1933—1936）等文献，可资参考，在此不赘。

1879 年，东京地学协会成立。它比我国地学会的诞生（1909）足足早了 30 年。该协会以英国皇家地理学会为蓝本，名义上以"普及地理学思想"为宗旨，实际上则是倡导和实施海外（尤其是中国和朝鲜）"探险"及调查，为对外扩张的国家战略服务。发起人及中心成员有渡边洪基、长冈护美、榎本武扬、花房义质、锅岛直大、北白川能久、细川护立、桂太郎、北泽正诚、山田显义、曾根俊虎等，多为皇亲贵族、政治家、外交官和军人。该协会除直接派遣人员赴海外调查，搜集情报资料之外，还定期举办演讲会，发行协会报告，1893 年与东京大学地学会合并后，以该会的《地学杂志》作为其会刊逐月发行。

翻检日本早期的演讲报告，则知其多为有关以中国为主的东亚及南洋诸国或地区的探查记录。其中涉及中国边疆的，除上述岛弘毅《满洲纪行》（1879/4）、梶山鼎介《鸭绿江纪行》（1883/4）之外，还有谷川宣誉《辽东日志摘要》（1879/5），福岛安正《多伦诺尔纪行》（1881/2），《亚细亚大陆单骑远征记》（1893/7），山本清坚《从哈克图到张家口·上海》（1882/12），菊池节藏《满洲纪行》（1886/4），长冈护美《清韩巡回见闻谈》（1895/6），铃木敏等《金州附近关东半岛地质土壤调查报告》（1895/5），神保小虎《辽东半岛巡回探查简况》（1895/10）、《辽东半岛占领地之地理地质巡检报告》（1896/10、1897/2）等。这些报告者大多为陆海军军官及政治家。可见，该协会自成立之初，就显露与国家对外扩张政策相呼应的特征。

在我国边疆地区从事侦探调查的，除军人外，还有一些外交官、记者及"大陆浪人"等。这方面的文献主要有：西德二郎《中亚纪事》（1886），永山武四郎《周游日记》（1887），小越平陆《白山黑水录》（1901），植村雄太郎《满洲旅行日记》（1903），中西正树《大陆旅行回顾》（1918），日野强《伊犁纪行》（1909），波多野养作《新疆视察复命书》（1907），林出贤次郎《清国新疆旅行谈》（1908），竹中清《蒙古横断录》（1909），深谷松涛和古川狄风《满蒙探险记》（1918），星武雄《东蒙游记》（1920），吉田平太郎《蒙古踏破记》（1927），副岛次郎《跨越亚洲》（1935），米内山庸夫《云南四川踏查记》（1940）、《蒙古风土记》（1938），成田安辉《进藏日记》（1970 年公开），矢岛保治郎《入藏日志》（1983 年公开），野元甚藏《西藏潜行——1939》（2001），木村肥佐生《西藏潜行十年》（1958），西川一三《秘境西域的八年潜行》（1967）等。

其中，军人出身、后转为外交官的西德二郎（1848—1912），1880 年 7 月从列宁格勒（圣彼得堡）出发，经吉尔吉斯斯坦、塔什干、撒马尔罕等地，进入中国新疆伊犁，后经蒙古、中国北部边疆及上海，于1881年4月返回东京，历时9个月，踏查了对当时日本人来说尚属秘境的俄属中亚和我国新疆地区。《中亚纪事》（上下卷，陆军文库，1886）即此次探险调查之记录。书中记述了作者所经之地的山川地理、气候、民族、人口、沿革、物产、贸易、风俗及动植物等，尤其是对中俄边境地区的实况等多从军事角度作了观察和记述。此书是近代日本人最早涉及我国新疆踏查的文献之一，对近代边疆尤其是西域探险研究领域具有重要意义。

二、所谓"学术调查"

19世纪90年代中期以前，尽管也有部分日本人来我国从事某些领域的考察，但真正的"学术调查"，主要还是在甲午战争之后。这里需要说明的是，近代日本人对我国的学术考察，几乎都与日本侵略扩张的国策并行不悖，只是有的明显，有的隐秘而已。有些完全是打着学术旗号的国策调查，有些则是间接服务于国家战略的越境活动，甚至那些标榜目的较纯粹的宗教探险或学术考察，也都与国家的扩张政策有这样或那样的关联。因此，这里的"学术调查"是应该加引号的。

甲午战争后，出于侵略扩张与殖民统治的需要，日本加紧了对我国的调查与研究，一些机关、学校、宗教团体、学术机构或个人也纷纷行动起来，开展实地考察等活动。当时的东京帝国大学、京都帝国大学，前述的东京地学协会，1884年成立的人类学会（后更名为"东京人类学会"），1896年成立的考古协会（后改称"日本考古协会"）以及东西两本愿寺等组织和团体即其中之代表。

1895年，受东京人类学会派遣，年仅25岁的鸟居龙藏前往我国辽东半岛作考古调查，事后，于东京地学协会作了《辽东半岛之高丽遗迹与唐代古物》（1896/5）的演讲报告。可以说，这是日本人类学或考古学者赴我国调查之嚆矢。此后，他又先后四次被派往我国台湾，从文化人类学角度，对台湾岛及当地居民作实地考察。1902年7月，为开展与台湾的比较研究，鸟居又深入四川、云南、贵州等地，对苗族等少数民族聚居地进行了为期9个月的考察。事后，撰写了《清国四川省蛮子洞》（1903）和《苗族调查报告》（1905）等。后者堪称近代第一本有关我国苗族的田野调查著作，至今仍为学界所重。他此次调查活动本身，对当时及后来的我国民族研究学者也有很大触动，在某种程度上促进了我国学者对西南边疆民族的实地调查与研究。

1902 年 3 月，身为东京帝国大学工科副教授的伊东忠太，为研究和探索日本建筑艺术的发源及其与外国的关联，对我国及印度等地的建筑进行长达两年多的实地考察。他先到北京，然后经山西、河北、河南，西至陕西、四川，再穿越湖北、湖南，入贵州，最后从云南出境。历时一年，纵贯我国大陆南北，考察后撰写了多种学术报告、旅行见闻等。其中《川陕云贵之旅》《西游六万里》等著述，是涉及我国边疆的重要记录。

1902 年 11 月至 1904 年 1 月，工学博士、京都帝国大学教授山田邦彦等奉命赴长江上游地区，对四川、云南、贵州及川藏边境作地质矿产调查。回国后，于《地学杂志》发表《清国四川·云南·贵州三省旅行谈》（1904）。但其日记等尚未整理发表，山田即不幸病逝。后由东京地学协会征得其家属同意，将日记及当时拍摄回来的照片稍作修正，以遗稿形式出版了《长江上游地区调查日志》（附照片集，1936）。在日志中，不仅有所到之地的气候、地形地势、水文矿产等资料的详细记录，而且还有大量的测绘地形图等，再加上 174 幅原始图片，可谓了解上述地区地理地貌、矿产资源及风土民情等的难得资料。

在言及日本近代对我国边疆调查时，不能不提到"大谷探险队"及其他"僧侣"的特异活动。在近代西方殖民主义风潮的刺激下，为调查和探明佛教流传的路径，同时也是为了呼应日本对外扩张的国策，净土真宗西本愿寺第 22 代宗主大谷光瑞（1876—1948）于 1902 年至 1914 年间，曾先后三次派遣年轻僧侣，对我国新疆等地进行探险考察。世间将他们俗称为"大谷探险队"。其考察活动成果除所获文物外，考察亲历者还留下了大量的纪行、日记等文献资料。大谷家藏版《新西域记》（上下卷，1937）和《西域考古图谱》（2 册，1915）等，即其中之代表。这类文献资料具体有：大谷光瑞《帕米尔行记》，橘瑞超《中亚探险》《新疆探险记》，渡边哲信《西域旅行日记》《中亚探险谈》，堀贤雄《西域旅行日记》，野村荣三郎《蒙古新疆旅行日记》，吉川小一郎《天山纪行》《中国纪行》，前田德水《云南纪行》《从缅甸到云南》，本多惠隆《入新疆日记》等。

另外，近代日本已涉足我国西藏，曾多次派僧侣等潜入西藏从事调查活动。如河口慧海（1866—1945），1897 年 6 月从日本出发，经我国香港及新加坡，抵印度加尔各答。他在印度及尼泊尔等地停留，准备了近三年时间后，于 1900 年 7 月进入西藏，翌年 3 月成功抵达拉萨，成为第一个进入西藏拉萨的日本人。他隐瞒国籍和身份，于当地滞留一年多时间，后因身份败露，于 1902 年 5 月底仓皇逃离。两年后，他又离开日本，于印度、尼泊尔等地滞留近十年后，再度进入西藏，并得到达赖喇嘛赠的百余函《大藏经》写本。两次入藏，河口慧海都留下了详细的旅行记录。第一次入藏记录《西藏探险记》，是以其口述形式连载于日本报刊的，长达一百五十余期。后由博文馆编辑出版了两卷本《西藏旅行记》(1904)。该书曾多次再版，使河口慧海的名字连同"神秘西藏"一起蜚声日本。尤其是1909 年该书英文版（*Three Years in Tibet*）的问世，更是使其名噪一时。第二次入藏的记录《西藏入国记》和《入藏记》，同样以报刊连载的形式于 1915 年推出，后辑录为《第二次西藏旅行记》出版 (1966)。

除河口慧海之外，寺本婉雅 (1872—1940)、能海宽 (1868—1901) 等也是早期涉足西藏的日本人。寺本婉雅先后两次进入西藏，而且还曾奉军方之命，于北京从事政治活动，并成功地将两套贵重的《大藏经》运往日本。他第一次入藏是 1899 年，于打箭炉邂逅同为东本愿寺派遣的僧侣能海宽，两人欲由此进入西藏，但因当地官民阻拦，游历理塘和巴塘后返回。不过，能海宽仍不死心，接着又企图由甘肃、青海远道入藏，但终究未果，再后来决意由云南入藏，不料在中途成了不归之客。其入藏记录有《能海宽遗稿》(1917)、《入藏途中见闻杂记》等。

寺本婉雅第二次入藏是受日本政府派遣，于 1902 年 10 月从北京出发，经张家口、多伦诺尔、包头、西宁等地，翌年 2 月抵著名藏传佛教寺院——塔尔寺，在当地居留两年后，独自进入西藏，并于 1905 年 5 月抵达其向往已久的拉萨，后自印度归国。1906 年 4 月，返回日本不久的他再度接受政府指令，第三次踏上入藏旅途。不过，这次他主要是在青海活动。记述以上三次进入西藏或青海活动的是其《蒙藏旅日记》（横地祥原编，1974)。书后还附录《五台山之行》《西藏大藏经总目录序》《达赖喇嘛呈赠文原稿》《西藏秘地事情》《回忆亚细亚高原巡礼》等。除西藏、青海部分之外，尚有不少涉及当时北京及沿途各地政治、外交等领域的史料，都是研究日本涉藏史乃至中日近代史的重要文献。

这方面的资料还有青木文教《西藏游记》(1920)、《西藏文化新研究》(1940)，多田等观《西藏》(1942)、《西藏滞在记》(1984) 等。

日俄战争结束后，伴随着日本殖民政策向我国东北及内蒙古等地的重点转移，各种形式的中国内地"学术调查"更是有恃无恐地开展起来。满铁调查部 (1907 年设立，下同)、东洋协会学术调查部 (1907)、东亚经济调查局 (1908)、满鲜历史地理调查部 (1908)、东亚同文书院 (1900) 等国策机构，以及其他一些调研组织等也应运而生。加上原有的那些学校、机关或团体，一时间，对我国，尤其是对东北及内蒙古等边疆地区的实地考察或研究成为时尚。

前述鸟居龙藏的所谓"满蒙探察"即其中之代表。截至中日战争爆发，他曾先后十余次到上述地区从事调查。具体地讲，东北9次，内蒙古4次。除1906年前后随夫人赴内蒙古喀喇沁王府任职时的调查之外，几乎每次都是受组织派遣而为，有些调查是在日本军方协助下实现的。加上他及时采用从西方导入的所谓近代科学方法，每次调查均有一定收获或新发现。如1905年于普兰店发掘到石器时代遗迹，于辽阳发现汉代砖墓。1909年调查东北地区汉代坟墓之分布。1928年，于吉林敦化发现辽代画像石墓穴。多次于内蒙古考察辽上京、中京遗址及辽代陵墓，发现一些包括石像在内的遗物等。对辽代文化遗迹、遗物等的发掘和发现，是他这些调查中的最大收获。后来结集出版的《辽之文化图谱》四大册，虽然只是调查成果的一部分，但足见其研究价值。关于鸟居对我国的调查足迹，可从以下旅行记录中得到探明：《蒙古旅行》（1911）、《人类学上所见之西南中国》（1926）、《满蒙探查》（1928）、《满蒙再访》（与妻子合著，1932）、《从西伯利亚到满蒙》（与妻女合著，1929）等。

不可否认，鸟居的这些实地调查及成果，在我国迟于日本而引入的某些西方近代学科领域，有的是先行了一步。今天我们在梳理或讲述这些学科史时，也不得不提到他的先行调查和研究。另外，鸟居从调查我国台湾时起，就携带着当时尚极为稀少的照相机，拍摄并留下了众多珍贵照片。这些图像资料在时隔近百年的今天来看，尤为宝贵。鸟居去世后，后人编辑出版的《鸟居龙藏全集》（12卷＋别卷，朝日出版社，1975—1977），至今仍为学界重视。在诸多著名学者著述或全集日趋低廉的当今日本古旧书市场，唯独鸟居的著述和全集售价坚挺，甚至有日益高涨之感。这也从侧面反映了其学术价值。另外，鸟居龙藏的夫人——鸟居君子（1881—1959）曾接替河源操子（著《蒙古特产》），于1906年3月赴内蒙古喀喇沁王府毓正女学堂任教。她利用此机会及多次旅行，对蒙古族历史文化、社会风习、宗教信仰等加以考察，后撰写《民俗学上所见之蒙古》（1927）一书。内容包括蒙古族的语言、地理人情、风俗习惯、遗迹文物、牧畜、宗教、美术、俚语、童谣等，是了解当时蒙古地区社会生活及文化状况的难得文献。书中还附有当时拍摄的照片或素描插图200余幅。

东京地学协会自1910年起，又独自开展了大规模的所谓"清国地理调查"，耗费巨资，历时6年。先后派遣石井八万次郎、野田势次郎、饭塚升、小林仪一郎、山根新次、福地信世等地理学者，对我国长江流域及南方诸省区进行广泛调查。事后，编纂出版了三卷本《中国地学调查报告书》（1917—1920）和《化石图谱》（1920）。该报告书中既有调查者的"地学巡见记"，又有调查区域的地质、地理、水文、古生物等记录，内容十分翔实，而且配有很多手绘地图和实地图片。

至于前面提到的满铁调查部、东洋协会学术调查部、东亚同文书院等国策机构涉及我国边疆的调查及其资料，更是多不胜数，限于篇幅，在此不予详述。仅举满铁调查部组织实施的众多调查中之一项为例。1922年5—6月，受满铁调查部之委托，考古学者八木奘三郎对沈阳以南大连铁道沿线地区进行实地探察，后参考其他文献，编写出版了《满洲旧迹志》（1924）。该书对东北地区各时代之遗物、遗迹，尤其是寺庙道观及其建筑等，均作了具体记述和考察，与村田治郎后来编写的《满洲之史迹》（1944）一起，成为了解东北文物史迹的代表作，同时，也为我们研究日本殖民统治时代的实地考古调查提供了一份实证材料。

进入20世纪20年代后期，又有东亚考古学会（1927）、东方文化学院（1929）、上海自然科学研究所（1931）等相关学术机构或团体诞生，日本对我国边疆，特别是所谓"满蒙地区"的"学术调查"及研究，也进入一个新的阶段。其中，考古调查尤为突出。在此领域扮演主要角色的即以东（东京）西（京都）两所帝国大学考古学者为首的东亚考古学会。该学会凭借日本军政界的后援和充足的资金，又打着与中国考古学界合作的旗号，无视中国主权，对我国东北及内蒙古等地的古代遗迹，先后多次进行大规模的发掘调查。如1927年滨田耕作、原田淑人等对旅大貔子窝遗址的发掘、1928年对牧羊城遗址的发掘、1929年对老铁山山麓南山里汉代砖墓的发掘、1933年对旅顺鸠湾羊头洼遗迹的发掘、1933年及1934年两度对渤海国上京龙泉府（东京城）遗址的发掘、1935年对赤峰红山后遗迹的发掘等。发掘后的调查报告由该学会以"东亚考古学丛刊"的形式出版，其中甲种6大册、乙种8册。前者依次为《貔子窝》（书名副题省略，下同，1929）、《牧羊城》（1931）、《南山里》（1933）、《营城子》（1934）、《东京城》（1939）、《赤峰红山后》（1938）；后者涉及边疆者有《内蒙古·长城地带》（乙种1，1935）、《上都》（乙种2，1941）、《羊头洼》（乙种3，1943）、《蒙古高原〈前篇〉》（乙种4，1943）、《万安北沙城》（乙种5，1946）。另外，该学会还编辑出版了《蒙古高原横断记》（1937）等调查日志和研究论集《考古学论丛》（1928—1930）等。上述数目众多的调查报告在日本被誉为"奠定了东亚考古学基础"的重要文献。

东方文化学院更是由日本官方主导的对我国进行调查研究的机构，属于所谓

"对华文化事业"之一部分，分别于东京和京都设有研究所。其评议员、研究员等主要成员，几乎囊括了当时整个日本的中国学研究领域的权威或骨干，如池内宏、市村瓒次郎、伊东忠太、关野贞、白鸟库吉、宇野哲人、小柳司气太、常盘大定、鸟居龙藏、泷精一、服部宇之吉、原田淑人、羽田亨、滨田耕作、小川琢治、梅原末治、矢野仁一、狩野直喜、内藤湖南、桑原骘藏、塚本善隆、江上波夫、竹岛卓一、水野清一、长广敏雄、日比野丈夫等。若列举受该组织派遣或委托赴我国从事调查研究的人员，仅其名单就需要数页纸才能列完。为数众多的是对我国的调查及成果，内容也涉及方方面面，其中与边疆有关的调查文献资料主要有伊东忠太《中国建筑装饰》（5 卷，1941—1944），常盘大定和关野贞《中国文化史迹》（12 卷，1939—1941），关野贞《中国的建筑与艺术》（1938），关野贞和竹岛卓一《辽金时代之建筑及其佛像》（上下卷，1934—1935），原田淑人《满蒙文化》（1935），竹岛卓一和岛田正郎《中国文化史迹·增补（东北篇）》（1976），佐伯好郎《景教之研究》（1935）、《中国基督教研究》（3 卷，1943—1944），驹井和爱《满蒙旅行谈》（1937），池内宏、梅原末治《通沟》（上下卷，1936）等。

中日战争爆发后，为实现彻底征服中国，进而侵占整个亚洲及太平洋地区的野心，日本以举国之人力、物力和财力，投入侵华战争中。此时，学界及研究界更是身先士卒，主动配合国策，积极参与对我国的各种调查与研究。先后设立的东亚研究所、太平洋协会、回教圈研究所（以上为 1938 年设立）、民族研究所（1943）、西北研究所（1944）等国策学术机构，均为涉及中国边疆调查的核心团体。如东亚研究所就曾开展过许多对我国边疆的调查与研究，其成果大多成为日本制定国策时的基础资料。笔者手头有一本盖着红色"秘"印的《东亚研究所资料摘要》（全书共 238 页），编刊于 1942 年，是该研究所登录资料之目录或简介。包括"甲、调查委员会报告书""乙、本所员调查报告书""丙、中间报告、翻译乃至部分性成果资料等""丁、委托调查报告书""外乙、本所讲演速记"等，资料所及区域涵盖中国内陆及边疆省区，另有"南洋、近东、苏联、外蒙"等。内容涉及政治、经济、社会、文化、资源、外国对我国的投资、黄土调查、满蒙关系、海南岛关系等。又如民族研究所从 1943 年成立，至 1945 年日本战败，短短两三年时间，不仅从事过大量服务于国策的文献研究，而且还奉政府及军方之命，对从东北到西南的我国边疆省区进行了多项调查，甚至于 1944 年组派两个调查团，奔赴内蒙古和新疆等地进行民族宗教文化探查。

以上只是对日本近代对我国的"学术调查"作一简单而又部分性的回顾和介绍。这类调查涉及面宽广，文献资料浩瀚庞杂，限于篇幅，这里不可能全面涉及。但从中也可以看出，以甲午和日俄两大战争为契机，为响应或配合对外扩张的国家战略，日本人对我国的"学术调查"逐步开展起来，并日益活跃。20世纪20年代后期，随着日本政府所谓"对华文化事业"的实施及受其刺激，东亚考古学会、东方文化学院等国策学术机构先后成立并迅速行动起来，尤其是当伪满洲国建立后，在所谓"满蒙地区"开展了一系列大规模的发掘调查。侵华战争开始后，日本学者更是主动配合国策，奔赴我国各地从事调查研究等活动，以实际行动实践所谓"学术报国"。因此，可以说，近代日本人对我国的"学术调查"或研究从初始阶段即有扭曲的一面，尽管在方法上有其科学的成分，在成果方面也有值得肯定或可取的地方，但是总体上难以否认其充当帝国主义或殖民主义生产工具之本质。

"二战"后，日本的中国研究学界对其战前的所作所为，虽有部分反思或批判的声音，但整体上并没有作深刻反省和彻底清算，甚至至今仍有全盘肯定或肆意讴歌者。对在这样一种历史背景下发展起来的日本战后中国学研究，笔者认为，在不少方面需要有批判性眼光或谨慎判别、正确对待之态度。对战前的"学术调查"这一正负兼有的遗产，更应有这种眼光或态度。

笔者一直致力于收集或考察近代日本人的涉华文献资料，而近代日本人涉华边疆调查或纪行资料，从文献角度来讲，价值很大，故多年来一直想着把这些文献择优译介出来。此次承蒙暨南大学出版社为该项目申请到国家出版基金资助，终成此事。

张明杰

2015年10月

译　序

日俄战争结束后，满铁调查部（1907）等国策机构以及各类调研组织相继成立，开始对中国东北及内蒙古等地进行各种形式的"学术调查"。鸟居龙藏①的满蒙探察行即为其中之代表。他辞去东京帝国大学（今东京大学）的工作，作为"民间"人类学者，曾经先后前往西伯利亚、沿海州（今俄罗斯东南部，中心城市海参崴）、千岛群岛、蒙古地区、中国东北、贵州、云南、台湾地区等地，其足迹几乎涉及东亚全域。在鸟居龙藏的田野调查工作中，鸟居君子夫人多次陪伴同行，并留下了极其珍贵的调查资料。在上述地区进行田野调查时，鸟居夫妇作为民间人士，有些调查需在日本军方协助之下完成。但1907年6月至1908年12月，鸟居夫妇共同在蒙古地区所进行的田野调查，则可称其为无复杂政治背景的学术调查。

1901年12月，鸟居龙藏（是年31岁）结束在台湾地区的第四次田野调查回到日本。并计划于次年（1902年）夏前往中国西南部地区进行有关苗族的田野调查。在前后两次田野调查工作的间隙，鸟居龙藏与鸟居君子成婚。

鸟居君子（1881—1959），旧姓市原，名君（キミ，婚后改名为君子）。生于德岛县德岛市富田浦町，其父以家教极其严厉而著称。曾就读于德岛县师范学校附属小学、私立淑慎女学，后入德岛县立师范学校女子部学习。毕业后任教于鸣门抚养寻常小学校。1899年，任教期满后，因喜爱音乐，又赴东京上野音乐学校学习，并在当时位于本乡台町的家中购买了钢琴。在明治中期普遍轻视女子教育的日本四国地区，岛居君子实属拥有高学历的女子，这也为她后来赴喀喇沁王府

---

①　鸟居龙藏（1870—1953）：日本的考古学、人类学、民俗学者，曾先后进行五次蒙古调查。1893年任东京帝国大学人类学教研室标本整理员。1895年开始进行海外调查工作，先后前往辽东半岛和台湾。1898受聘于东京帝国大学理科大学（今东京大学大学院理学系研究科，旧称帝国大学理科大学，1897年更名为东京帝国大学理科大学），担任助手，1905年升任讲师后辞职。1922年，任东京帝国大学副教授、人类学研究室主任。后历任国学院大学、上智大学教授、燕京大学（北京）客座教授等职。

担任教师工作奠定了坚实的基础。岛居君子在音乐方面的知识与才华又在其协助鸟居龙藏在各地所进行的田野工作中发挥了极其重要的作用，忠实地采录了当时各地的民谣民歌。

1901 年鸟居君子与鸟居龙藏成婚后退学，开始协助丈夫从事辽代文化研究等工作。1904 年长女初音出生，1905 年长子龙雄出生。[①] 1906 年出版了第一本日记体专著《旅居于上总的日子》（《上総のやどり》，全尾文渊阁，1906 年）。该书记载了自 1905 年 12 月至翌年正月期间，夫妇二人在千叶县一宫借宿于植物学专家松村任三博士别墅期间的生活。

1906 年 3 月，鸟居君子接替河原操子[②]，赴内蒙古喀喇沁王府毓正女学堂任教。一年任期结束后她又携幼女幸子[③]，与丈夫鸟居龙藏一同深入蒙古族地区进行人类学学术调查及田野调查工作。在此期间，对蒙古族的历史文化、社会状况、生活习俗等进行考察，并将所见所闻等详细记录下来。后撰写《民俗学上所见之蒙古》（《土俗学上より観たる蒙古》）一书，成为后世了解清末蒙古社会的不可多得的第一手文献资料。该书初版于 1927 年 2 月，由东京大镫阁初版。1931 年 12 月由东京六文馆再版。

1906 年 3 月，鸟居君子只身前往内蒙古喀喇沁王府。同年 4 月，鸟居龙藏随后启程前往喀喇沁王府崇正学堂任教，同时担任王府教育顾问。1907 年 6 月至 1908 年 12 月，任教期满后的鸟居夫妇携幼女开始了在蒙古地区的田野调查，内容包括语言、地理、人情、民俗、文物、遗迹、畜牧、美术、宗教、俚语、童谣等；足迹遍及喀喇沁旗、赤峰市、翁牛特旗、巴林旗、阿鲁科尔沁旗、西乌珠穆沁旗、车臣汗部、喀尔喀王府、贝尔湖、东乌珠穆沁旗、东西扎鲁特旗等地。期间，他们携带当时尚为少见的照相机，拍摄并留下了众多珍贵照片及图像资料，极具学术价值，原著中还附有当时拍摄的照片及素描插图。

鸟居夫妇独自在蒙古地区任教、游历近 3 年。《民俗学上所见之蒙古》一书作为他们实地调查成果，翔实地记录了这一历史片段，成为反映这一时期的具有

---

① 鸟居夫妇次女幸子出生于 1907 年，三女绿子出生于 1910 年，次子龙次郎出生于 1916 年。

② 河原操子（1875—1945）：婚后改姓一宫，曾于 1902 年赴上海务本女学堂任教，后转任内蒙古喀喇沁王府毓正女学堂教习。因日俄战争时期协助过日本军方谍报人员而蜚声日本。著有《蒙古土产》。

③ 长女初音出生后不久即成为大塚弥市家养女。因此在户籍上，出生于 1907 年的幸子成为长女。

独特学术价值的边疆史料，著者鸟居君子也被誉为日本女性民族学者的先驱。其著述主要有《旅居于上总的日子》、《蒙古行》（读卖新闻社，1909）、《民俗学上所见之蒙古》、《再访满蒙》（共著，六文馆，1932）等。

《民俗学上所见之蒙古》一书的翻译工作始于 2010 年，期间几经修改，最终得到暨南大学出版社鼎力协助，得以最终出版。冀望对广大读者，尤其是研究人员有所裨益。不过，尽管译者已尽最大努力，但由于知识所限，错误或不当之处在所难免，敬祈识者赐教指正，以便将来修订时更正。

本书全篇翻译工作由内蒙古大学蒙古历史学系副教授娜荷芽承担，日本国独协大学国际教养学系副教授松岗格承担译稿古代日语语体和词汇的翻译工作。因原著多采用日语片假名记述地名、河流、山川等固有名称，故对上述多处地名采用书面语标音转写方式（拉丁注音法，根据《蒙汉词典》（增订本），内蒙古大学出版社，2015），不甚准确之处，敬请读者批评指正。

另外，感谢丛书主编张明杰教授不断鞭策并敦促我完成艰苦的翻译工作，感谢内蒙古自治区总工会傲木格副主席、内蒙古自治区文联奥奇副主席所做的大量协助工作。感谢暨南大学出版社潘雅琴老师，她一丝不苟的敬业精神与严肃认真的负责态度给我留下了难以磨灭的印象。

谨此为记。

娜荷芽

2018 年 10 月

目　录

自　序

　　我从事有关东部蒙古的人类学调查，始于我们的新婚宴尔，并且完全是出于作为夫君研究助手的考虑。

　　最初一年执教于喀喇沁王府，负责王府子女的教育工作，同时，开始专心学习蒙古语并从事其他研究。在一年的执教期满后回国生下幸子。之后不久，一家三口即开始了为期约两年的清贫的田野调查之旅。本书即为记录当时见闻之日记。曾经有评论说，夫君携妇人及幼儿同行，会为这次调查之旅带来极大的不便。但事实并非如此。非但未有任何不便，而且我们夫妇都受益匪浅。

　　本书虽为游记，但其内容完全是有关民俗学的调查，即今日蒙古族之语言、人情、风俗、习惯、畜牧、宗教、美术、民谣、童谣、童话等。进而还对自石器时代以降的历代遗迹、出土文物等，作了精心的记述。总之，本书主要是为夫君有关人类学的研究助一臂之力，且孩子们经常想听有关蒙古之事，也是为了让他们阅读而整理成册，其内容主要涉及每日对蒙古之观察，基于民俗调查而著。此次有幸得到大镫阁田中经理之推荐，得以付梓。

　　有关调查结果中的部分内容，即关于蒙古史前石器时代之遗迹以及出土文物的研究论文，去年已发表在东京帝国大学的《理学部纪要》上。是与夫君以法文联名发表的。十分荣幸的是，拙论得到欧美有关学者的广泛引用。夫君的学位论文也是以当时的研究成果，即蒙古之最古民族研究来撰写的。

　　特别要说的是曾经在北京从事研究工作的学者安德森（J. G. Andersson）的论文 *The Cave-Deposit at Sha Kuo Tun in Fengtien* 也参考了我们的论文成果。由此可见我们的研究得到了众多学者的认可，倍感欣慰。

　　此外，我们还准备以日语或其他语种发表正在写作中的有关东部内蒙古的人类学、考古学、民俗学方面的研究论文。

　　时任北京大学堂总教习的服部宇之吉博士及其夫人，为我们这次调查旅行提供了极大的帮助，并且对我们的相关研究提供了不可或缺的方便。

　　我们克服了重重困难，最终达到了此次研究旅行的预期目标，发表的相关成果也对该领域的研究做出了一些贡献，而这些完全归功于大家的真诚相助。

我们殷切地期盼着重访蒙古。

时常我们还考虑对中国新疆等边疆地区进行调查，并期待着有价值的研究成果。

在此想补充的是，在做蒙古考察时，我们尝尽了作为清贫研究者的辛苦，调查结束回国后的生活之艰难更是令人不堪回首。

在欧美等国，有众多女性从事或关注人类学、民俗学、考古学等领域的研究。但在我国，情况并非如此。拙著如能以出版为契机，开拓此领域的研究，将万分荣幸。

最后，由衷地感谢在诸多方面为蒙古学尽力的有识之士。

鸟居君子

昭和二年①一月二十七日

于鸟居人类学研究室

---

① 昭和二年：公元 1927 年。

作 者

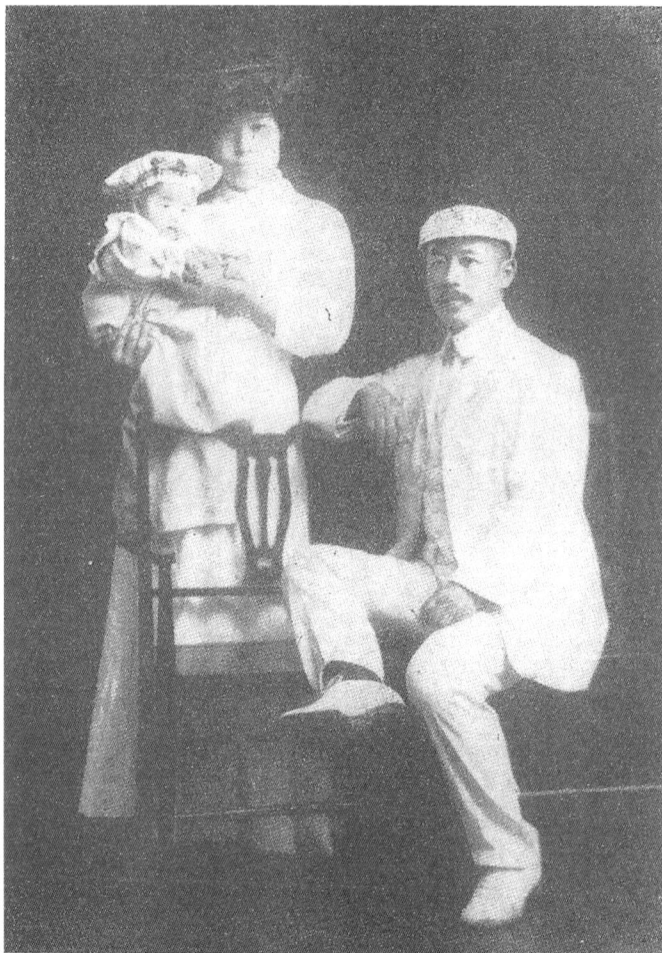

蒙古旅行出発前の記念写真. きみ子夫人に抱かれている
のは長女幸子. 1907年.

鸟居君子怀抱长女鸟居幸子，于 1907 年前往蒙古地区实施田野调查前夕

(照片来源：中薗英助:《鸟居龙藏传》，岩波书店，1995 年)

前列左より龍藏，次男龍次郎，次女緑子，長女幸子，後列左より夫人きみ子，
長男龍雄．1921年頃．

　　1921 年，鸟居龙藏、鸟居君子夫妇与孩子们的合影。前排左起鸟居龙藏、次子龙次
郎、次女绿子、长女幸子；后排左起鸟居君子夫人、长子龙雄

　　　　　（照片来源：中薗英助：《鸟居龙藏传》，岩波书店，1995 年）

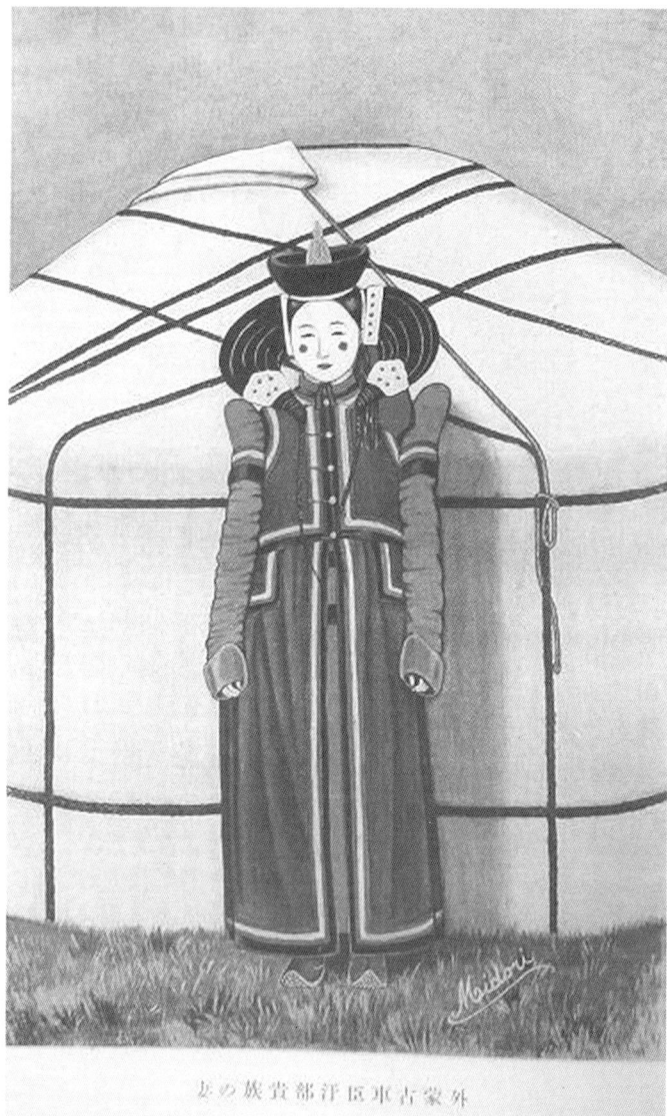

外蒙古①车臣汗部贵族之妻

---

① 【译者注】书中"外蒙古"指清朝统治蒙古时期外藩蒙古中的外扎萨克蒙古。

西乌珠穆沁蒙古族 nangjid 夫妻

（内文第八十章记载的 nangjid 夫妻，即图中的人物）

内蒙古各地出土之石斧（上）
巴林（今赤峰北部地区）出土石器时代之土器（下）

作者去蒙古①旅行时的地图

---

① 【译者注】图题中的"蒙古"指今中国的内蒙古自治区和蒙古国的部分地区。

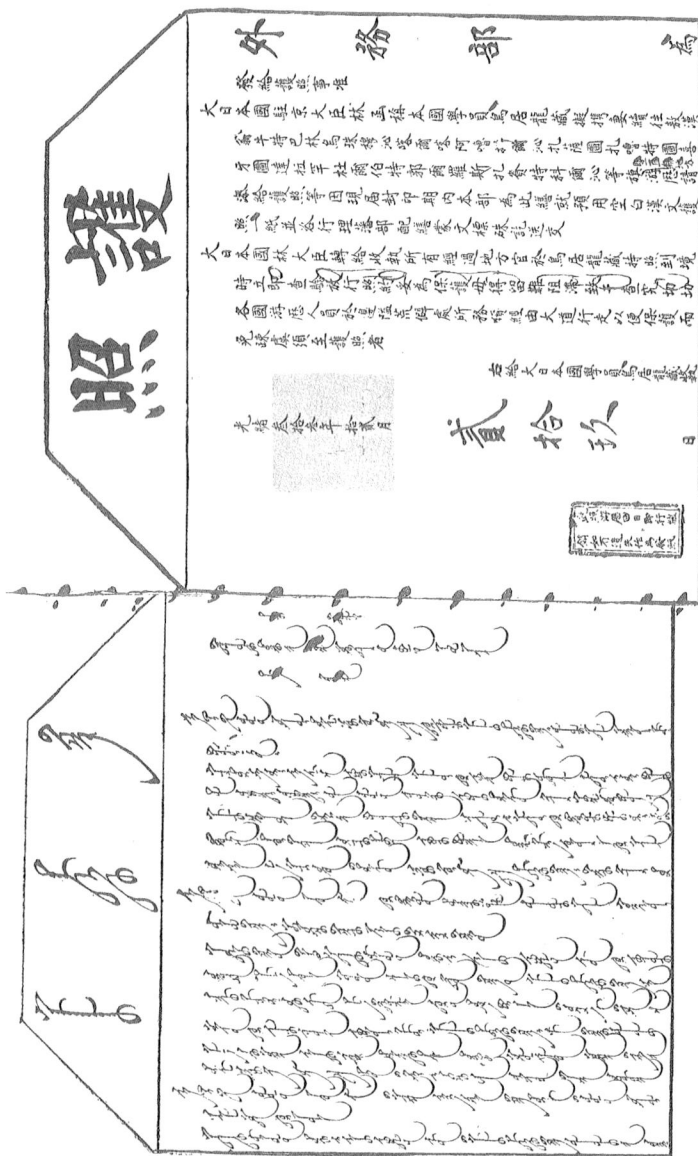

作者蒙古①旅行时所持护照

---

① 【译者注】图题中的"蒙古"指今中国的内蒙古自治区和蒙古国的部分地区。

再版序

  妻君所著《民俗学上所见之蒙古》一书，由六文馆再版。本书是我国学者在人类学、考古学、历史地理学上对蒙古所做的先驱性研究。同时，也是我们追忆难以忘怀的青春纪念。

  去年由东方文化学院派遣，时隔二十五年后得以携妻重返蒙古旧地。再次踏访当年之山川、遗迹、民众等，倍感今昔分别。当年见闻之事物，有些保存至今，有些已荡然无存。今追忆二十五年前，我等单独探察蒙古之举，可谓感慨万千。特别是每当想起那时出生的女儿幸子，更加觉得当日之不易。

  现今的内蒙古，为中华民国政治区域之行省。但在我们进行考察之时，还完全是蒙古族之蒙古。当时的外蒙古还保留着纯粹的蒙古风俗，现今已被苏维埃联邦共和国的影响所覆盖。上述状况，进一步增加了此书的价值。可以肯定，如想了解蒙古族人和蒙古，本书是不可或缺的参考史料。

  本人举家研究蒙古学，本书即为成果之一。今后也将致力于相关研究。在此对于本书之再版表示由衷的感谢，并以此为序。

昭和六年①七月十二日结束满蒙之旅归来

鸟居龙藏

---

① 昭和六年：公元 1931 年。

第一章　行程与目的

　　昔日蒙古人来袭令日本人心惊不已之事，已记于史册。在历史上，蒙古族人不仅在日本，还包括中国，甚至遥远的欧洲都留下了足迹。面对拥有世界上最辉煌历史的蒙古族人，我们对其，特别是东部蒙古的了解，在学术上至今还是一片空白。而对现今蒙古族人之体质、风俗、习惯、音乐、俚歌、童谣等方面及史前遗迹、遗物的研究等话题，已成了我夫君的口头禅。

　　时值喀喇沁王府家庭教师河原操子女史（现一宫夫人）完成任期，即将归国，经内田中国公使介绍，委托时任北京大学堂总教习服部宇之吉博士推荐其继任者。随即，市村瓒次郎博士和安井小太郎先生光临敝舍，详叙原委，并询问是否有合适人选。闻此言，我等惊喜不已。此乃我之夙愿，如今终可实现，当即承诺下来。市村先生和安井先生虽不甚了解我等之夙愿，但对于如此迅速的答复，还是感到意外，不禁哑然。少顷，再次询问此意是否当真，我等当即表明不可动摇之决心，随即办理了相关手续。

　　由于夫君正在撰写《苗族调查报告》一文，所以决定我先启程。但现已被取消，因按照当时北京清廷之惯例，从年末直至来年开春，有向清廷进贡之习俗。此时，适逢喀喇沁王爷及福晋暂居北京，三月下旬回喀喇沁王府，他们表示希望届时可以同行回府。因此，本想准备之物也未仔细整理，就草草收拾了行李，从日本出发了。

　　年幼的孩子，暂由老家的母亲及姐妹照管，她们还勉励我不要为孩子有所牵挂，安心辅助夫君完成研究工作，早日归来。闻之，我不禁感到由衷的高兴与欣慰。夫君父母以八十之高龄，还赋予我等如此勇气。正当担心父母生活贫寒清苦之际，有幸得到《读卖新闻》承诺，连载我撰写之书信并且代为送钱给在乡里阿波之德岛等我们回来的双亲。另外，此行还得到先辈、友人以及素昧平生之人的鼓励，使我精神振奋，我不但能够安心出发，而且对此次行程充满了信心。

　　我虽远在他乡，但已决心献身于喀喇沁子女的教育事业。

　　此外，我们的目的如前所述，还包括考察东部蒙古的人类学、民俗学以及考古学的相关内容。所以，我们的最终目的还是希望在稍有闲暇时，为上述研究做足准备工作。

在北京时，我借宿在服部博士府上。先生和夫人对初来乍到的我，给予了无微不至的关照。从联系日本大使馆到引荐喀喇沁王府等各方人士，无一不给了我极大的方便。进而使前往蒙古之准备工作得以顺利进行。不但如此，为了减少不便之感，博士夫妇还承担了我入蒙后的邮件中转以及必需品的购置等后续工作，他们的深情厚谊实难一一述诸笔墨。正因为这样，我从北京向目的地喀喇沁王府的旅行，顺利启程。

当时的喀喇沁福晋

喀喇沁毓正女学堂师生合影

第二章　从北京至喀喇沁王府

（本文为《读卖新闻》连载《蒙古行》的一部分。内文虽为我年轻时所用之仿古文，难免有些生涩，但从中还是可以了解到当时的情况。此次，是将连载之文《从北京至喀喇沁王府》收录于此）

3月25日，想到今日将要启程，倍感振奋。拂晓，走出寝室，登上城墙眺望日出，只见朝阳从东方冉冉升起，充满了朝气。城内还仿佛沉浸在梦中，城外却已有很多人在忙碌了。行人急于赶路的嘈杂声不绝于耳。我也应该赶紧启程了！回来时看见不停刨着前蹄的两匹白马拉着一辆绿色的马车——已做好出发准备了。

服部博士夫妻同乘一辆马车，前往喀喇沁王爷预先告知的东直门。博士夫妇对于我此次行程深表关心。对此，我不胜感激。面对博士夫妻的厚意，我不禁流下了热泪。心中暗暗下定决心，我要为蒙古族少年的教育事业鞠躬尽瘁。

来到东直门时，在北京交往熟识的十多位友人已在等候。他们发自内心的每一个祝愿都使我感到欣喜万分。不久，王爷一行也到了，大家各自乘上已准备停当的轿子。轿子由前后两匹马驾着，形状好似神轿①。服部博士还为我拍摄了纪念照。

即将出发了。服部夫妻靠近轿子轻声道别：再见！眼泪不由得夺眶而出，不知不觉，马车已奔驰在陌生的荒野上。两旁背着长枪，骑着快马的护驾卫兵，与我的轿子并行于荒野。虽然看不见背后，但是从不绝于耳的铃声以及催马的吆喝声中，可以感觉到后面的同行者。

随着轿子的节奏，我的思绪飞向远方。日暮时，抵达孙河驿站。听说孙河驿站距离北京 70 清里②。到达时，众多蒙古族学生兴奋地奔向我，用日语说道，

---

① 神轿：日本祭祀时使用的供奉神牌位，抬着游街的轿子。
② 清里：为清朝时期的长度单位。1 清里大约等于日本的 6 町，日本的 1 町约等于 109 米。

"请喝茶""是否很累""吃得习惯吗"等。看到这些为我费心的蒙古族学生，我觉得他们非常可爱。同时，深切地体会到河原女史的教育成就。今天住宿之处，条件非常简陋，比日本最简陋的客栈还要简陋许多。唯一让我感到欣慰的是他们为我准备了单间，使我可以不受影响、自由地写作。

3月26日，因为还不十分习惯，所以今天休息得不大好，不断地从梦中醒来。想到自己独自来到如此陌生的地方，并且还要前往更加陌生的土地，孤独之感油然而生。如此这般翻来覆去，怎样都不能安稳地进入梦乡。

今天，日出之前就已出发。眼望四方，杳无人烟，只见山脉横亘在远方。在这种仿佛永恒的风景中，我们前行的身影好似融入了天际，犹如远古时逐水草而居的游牧迁徙。

王爷乘坐黑色轿子，福晋与王爷的妹妹乘坐红色轿子，在前后由三十多人组成的卫队的守护下前行。另外，还有十多辆中国式的马车随行。

福晋同王爷的妹妹坐轿感到劳累不适时，会下轿骑马稍作休息。此后，到达牛栏山驿站，用午餐。

那里的客栈都大致相同，进门前厅两边都有马厩，正面是旅客下榻住房。而马厩里经常拴满了马，多得好似要挤出马厩。有的马在进食，有的马像狗一样横卧一边睡觉。在它们周围有一些猪崽叫着寻找食物。每每经历这种既臭又吵的场面，总是觉得非常有趣。

饭后大家继续赶路。傍晚，发现远方有较长的黑影朝着我们慢慢移动。走近时，见是一列驼队，分成几组蜿蜒前行。骆驼挺着长长的脖子，脖颈处的毛在春风中微微飘动，好似随时都可飘落下去，它们驮着行李，踏着坚实的脚步走向远方。而各组收尾的骆驼都系着驼铃。每当听到近旁的驼铃声，不由得感到少许的寂寞。在接近下一个下榻处时，又见到了同样的商队。也许他们不住在客栈，而是露宿于野外。今天我们走了100清里，在名为咸墙的城墙旁，一个称为密云县的地方，找到了下榻之处。此处照例非常简陋，但伙食还算合口。

当天，感到非常劳累。所以很早就睡下了。但是大门附近的车夫们，却一直聊天聊到很晚。

3月27日，还未出密云县。昨天和今天都见到了残雪的痕迹，但是并未感到寒冷。行人已经开始脱掉外套。早上，又遇到了由大队骡马组成的商队。不久到达石匣，大家用了午餐。

一路向北行，进了山路。碎石铺成的路直通山谷，只见山谷中的河面还结着很厚的冰。打开车帘向外张望，不时有冷风吹来，使人感到阵阵寒意。四周鸦雀无声，杳无人烟，不禁感到有些寂寞。不由得哼起了《梦之曲》。哼着哼着，渐渐忘记了忧愁，同时心里充满了对周围人的感激，两眼不由得湿润了。

越过山路中极为险峻的南天门，前方出现了一条清澈的河流，眼前景色豁然开朗，好似展开了一幅中国的水墨山水画。山上树木较少，且岩石耸立，高不可攀。燕山山脉连绵起伏，万里长城横亘其上。

一路行来，感到些许疲倦，不觉在轿中假寐半小时。梦中，传来了隐约的驼铃声，也许又有驼队经过吧。傍晚，又开始攀登山路，还看到了远处的城墙，大概是长城吧。之后，到达了古北口驿站。这里有很多人家。这个古北口为著名的万里长城的关门。只见高大的城墙向东西方向延伸而去。其内设有税关。

客栈前聚集了很多人，在围观我们。据说，今天也走了100清里。晚餐时，桌上摆了七八盘用猪肉做的菜。沾满了油的桌子还散发着一股特殊的味道。虽一点胃口也没有，但我在心中默默地告诉自己，一定要进食。可是，面对眼前碗中盛得像小山一样高的米饭，却难以入口。不得已，一边喝茶，一边慢慢地吃，终于吃完了碗中的饭。

福晋每天发给我们很多甜点。

学生们每天都陪伴左右，并用日语同我交流，还费心地为我安排各种事。因此，我不但不会感到不便，反而还觉得异常的安心。

3月28日一早，天还很黑，就从古北口客栈出发了。路边的房屋建筑都很结实，多用石头或砖瓦砌成。天色尚早，门户紧闭，人们大概都还在梦乡。古北口好似驻有清朝军队，此时，隐隐传来了军号声。古北口关门附近来往的行人，或许是清军。今天，一整天行走在山路上。山路险峻，上山难，下山尤难。有时，拉轿子的马会因陷入冰层开始融化的河中而前蹄跪下。看起来很壮实的马腿，在倒下的瞬间，不禁让人担心它会骨折。不能称之为路的碎石路，只有枯草生长在没有树木的山上。偶有较平坦的土地，会有少数的人家，有的养着山羊，有的养着猪。

在这种人烟稀少之地，也有多愁善感的年轻人在拉着胡琴。听到这种悠长的琴声，心中不免会产生共鸣。

不久，到达三道梁子驿站。随着几个男子的吟唱和打拍子，路边有三个中国少女在起舞。其吟唱的风格酷似日本的朗咏①，让人感到开心。

到达三道梁子驿站时，时间尚早，大约5点钟。此地日落时间较日本晚一些，所以到了6点左右，天还亮着。旅舍里三面为墙壁，入口处垂着黑布帘。因为照明用的是点燃的植物油，所以房间光线比较暗。这为我的写作带来了不便，而这种情况在哪里的旅社都是一样的。万幸的是我从北京出发时准备了蜡烛，所以此时可以拿出来用。今天到很晚都可以听到打拍子的声音，不由得猜想，那些少女是否一直不停地在舞动着。

晚上依然难以入眠。没有朋友聊天解闷，只有梦乡和歌声陪伴着。

3月29日。早上5点左右从三道梁子驿站出发。一路走下山，乘坐马车的人都下了车，自己走。因我乘坐的是轿子，所以可以一路躺在轿子里。但因山路颠簸，轿子倾斜，有时觉得与其乘轿不如自己走更为安全。路上于滦平县稍作休整并用餐。之后横渡了一条湍急的河流。河上架桥较少，偶有架桥也较为简陋，桥架上大多放些高粱秆，之上再铺一层土。因而使人感到不安，不如自己走路的好。我们沿河下了山，平地逐渐多了起来。不时有北风吹来，刮起的风尘挡住了视线。行至距三道梁子大约100清里时，到了热河。热河驿站是一个比较繁华的县城，购物非常方便。旅社也较其他地方整洁，房间里也很干净，并且用的是暖炕。今晚同福晋一起吃了晚餐，共度了一个非常愉快的夜晚。热河有邮差，可以寄信至北京，所以写了两三封信发出去。

回房休息，感到不断有寒风吹入，寂寞之情油然而生。

梦中好似又在吟唱《梦之歌》，隐约闻听王昭君弹奏琵琶时幽怨的歌声伴着一行清泪。我吟唱时也经常落泪，但不同的是，我是透过幸福的泪水，实现自己的理想。彼此虽然心情不同，但是流下了同样的热泪。

3月30日。今天，喀喇沁王爷亲自骑马出发，侍卫全部佩刀跟随其护卫于左右。前行的队伍非常威风，两旁的围观者都躲在较远的地方看着我们，大多是听到了传闻聚集过来的民众，数目可观。很多围观者由于震惊，不由得张大了嘴巴。

热河的风俗习惯同北京几乎没有多大的区别。特别是小孩发辫的样子也大致相同，犹如五六只蜻蜓停在头顶上一般。走到驿站边上，看到有一群人聚集在一起，一边晒太阳一边捉虱子。距离驿站不远处不太高的山上，有很多喇嘛庙。同行人决定到周围随便看一看。这里长着很多松树，喇嘛庙蓝、红、白色的屋瓦在

---

① 朗咏：朗吟。日本一种古典的诗歌朗诵法。

太阳的照射下，反射着耀眼的光芒。只见方方正正的白色建筑和喇嘛庙的塔中，穿着黄色及紫色袍子、戴着造型独特帽子的喇嘛来来往往。我们走进最后一座喇嘛庙，只见殿堂中端坐的五百罗汉都是镀金的。距此地一清里处，坐落着一座大佛寺，造型壮观，色彩斑斓。进入殿堂，只见巨大的千手观音占据着分为几层的大殿。其左右稍低处立着一男一女的雕像，墙壁上绘有壁画。此时，一位僧人带领我们上楼。二楼以上的墙壁，雕刻着上万座观音坐像。从大殿出来，看到庭院中有一处石碑。碑的前后有汉文、蒙古文、藏文。大佛寺内各处厅堂四角都悬挂着风铃，铃声不断地传入耳中，清脆悦耳。

进入佛寺大门，左右各有一堂，右边堂内有一大钟，左边堂内有一大鼓。观音堂的横匾上书"金轮法界"四个大字。

我们一行在僧房用茶后，便离开了此地。

今天也是一直沿着山路前行，直到月亮升起时才到达高素台驿站。大家在此下马休息。

3月31日。早上踏着结了冰的路继续赶路，而天气从昨天开始降温，路边的水洼大多结冰了。

眼见河上的冰已开始融化，但还是可以看到冰层有一尺多厚。今天的取道以山路为主，偶有平地也较狭窄。从昨天开始下坡的路少了。此处的山，既不高也不险，逐渐有了游牧的气息，随处可以看到马、牛、猪、羊。

这里的运货车大多使用七匹马或七头牛来拉。

日落时分，可以看到有牧童赶着羊群走在回家的路上。

在岗子用完午餐即将出发时，从远处跑来了30多个骑马背枪的士兵。他们是喀喇沁王府的卫兵，前来迎接王爷和福晋。见到士兵，知道大概再走两天就可以到达喀喇沁王府了，心中感到释然，即兴作诗一首。本想发给夫君，但苦于没有邮差，只得收藏起来。此时觉得自己对先前不适的颠簸的碎石山路，摇摆不稳的轿子以及猪肉饭菜的味道都能适应了。

今天下榻于七家儿驿站。

客房崭新、干净，而且离马厩较远，没有臭味传来。美丽的月色又为旅途增添了无限的情趣，此情此景，不由地又让人想起了王昭君。

4月1日。半梦半醒中听到喇叭声，遂起床。匆忙准备行李后，便从七家儿驿站出发了。由于地面结冰，一眼望去白茫茫的，晨风更是寒冷刺骨。带路的卫兵全都穿着烟灰色的上衣，蓝色的裤子，头上裹着印度式样的头巾。其中有一两个人的着装还同日本的军服相似。山路越走越窄，终于进了山谷地带。这里的河面结着厚厚的冰，此时我们骑的马也放慢了脚步。伴随着我们的步伐，山谷中不时传来喇叭声的回音，增加了我们前进的勇气。走出山谷不远，遇到了两个温泉。温泉的水无色无臭，温度不高不低。温泉周围可见白色的印迹，由此可知水中含有某种矿物质。

温泉的后面有一座很旧的小庙，庙中立着五六尊泥塑。当中一座也许是观音像，但不能确定。其中还有雕像好像歪着头，脖子上长瘤，一只手缩着，一只脚残缺。

看到这里的屋瓦同日本的很相似，所以悄悄地借了过来。假如把它带回日本，不做任何说明就请专家鉴定，他们大概会指着说这是脸、这是胡子、这是皱纹、这是刺青吧。

远处山峰林立，还可见到山顶的积雪。我们又开始沿着山路前行。此时，轿子前后各来了三位车夫护卫，而坐在马车里的人都下了马步行登山。远方的山犹如俯视着我们一般。这里山势险峻，一步不稳，将滑落悬崖。山谷不时传来奇怪的声音，接着又吹来一阵阵怪风，好像要把我的轿子吹落谷底一般。

走到山路的尽头，终于到达骆驼山驿站。晚餐有美味的蘑菇，还有蕨菜。

这附近碎石路渐渐少了，山底是一片落叶林。

从山谷中破旧的平房走出来的人大多穿着旧皮衣。他们手拄木拐，蹒跚地行走在已开始融化的冰面上。他们一边走一边用蒙古语聊天，这种情景使人感到既稀罕又亲切。山与山之间的距离越来越宽，山风也越来越大。接近王爷店驿站时，狂风卷起的沙尘挡住了视线，就连前面拉轿子的马也看不清了。

夜晚，透过窗棂，听到狂风大作，时远时近，变幻莫测。

4月2日。原计划今天到达目的地。早晨天空泛白时从王爷店出发。寒风刺骨，厚厚的外套也抵挡不住寒冷。

昨天有四个蒙古族女学生来迎接我们，今天又来了六个。

路上的碎石逐渐少了。树木林立，但树叶已全部掉光，只剩下光秃的树干立在一旁。路面逐渐平坦，随处可见晚归的牧群，有羊，有马，还有牛。

我们一行在上瓦房用餐后继续赶路。天空渐渐积起乌云，伴随着呼啸的北风，粉末状的雪花吹了过来。风雪犹如阵雨一般，时明时暗，不久天空又晴朗了。由于连日劳顿，加之轿子前后摇晃，不觉半睡半醒间进入了梦乡。突然，感到轿子停了下来。抬眼望去，古榆树旁延伸着石砌的台阶，尽头有一扇威严的大门。下了轿子看到王爷的臣下和学生列队站在石阶前，迎接我们。我同福晋登上石阶时，受到了王爷亲戚等人的欢迎。大家一起进入王府，朝佛堂的方向走去。在佛堂里看到很多悬挂着的佛像、佛画等。福晋和王爷的妹妹在每一处佛像和佛画前，都跪下行叩头礼，还用手轻触两把头①。待全部仪式结束后，方引领我到给我专用的房间。并告诉我，这里曾经是河原女士的房间。闻此，我好似嗅到了故土的气息。

从窗外的树梢上传来好似家乡的鸟鸣，我虽远离故土却丝毫没有陌生感。一路行来千山万水，此时感到前路遥远。

---

① 两把头：清朝时满洲式的发型。

第三章 在喀喇沁的工作

在喀喇沁生活了大致一年。其间，每日于王府学堂为众多的学生授课。由于前任河原女史（一宫夫人）教授日语成绩斐然，我在授课过程中从未感到有任何不便，宛如在为日本的孩子们上课一样，由此得以促进他们不断地提高成绩。当时，在王爷以及福晋的呵护下，有百余名男生、百余名女生在喀喇沁王府内设的学堂读书学习。这些六岁至十五岁的学生，多来自王爷的亲族或大户人家。学习的内容以读书、修身、算术为主，此外还有体操、唱歌、图画、裁缝、编织等。特别值得一提的是这里的学生不但要学习自己的母语蒙古语，同时还要学习日语和汉语等三种语言。而日语同蒙古语的语系语法几乎完全相同，加之读解容易，所以他们掌握得非常快。发音如日本人一般准确。相比之下，他们觉得汉语的发音则难度较大。

特别要提到的是，这儿的女孩子善于手工，其耐心细致，我实难相比。而唱歌则是福晋之最爱，且在房中放置了一台钢琴。闲暇时，经常邀我过去，抚琴和唱。不只是我，她也常邀女学生过去伴唱，乐在其中。蒙古族人无论是男子还是女子，不但喜欢高歌，而且音色纯美。

蒙古族学生性格柔顺，质朴，待人亲切，彬彬有礼。特别是王爷的亲眷，尤其富于教养，温文尔雅。她们也在学校就读，天生丽质，同其兄弟一样，头脑聪明。

当时，已有优秀的男女学生十数人被派往日本留学。

于是，我们每日忙于学校的工作，乐此不疲。闲暇时间，我一边跟随教习蒙古语的宝教习以及另一位先生学习蒙古语，一边进行古迹田野调查。

漫步于王府后边的山路上，常常可以拾到通宝①。而在流经王府前的西伯河岸边，还收集到了石器时代的古物。常有学生对我的举动表示不解。

每晚在学习蒙古语时，有时也研究日语与蒙语时有相通等有趣的问题。因为

---

① 通宝：硬币，货币名。

当时，夫君已在《史学杂志》上发表了有关的论文。得知我们在研究此类问题后，喀喇沁的蒙古族朋友时常会把他们所发现的有益材料，提供给我们。

在来蒙古时，有一位张姓汉族妇人与我同行。此张夫人之夫君当时在日留学，是一位从一高升入大学的秀才。张夫人出身贵族，为排解家中无人之寂寞，带了一位仆从来到这里，从事喀喇沁的教育工作。我同张夫人住隔壁，到喀喇沁不久即开始互学日语、汉语，我们认真地学习单词读法以及会话等。此后，我得以在中国内地不用翻译熟练地使用汉语和汉人沟通，可以说是全凭了张夫人的讲授之恩。

在日本留学的喀喇沁蒙古族人（前排白衣者为作者夫妇）

第四章 喀喇沁之风俗习惯

喀喇沁蒙古族人的风俗习惯同满洲人完全相同，人们大多穿棉布缝制的蒙古袍。女性则穿红、蓝、青色的长袍。已婚的妇人，梳着叫"两把头"的发式，不论老幼都戴花簪，并且使用白粉以及腮红化妆。而少女则大多不做修饰，长发后垂。我在此居留期间，冬天也曾承蒙府上缝制了棉裘皮足套以及棉裤。还穿过用毛毡做的温暖而厚实的毡靴。一般人大都穿这种毡靴，只有王爷与福晋才会穿皮制长靴。夏天则穿短靴。

因福晋为恭亲王之妹，平时着装为纯满洲式的。其他王妹来学堂时，有时也会穿日本的改良服，戴上洋帽。

用餐的主食主要为炒米、小米。副食则有白菜、葱、豌豆以及萝卜等。另外，这里的人极喜食猪肉。据说，其他地区的蒙古族人是绝对不吃猪肉的。此外，还食用牛肉、马肉、绵羊以及山羊肉、鹿肉、鸡肉、鸡蛋等。还有野鸡。同时也制作黄油以及奶酪，但因乳牛较少，所以未见有大量奶制品加工制作。学生们食用猪肉或者煮的蔬菜，佐以咸盐调味的小米粥。

此外，还食用馒头等面食。而酒和烟草也非常受欢迎。

家居则全为平房，多为用砖瓦或土坯盖的极其简陋的房屋。纯蒙古式的家居则一座也未见到过。王府宅邸为宏伟的中式建筑，高高的墙体使用砖瓦以及土坯进行加固，在墙面上设置门。王爷及福晋特别喜好日本式的风格，所以在一个起居室铺上了榻榻米，体验其乐趣，还不时会品尝一番日本料理。

这里的人大多虔诚地信奉佛教。王爷除了福晋外，还有蒙古族出身的温柔而秀丽的二夫人。二夫人育有一女，大夫人对其倍加疼爱。王爷的妹妹则在我还在蒙古时，举行了盛大的婚礼，嫁给了小巴林的贝子王。福晋在王府中备受敬爱，操持着王府内的大小事务，可以称之为头脑聪慧的活动家。福晋为满语。蒙古语称"tai tai"或"qatun"①，意为上流社会的夫人。

———

① 本书对某些专有名词、概念等采用拉丁注音法。

畜牧业虽未见兴盛的迹象，但只要是蒙古族人，无论老少妇幼皆擅长骑马。

相传，作为喀喇沁王府的惯例，曾盛行猎虎。地点为王府西侧阴山山脉的深处。我还曾得到过据说为当时猎虎用的长枪。长3.6米左右，在距刀锋1尺左右处，用皮质的绳索穿过约3寸长的2片细长木片的中心，并且将之紧紧捆扎。用之全力扎向老虎时，据说皮革捆绑的小木片，会起到枪架的作用。这支枪现在保存于东京帝国大学（现东京大学）人类学教研室。而现在族人则经常去狩鹿，所以鹿肉会时不时地出现在王府餐桌上。鹿肉虽美味，但有腥味。近年虽还有狼，但已逐渐减少，只是在山中间或出没。

蒙古为大陆性气候。五六月为短暂的春夏秋季，此时花儿竞相争艳。通往喀喇沁的路上到处都盛开着紫色的马兰花。而在山坡上则百花盛开，黄色、红色、紫色、白色，构成一幅幅绚丽的风景画。各种不知名的可爱的小鸟会穿梭在野花烂漫之中。此时，喀喇沁的人们会到近郊野外踏青游玩。在王府前的锡伯河畔会举行盛大的敖包祭奠，还会有非常多的游人前来。届时会有汉族戏班子来演戏。除了演戏之外，还有射箭、摔跤以及赛马比赛。王爷会向优胜者恩赐奖赏。每当这时，还会有很多设点的货摊。不分老幼，蒙古族人以及附近的汉族人都会尽兴狂欢。

此时，大家都喜欢嗑西瓜子。此举极具中国味道。

六七月间外出游玩时，天空会飘来黑色的雨云，大家便一同放马狂奔四五清里。乌云密布，旋即会有小拇指般粗的滂沱大雨倾注而下。转眼之间，天地相连，四面八方雷声轰鸣着滚过头顶。雨水，会在顷刻间又化作洪水，三四公斤重的石头都会轻易地被卷走。待雷雨停息，走出王府，会看到沿着锡伯河畔的灌木丛，随处可见轻烟弥漫。此为被雷击中的树木在冒烟，且年年如此，并非罕见。

冬季会从八九月一直持续到来年的三四月。房内因有中国式的火炕，所以非常暖和。但走出门外，顿时感到被冻僵的寒意。此时，即使在房中洗浴，毛巾都会从一端开始冻硬。此时人们大多穿着裘皮大衣，戴着毛皮帽子、耳罩，穿着棉足套、棉护腿。

"祭敖包"为蒙古语，也叫敖包之日。由喇嘛来主持。喇嘛教为蒙古地区特有的宗教，敖包意为堆砌的石头。在喀喇沁总共有13个敖包，都是用大小不一的石头堆成的。如一时找不见石头，也可用树枝代之。有路边的敖包，也有山顶上的敖包。路过者都会捡拾石头或树枝添加于其上，用以祈祷行路安全。

锡伯郭勒也是蒙古语。锡伯之意近似于日语的"柴"，即指杂木。郭勒意为河，即由在河畔丛生的灌木自然形成的篱墙之意。

喀喇沁之名，据王爷讲是由于旧时祖先曾为守卫队，所以取其意而命名为"喀喇沁"。

喀喇沁蒙古族人大多被其他地区的蒙古族人称为汉族人，传其民俗如同汉族一般。也有传在蒙古内地做恶事者大多为喀喇沁人，但此并非事实。很早，即有众多汉族人迁徙至喀喇沁，并且大多会说一些蒙古语。他们前往蒙古时，也会称自己为蒙古族人。据说，内地蒙古族人非常戒备汉族人，如不称自己为蒙古族人，在蒙古族人家是无法借宿的。做这等事者绝对不会是有识之士，论其出身大多为中流以下者。想必是由于这些人称自己为喀喇沁人所形成的误会。

喀喇沁蒙古族妇人与少女（女子学堂毕业生）

第五章　暂别喀喇沁

（本章内容与第二章同为旧日记中所记内容）

1907 年 1 月 5 日。历年，王爷和福晋都会在此时进京觐见皇帝。因天气寒冷，并且有孕在身，我感到非常不适，所以乘机请假，提前出发了。

出发前环视用于学习、进餐、休息的这个房间，不舍之情油然而生。房中设置的桌椅床榻，无一不使人留恋。

夫君坐马车，我坐轿子，携带的行李也都很轻。大约 12 点时，我们从王府出发了。

王爷和福晋送至后门。女学生也都出来，列着长队欢送我们，并且用蒙古语说再见，再见！同他们分别不久，即到了喇嘛庙。

今天天气晴朗，微风拂面，宛如春天一般，我们踏上了前往北京的路。马车先启程，轿子紧跟其后，前后各有一个护卫。

沿途丘陵连绵不断，枯草丛生，看不到丝毫的绿意。路边的树木也只剩下了枝干。有榆树、杨树，还有桦树。山阴处可见积雪的痕迹。

从后面驶来一辆马车。轿外传来熟悉的"老师"的叫声，我急忙请轿夫停下来。原来是现正留学于日本的五位男生中两位的娇妻。其实，她们刚才也在王府送行的行列中，现在是特意追赶过来。只见她们犹豫着，略为不好意思地拿出了一些送给远在日本的夫君的东西。她们眼含热泪，说道："请转送我的夫君。"此情此景，我也不由得流下了热泪。本想好好安慰她们一番，但一时又找不到合适的话语，只好道声珍重，就继续赶路了。在轿中虽看不到她们的身影，但能感到她们一定还在眺望着远去的马车，直到我们消失在荒野中。

河面上还都结着冰。此时已经接近傍晚。山峰间夕阳下，晚归的羊群走在回家的路上。在心急的牧童的吆喝声中，咀嚼了一整天牧草的羊儿，好似未吃饱一样，还在慢悠悠地边吃边赶路。此情此景，令人思绪万千。

太阳已落山了。冷风逐渐袭来时，我们已经到达王爷店驿站了。此王爷店驿站为喀喇沁旗一小镇，有为蒙古族人开的杂货店。听说今天走了50清里。

1月6日。躺在王爷店驿站的火炕上，不禁回想起到蒙古后所经历的种种欢喜与悲伤。此时，夜已经很深了。不闻马咀嚼草料的声音，只闻远处的狗叫声。

不断有寒风从门缝吹进，偶尔还传来几声鸡鸣。彻夜难以入眠，脑海中浮现的都是久违了的故乡的情景。

天还未亮，心急的夫君已整理行囊，催促护卫上路了。

半个月亮还挂在天际，阵阵寒冷的晨风袭来。可以看到东边山上还有一颗星星在闪烁。天色还早，但我们已开始攀登山路了。

接近山顶，感到山风越吹越大。在清冷的月光下，山顶上覆盖的白雪发出清冷的光辉。浅浅的小河现在已经结了冰，在月光下，闪射着清辉，越发使人感到寒气逼人。

偶尔可以听见或远或近的马铃声从山谷间传来，或许还有其他同行的赶路者吧。

天将拂晓时，东方的山峰开始露出微红色，我们到达了位于山脚下的骆驼山驿站。

在此用完早餐，继续赶路。岩石耸立的山顶被积雪覆盖，山风猛烈地呼啸着。我所乘的轿子由前后数人扛着，行进在险峻的山路上。虽感到山路十分险恶，但当我鼓起勇气向前望去，眼前豁然开朗，看到了南面连绵的山脉。

翻过山丘，又看见了去年经过喀喇沁时拾过房瓦的寺庙。此次，并未进去，而是直接赶往七家儿驿站。前面为下坡路，碎石又多了起来。大家埋头赶路，傍晚5时许，到达了住宿目的地。

1月7日。今天天色朦朦胧胧，看不到月亮。天还未亮，大家又继续上路了。四面漆黑，几乎伸手不见五指，只觉得除了山峰还是山峰。犹如在梦中行走一般。坐在轿子中摇摇晃晃，不知不觉睡意袭来。又不知道过了多久，隐约听到有人声，才醒了过来。此时天已大亮，并且风和日丽。

半睡半醒间，又走了60清里，到达岗子驿站。从早上出发到七家儿这里，一路未闻蒙古语，夫君擅长的蒙古语也全无用武之地了。只有陪伴护送我们的两位王府差人，一路都用蒙古语交谈，使人感到莫名的安心。荒野之路，时宽时窄，而从山顶流下的小溪一路流向远方。

此时，眼望左右嶙峋的山峰，不由感到有些诗情画意。

今晚住宿之处，相比前两天暖和许多。也许因为地形，山的两边温差明显，有需添件衣服之感。

1月8日。依然被从窗户缝隙不断吹进的寒风冻醒。天虽甚早，但已闻赶路者人声不断，我们也赶紧收拾行囊，催马离开了高素台驿站。此时残月还挂在西山上，寒风刺骨，使人不断地裹紧外套抵挡寒风，不知不觉中，发现道路已变成了白雪皑皑的原野了。

雪不断地飘舞着，我们亦步亦趋艰难地在雪中行走。没有树叶的枯枝在山风中不断地摇动，只有地上的积雪随风飘舞。

今天的天气虽然恶劣，但来往的行人络绎不绝。人们大都乘坐马车，并且拉紧裘皮大衣裹好身体。

接近热河时，已是凌晨，太阳即将升起，路上的行人更多了。

向北行进的人以及马，胡须都是白色的，结着冰，让人感到很特别。

从松树的缝隙远远地已经可以看到热河喇嘛庙的屋顶，在阳光的照耀下，发出庄严的光芒。

在热河的街道上第一次看到了以前从未见过的电线杆。

进入热河的街道，店铺林立，行人熙攘，客栈的旅客也非常多。

据说从高素台至此为50清里。我们一行在热河用完早餐，大约上午11点又出发了。

接近广仁岭时，路开始变得狭窄，不久又要登山了。被呼啸的山风卷起的积雪不断地飞舞着向人袭来。翻过山峰，雪势渐小。接近滦平县时，已不见了风雪的踪迹。

沿着滦平县界流过一条河，结冰的河面上有很多冰橇在运送干枯的枝叶，看到这些感到非常有趣。

1月9日。又是很早就出发了。在残月快要躲到西山后面时，我们沿着昏暗的荒野之路继续前进。在朦胧的夜色中，一路可以看到前后时隐时现的灯光，在不断互相赶超着相伴前行。

太阳快升起时，到达了三道梁子，用早餐。

今晨前所未有地冷。彻骨的寒冷仿佛使人忘记身在何处。虽然穿着很厚的皮衣，裹着毛毯，但毛毯薄得好像只是一层纸。我只能在轿子中蜷缩着身体，拼命抵御寒风。

等进到房间取暖时，才终于感到了自己的存在。环顾墙壁，有很多涂鸦。当看到其中有蒙古文时，感到非常欣慰。此外，还有法文、汉文等。听夫君说，此地方的人极喜好在墙壁上画画，我虽然也想写点什么，但最终作罢。离开此处，即到了山底。又越过鞍子岭、青山岭等险峰。途中见到山谷中原本从高处流向低处的溪水，都结了冰。

太阳在山峰间时隐时现，走了大约半天的时间，傍晚时分到了三间房驿站。今天走了100多清里。

1月10日。披星戴月，我们又出发了。因一直在朦胧夜色中行走，所以坐在轿中也不知身在何处，只是知道今天应该到达古北口。等到天边开始发白时，才看出我们是在顺着河道上山。在朝阳的映照下，大地开始变成红色，又逐渐变白。我们登上山峰时，终于看到了连绵起伏的长城。

从北面遥望长城，深深地感到它的雄伟。试想，如果有不懂其来历的蒙古族人看到长城，又会做何感想呢。

在古北口用完早餐又出发了。出了南天门，就几乎都是下坡路了。山间的距离越来越远，荒野上的路越来越宽，沙地也多了起来。

今天走了100清里。接近傍晚时到达了潮家庄旅社。

一路南下，感到气候逐渐转暖，赶路的行人也开始脱掉皮大衣。

1月11日。今天同样一早就离开潮家庄，行走约40清里。在拂晓时到达了密云县，大家用了早餐。10点刚过，就踏上了去往北京的路。道路越来越宽，一无阻挡地伸向远方。由此，我们进入了广袤的沙漠地带。

地面的水蒸气缓缓地升腾，风和日丽，也不见有沙尘吹来。

就这样在沙地又行走了50清里。到达了牛栏山驿站。想到明天即将到北京，不由心中欢欣雀跃，一直到很晚，还难以入眠。`

1月12日。今天终于可以在时隔一年后再次回到北京，所以我们很早即出发了。

从王府的官差到车夫，早就盼着此时了，所以一路快马加鞭。大家到达孙河，用了早餐后，又匆匆出发，一路疾驰奔向东直门。

接近北京城时，来往的人熙熙攘攘，不知何时自己也变成了城中人。不久即抵达了久别的服部博士宅邸。

服部博士夫妻热情地迎接我们的到来。他们还特意准备了一个僻静的房间，请我们慢慢休养，使我们心里倍感欣慰。在此，我们每日享用服部夫妻用心准备的日本饭菜，宛如已回到了日本。1月13日至16日，我们在此轻松而愉快地做着回国的准备。

1月17日。昨日得知喀喇沁王爷与福晋也来到北京，明日即要离开。因只有今天可以前往拜访，便急忙与夫君备马，前往后园寺的官邸。当我们赶到时，福晋正在梳理头发。

一会儿，福晋洗漱、着装完毕，仪态万方地出来接见我们。大概聊了1个小时，我们即告别。

今晚受林大使的邀请，我们陪同服部博士夫妇列席晚餐会，大家谈兴甚浓，直到很晚才散去。

因明日一早即启程回国，所以今晚打点行装后即就寝。

1月18日，乘坐早上8点的头班车从北京出发，晚上7时到达山海关日本人经营的"大和馆"，寄宿一宿。

此时正值冰冻时节，天津的码头大多已结冻，船舶难以驶进港口。因此，在解冻前，需要从山海关至秦皇岛乘船返日。如未结冰则可由天津乘船。

1月19日，乘坐早班车前往秦皇岛。9时稍过，即登上了相模丸船只。船长告知凌晨1时许离港。

乘客中只有一位中国人，其余都是日本人。

1月20日。在睡梦中感到船离开了码头。早晨，被送热水的服务员吵醒。向他请教今天要抵达的码头，回答是午后3时许到芝罘。到达芝罘后，因疲乏，我们并未下船活动。

1月21日。离开了芝罘。

1月22日。晨8时抵达仁川，我们立即登陆，游览市容以及公园等地。

随后还拜访了仁川俱乐部的稻子小姐，欣赏了钢琴演奏后告辞。途经原金馆，用毕午餐即回到了船上。

午后3时，离开了仁川。

1月23日。午后3点到达釜山。

1月24日。早上登陆，游览市容，登金比罗山。

在釜山宾馆用毕午餐及晚餐，晚9时许离开了釜山。

1月25日。整日在船上度过。

1月26日。黎明中的大海可以眺望九州了，大家不禁兴奋起来。船客们陆续来到甲板，船上变得热闹起来。午后1时验关完毕，2时抵达码头。我们离开客船，走旱路前往门司，随后登上了3时30分的火车。

一路眺望大村湾的风景，百看不厌。傍晚时，听到了久违的雨声，心绪荡漾。

午后 9 时到达佐贺，避雨于停车场前的玉川馆。

1 月 27 日。早上 5 时 30 分乘坐前往博多的火车，在鸟栖换乘，天大亮时到达博多。一路眺望千代松原的美景以及彼岸的玄海滩，欣赏着日连上人①铜雕像的背影。不知何时已经过了小仓，11 时稍过，到达了门司。

随即乘坐汽车飞快地驶向港口，穿过码头上的甲板，回到了相模丸。

下午 3 点离开门司，前往神户。

1 月 28 日。今天要到达神户，所以我们一早即收拾行李，高兴得如同小孩子一般。下午 3 点到达神户。不知从何处得到消息，各地报社的记者都乘坐小蒸汽船前来采访我们。有的记者还问道："同行的喀喇沁王在何处？"

其后我们来到大阪，住了 3 天。

2 月 1 日。乘坐 1 月 31 日发往东京的夜行火车，今天一早来到了位于本乡东片町的老家。

下个月我就要临盆了，因此母亲一直担心我们母子路途之平安，且一早即把大学附属医院的住院手续办好了。

看到母亲温柔的面容，我的身心彻底放松。因有孕在身并且长途颠簸，一上床即感到了浓浓的倦意。

---

① 日连上人：镰仓中期的僧人，著有《立正安国论》。

第六章 重返喀喇沁

1907 年 3 月，孩子出生。6 月，此次则为一家三口，再次途经北京，转古北口过热河，重返喀喇沁。在王府借居于远离花园的一室，雇用了一位厨师。成了自由之身的我，开始了蒙古语的研究。有机会，夫君还会前往喀喇沁附近的地区做古迹调查，为今后蒙古内地之调查做准备。

当时，许多喀喇沁的友人来我们的寓所，告诫我们蒙古内地是何等危险，既无喀喇沁这般丰盛的食物，同时还缺乏水源，无柴薪，行走数百公里全为沙漠，无处借宿等，因此，纷纷阻止我们前行。事实上，喀喇沁虽然位于阴山山脉之间，但在蒙古已属于幸福之地。不但树木较多，还可眺望美丽的锡伯河。谷类以及蔬菜也非常丰富，距北京又近，还不十分寒冷。同蒙古其他地区相比，确如世外桃源一般。这些情况，我们大致也做过一些调查，但因还有需要了解之事，故需继续前往以调查详情。适逢新设喀喇沁邮局，并且结识了任邮局局长的一位年轻人。他是位有见识且风趣的喀喇沁蒙古族人。他来到我们的寓所，告诉我们如要入蒙古内地，请如此这般等，详细地进行介绍。据他讲，一般人大多恐惧进入蒙古内地，其实并非想象中那样困难。越是深入蒙古内地，民风则越是淳朴。况且你们还持有护照，可以委托王府护送至下一个王府，如此，必定会有王府差役跟随左右，车马及食物都可在当地筹措，不会有多少不便之处。但如带领汉族的随员或车夫走，则不允许。蒙古内地并无偷盗杀人之恶徒，开春 3 月，西拉木伦河解冻之际，即可前往蒙古。我们初次从这位年轻人处了解到以上情况，收获很大。年轻人还提到，蒙古族人喜好高粱酒与烟草，蒙古的随员带你们到蒙古深处时，也可用烟酒表达谢意。

接近年底时，从喀喇沁王府拿到了去年的酬金，我们取出一部分，终于踏上了前往赤峰的路途。

第七章 从喀喇沁王府至赤峰

喀喇沁王府因位于蒙古靠近万里长城之古北口，是由蒙古前往北京之要地，所以不断有旅行者路过此处，行人来往不断。其交通工具，中国人大多用中国式的马车、牛车或是骑马赶路，其他有身份的人则大多使用轿子。蒙古族人也大多骑马或骆驼，或是使用牛车赶路。其他如骆驼商队则由一位蒙古族人牵着大概五头骆驼。几支这种小驼队聚在一起，组成大驼队，排成长长的一列。排在最前头的骆驼脖子下面系着好似铜铎一样的铃铛。驼铃声悠悠地传来，路上极具塞北风情。极少见独自旅行的游客。

1907 年 12 月下旬，我们终于离开了喀喇沁，向赤峰进发。

有一位叫朋斯克的喀喇沁蒙古族教师与我们同行。这位先生不但是蒙古族人中少有的学者，而且懂音乐。据称其祖上代代为有识之士。只因他饮酒过度，出现中毒的症状，未得到王府的重用，现生活贫困，总之是一位不得志的人。这位先生 60 岁左右，在我们准备离开王府时来到寓所，希望我们在前往赤峰时，可以雇他同行。我们同他素昧平生，但因其境况悲惨，即答应和他同行。

我们一家三人，由这位朋斯克先生陪伴，驾着三辆马车沿着西拉木伦河不断地向着北方前进。途经一个叫公爷府的喀喇沁领地的小镇，到达了距离喀喇沁 180 清里的赤峰。一路下来大多走的是山路，沿途并未见到蒙古族人家，几乎全部都是汉族人家。在锡伯河与英金河交接之地，翻过山岭即为赤峰。

赤峰的西北方，流淌着英金河。顺着美丽的英金河望去，可以看到露出红色岩石的山峰。"乌兰哈达"为蒙古语，译作汉语即为"赤峰"。"乌兰"为赤色，"哈达"为峰，合起来即为"赤峰"。此处为老哈河支流英金河流域。从未想到赤峰是如此具有汉族风格的城市。在喀喇沁王府至今，所有的购物都是由王府置办的。进入赤峰，我们感到十分惊奇，同时又非常喜悦。大街两旁汉族人开的大商号鳞次栉比，好像非常讲信誉。据称当时有商号三千多家，足见当地商业之繁盛。

因此处有知县衙门，所以我们立即前往并递交了护照，同时也得到了衙门中相关人员认真而亲切的关照。离开县衙后，来到了王爷的叔父托熟人提前为我们预备好的寓所。房子的主人为经营车马店的老板，其夫妇与双亲、领班的伙计等住在一处较大的房间。我们借居的是另一间房子，可以自己生火做饭。

第八章　滞留赤峰与启程准备

车马店老板夫妇均为性情温厚之人，给我们以无微不至的关心。汉族人也有不同于蒙古族人之单纯，使人颇感愉快。我随即委托老板夫人，备齐了汉族式样的服饰。在外出时，我会在长袜外面套上鞋子，下面穿上连裤内衣，再套上长长的具有满洲风格的中式外衣。但是，擦肩而过的汉族妇女看到我的装束后窃窃私语，说我"没穿裤子"。闻此言，我顿时感到非常难为情。中式服装的确剪裁巧妙，无论男女都在长长的外套下穿着宽松的长裤。再把长裤的裤脚用宽一寸左右的绑带紧紧地绑在袜子上。无论天气多么热也只会脱上衣，而裤子是不会脱的。裤子必定是无一露肤之处，紧紧地束在腰上。因此，不论是骑马还是坐轿子，从无不便之感。而在轿子上或者马车上，妇人们则会盘腿坐着。较之日本和服，深感中式服装优点甚多。

所以，我立即购置了裤子，其形状有点像日本的"momohiki"①，是非常适合妇人穿的。在这里购物不会感到任何不便，食物也非常丰富。这儿还有很大的饭馆，我们经常前往就餐。有时，还会买刚烤好的烧饼或热乎乎的馒头，牛肉、白菜、葱等则会随时买来食用。在赤峰的街上，只有我们三个日本人。如注意观察汉族人和蒙古族人做交易的情景，很快就会发现其中的不同。在这里有很多蒙古族人。每当遇到，我们都会用蒙古语打招呼，询问他们是从哪里来的等，乐此不疲。其中还有骑着骆驼，戴着很大的毛帽子，把毛皮一面露在外边，里面穿着深色服装的蒙古族人，我们会惊喜地一直望着他，想到不久即到有许多这样的蒙古族人的聚集之地，则不禁欢欣雀跃。

不久，我们从北京订购的物品也到了。另外还收到了服部博士寄来的金票。在这里较大的当铺可换取金票。但是这个金票在我眼里好似白纸一样，我们虽可签字，但印章等一概没有携带在身边，不知如何兑换，不禁心存疑虑而忐忑不安。但店主只看了一眼，便立刻拿出钱进行兑换。其速度之快，不禁让人想到日

---

①　momohiki：拉丁注音，汉字为"股引"，即日式细筒裤。

本不论哪里的银行都不会如此快速。在这里只要画一个押，无论多大的数字都可立即成交，此乃日本无法效仿之处。

借宿于中国人家，看到相邻的那些小商小贩，为了一吊两吊的差价争执不休，直到深夜。他们不遗余力地精细计算一日之出纳，这是对金钱冷漠的日本人无法想象的。正因如此，他们才可积少成多，这岂不正体现着中国人坚韧不拔的精神？

我们在此筹备了较多货物。加上北京邮购的物品以及其他行李，已装了满满两辆马车。物品主要有烟叶、砂糖、五色线、针线、缎带、佩剑、表、短枪、玉石首饰、石版画等。药用品则有清心丹、宝丹、中将汤、药酒、硼酸、膏药、脱脂棉、绷带、纱布、酒精、石炭酸、止泻药、解热剂、牙粉等。还有少量的食品，我们的换洗衣物以及寝具。此外，书籍及餐具等又装了一车，加上三人乘坐用的两辆马车，总共五辆马车。至此，终于准备齐全，可以出发了。

第九章　从赤峰出发

3月18日^①。我们已在赤峰的寓所度过了冬季寒冷的3个月。这期间，逐渐对自如地使用蒙古语有了信心，其他所做的各类调查也大致完成。而此时，气温在正负10摄氏度之间，已经转暖，终于可以出发北上了。

各有两匹马的五辆车装满了东西，我们分坐在上边，告别了令人留恋的赤峰，整装上路了。朝夕相处的近邻，都依依不舍地目送我们。年轻的男子，则一直送我们至城门，知县衙门、武衙门等也都派人饯行。人们纷纷赶来，诉说入蒙是何等危险。我不禁为众人质朴的情怀感动不已。

出北门不久，横渡英金河，二三十清里内杳无人烟，只见连绵不断的广袤的沙漠。我们初次见到如此广袤的沙漠，震惊不已，马车也无法顺利前行。从赤峰跟随而来的四名护卫，紧紧地跟在马车前后。途中，在离沙漠不远的一户人家里，用了午饭，之后继续赶了约有60清里的路。此后，沿途全为汉族人开垦的农田，且随处可见地主与佃农的住处。

据说，这些汉族人多为乾隆年间流浪到此扎根落户的，渐而一家一族富足起来。其中也有不少豪族，他们的住处是宛如城堡一般用土坯垒建的房屋。这些土地，原来为蒙古族人的领地，其地名至今还用蒙古语。

我们到一户较富裕的人家那里借宿，但他们称绝不容女眷入住，闭门不出。不得已，又走了10清里，到达了叫刘家营子的村庄，借宿于本村的一户地主。起初，这家也有伙计出来阻挡我们进去，但我们硬是把马车赶进了大院。后来得知，这里不欢迎外国人借宿，是因担心跟随我们的马勇。据说此地马勇到民家白吃白喝，稍不如意还会拳脚相加。

---

① 【编者注】时间与第十四章时间重复，作者有误。

第十章　有五十余头牛的牛棚

　　进到这家借宿时，已接近黄昏时分。下了马车，询问后院在何处时，有人过来带路。经过几重门后，那人打开一处大门，告知这里就是，随即退出从外掩上了大门。进去发现此处恶臭难耐，几乎致人呕吐。在微暗中，发现近旁站着一头高大的牛。吃惊之余，向房间深处望去，发现至少还有四五十头牛。此时，大概牛也因不速之客而受惊，一齐抬头望过来。不知所措的我，唯恐四五十头牛一起竖起犄角冲过来，惊慌地夺门而出。

　　回到房间，向马勇诉说此事，他们大笑不已，说这些牛极为温和，毫无可怕之处，理应趁早熟悉它们才是。如此这些，即为在中国内地旅行之妇人的不便之处。虽并非都如此，但随处可见实难以插足的不洁之处。因此，妇人出外旅行还需有所应对，携带妇人所需的所有物品会较稳妥。

　　晚上，这家的主人出来，同我们闲聊。因主人非常健谈，随即向他请教各种趣事。看到女儿幸子用奶瓶冲奶粉喝时，主人说道："过去曾有外国人来借宿，也曾在茶中放入这种乳汁，是否可以借我一杯尝尝味道如何？"此时，这家的小孩子都围了过来。正在做饭的家人们，也擦着湿漉漉的手进到屋里来了。我们按照习惯略表谢意，一一分发了小礼物。但随后，从领班到小伙计、烧火的老爷子等差役络绎不绝地跟进来，着实让人大吃一惊。照例，也给他们一一分赠礼物，之后，大家欢喜地退出房门。我们借宿的这家客房不但美观且整洁。床铺也非常温暖，让人心情舒畅。今晚可以休整疲惫的身心了，大家很快便进入梦乡。

第十一章　国公坟遗迹

3月16日。早上6时许，告别此处。虽然天色尚早，但主人已前来道别，郑重地把我们送至大门外。

向北走20清里，到达广姓富人家里用了午饭。由此，继续北上50清里，到达了事先计划之目的地国公坟。曾闻这里有古迹，此次特意前来。这里的遗迹为元统三年所建，属于国公张氏坟地。夫君曾经对此做过调查，今日从竖立在此的碑石也得到了印证，因碑文中有明确的记载。碑石立在山坡面积约200平方米的平地上，碑后环绕着一座较高的山。

这里，有用大理石雕刻的石人、石马、石狮子等，有的已一半埋在泥土中，有的已掉了脑袋，没有一座完整的雕像留下来。此外，刻有碑文的碑石被驮在两个石龟身上，其碑石也被从中间截断，另一半石碑已不知去向。唯独一座记载张氏的碑石还完整地立于碑座上。其高约3米，宽约有两臂。正面写有汉字，背面写有维吾尔族文字。

在石碑周围拾到了很多古瓦、古瓷器的碎片以及古币。夫君在此拍了石马、石狮子、石碑的照片。

今晚借宿于本地大户李氏旧宅。这里，照旧是不论男女老幼都纷纷前来看望我们。据说，这里的人从未见过日本的妇女及儿童。在此，我们还收购了大量在附近挖掘出的古币。令人不可思议的是，这里的人都会讲非常流利的蒙古语。

第十二章　乌丹城

　　3月17日。今早奔着乌丹城向西北出发了。走了将近10清里，在接近山顶时，北风呼啸着席卷而来。风沙扑面，连马车也无法继续前行，只能在原地打转。一瞬间，飞沙走石，几乎分不清东南西北，也不知在何处可暂时躲避一下。于是只好放下马车的车篷，蹲在里边避风。车夫们蹲在马车下，护卫们则下马握紧缰绳。这样的情形大概持续了30分钟，风刮得人们连眼睛也睁不开。终于，风小了，马车继续前行，一行人才下了山。

　　又走了30清里，到达乌丹城。此处为翁牛特旗领地，蒙古族人称之为"宝日浩特"。此地距赤峰150清里，是一座汉族小镇。此处有武衙门，这儿的队长特意来我们下榻处访问。此颜姓武官据说在日本留过学，并用日语对我们说"你请坐"，亲切而热情地接待了我们。

　　用过午饭，前往当地老爷庙为碑文拓字。适才狂风刮过，气温急剧下降。我们只做完一部分重要的拓本即返回了。

　　午后2时许，我们准备向东翁牛特王府进发。街上的人们看着我们走出旅社，即将骑马出发。因我穿的是洋装，听到围观者偷笑道："上马车时能看到她的腿。"他们的意思是我只穿袜子而没穿裤子，上马时可以被人看到穿着黑色袜子的小腿。

第十三章　初见纯蒙古地区之风景

　　离开这里四五清里后，景致骤然一变，眼前展现出纯蒙古地区之风景，汉族的家居建筑则一户也不见了。在一望无际的草原上，野草高过马车，行人走在其中，如同被淹没在草海里。

　　繁茂的草原上，不时有牛群、马群、羊群以及骆驼群出没。一时感到有些害怕。突闻达达的马蹄声，扭头看到一位穿厚重皮衣的蒙古族人骑着马过来。来人的皮帽子，长长的马靴，腰间佩带的小刀、筷子套，装打火石的袋子、烟草袋等一一映入眼帘，与其说新奇，不如说威武无比。在这里偶遇的蒙古族人都会下马，乘车的也会下车，互致问候。其民风之淳朴，正如我们所期盼的，让人非常欢喜。继而也对前方的旅途充满期望。

　　沿路看到不知来自何处的蒙古族人，赶着连在一起的五六辆牛车。车上载着锅、炉子、米柜以及蒙古包等，一路向东行进，也许是他们在乌丹城购物后，踏上归途了吧。在最前面的一辆牛车上只有一位蒙古族人仰面躺着，看样子像是已进入梦乡。但牛车队伍丝毫不受影响，只是紧跟着领头的牛向前走着。这情景是我们至今未曾见过的，看到这种典型的蒙古风情，我们不禁会心地笑了。

　　继续前行 20 清里，到达翁牛特衙门。

第十四章　东翁牛特蒙古族人的人情与风俗习惯

　　翁牛特衙门及衙役们的住所完全为汉族式的，与喀喇沁并无太大差别。到达这里后，即请跟随我们过来的汉族车夫以及护卫回去，只剩我们三人以及行李。

　　从此再往前即为纯蒙古之地。所以，我们决定由此完全依靠蒙古族人来继续接下来的旅程。

　　东翁牛特地质特点是沙地多，而奇布楚河注入西拉木伦河处有草原，此处也有农耕地。

　　翁牛特王府位于奇布楚河西岸，但无喀喇沁般茂盛的树木。因无树木，所以多使用生于沙漠中的沙柳作燃料。

　　3 月 18 日。今天终日于王府中休整。适值王爷进京，王府中只留有福晋以及王爷的叔父梅林。

　　一早，王府的各路人陆续来我们的住处。其中多为和福晋侍婢一般年轻的女孩和一些上了年纪的老人。这些女性较善于言谈，回去时会提出想要的东西，送给了其中一位，其后则络绎不绝，使我颇有窘迫之感。

　　人们所询问的问题也大致相同，如"何时离开日本""来自何处""去往哪里""旅行目的为何"等。此外还有诸如"当家的年龄几何""这位是第几位夫人"等略感失礼的问题。更甚者还会询问夫君"您有几位夫人呢"这样的问题。

　　作为蒙古族的风俗，询问年长者的年龄为不礼貌的行为。他们与其说对夫君感兴趣不如说是对其年轻的夫人感兴趣。因为在蒙古，原配夫人一般比男方年长二至三岁，年轻者则大多为妾。所以无论如何解释，在日本除原配夫人以外再纳妾，则会被认为其举止卑劣，他们还是无法理解。无论怎么回答都无任何效果时，则会使人有些生气。但想到由此可以考察他们的风俗习惯，可以把它当作研究素材时，就又会不厌其烦地和他们交谈起来。

　　在翁牛特也如同喀喇沁一样，都需要同汉族人打交道，所以讲汉语的机会较多。翁牛特人所说的蒙古语也有较粗鲁的用语，较少用到敬语。这同喀喇沁情况大致相同。如进食时所使用的"ide"一词，其敬语虽有极其优雅的"joɣoɣla"，但并未被使用。而是由我们教给他们之后，才开始使用。

这里的风俗较喀喇沁更具蒙古族特色。特别是妇人的发式，无一人梳"两把头"，而是大都把头发从前往后分到两边，在背后结成辫子。头饰用红色珊瑚编制而成，再插上满洲式的花簪子。在外出或骑马时，会把这种较重的头饰收在包裹里，携带出行。

妇人们在汲水或追赶羊群时，银色的发簪在太阳的照射下会发出耀眼的光芒。有时看到此景，还会有莫名的凄寂。因这种发饰是已出嫁的妇人戴的，未婚的姑娘则同男子一样编着辫子。

这里的饮食完全为蒙古式的。

第十五章　再经乌丹城调查国公坟

3月19日。今天一早就准备好了马车。早餐用了蒙古炒米、奶茶后，沿着我们曾走过的路再次到达乌丹城。

蒙古炒米为蒙古传统的食品，写作"糜黍子"，大小为小米的2倍。将之炒焙后可储存。在食用时拿出一把放入砖茶中。砖茶长6寸、宽3寸，呈长方形块状，将之捣碎放入煮开水的大铁锅中。在茶叶煮好时将之捞出，再添加牛奶和少许盐。随后即可将奶茶浇到预先放入木碗的炒米上。此外，还可添加黄油、奶酪、砂糖等。这样喝过五六碗奶茶后，炒米就会像花儿一样绽放，此时则可食之。炒米即为糜黍子的炒焙品。

今早是为了查看乌丹城，宝日浩特而来的。因已将大件行李全部寄放在翁牛特王府了，所以此行可谓身轻如燕。到达乌丹城后，委托武衙门牵来2匹马。夫君骑一匹，我抱着幸子骑一匹，另请4位兵士引领前往宝日浩特。

古城坐落在市区以西2清里。雄伟的土城墙大多已倒塌，古城已全不见踪影。随处可见汉族的住所，还可见已被开垦之地。不巧，今天也因北风呼啸，未能全部拍摄，只是拍下了古城全貌以及四周的景致。在城中拾到青色、黄色、红色的旧瓦碎片以及陶瓷的碎片，其中有几种非常美观。另外还收购了附近人们拿来的很多古币。

今天投宿在已熟识的乌丹城人家。晚上由武衙门颜大人宴请，品尝了极其丰盛的晚餐。席上还有他美丽的第一夫人和第二夫人作陪。因明日还想再次前往国公坟，所以借用了乌丹城的马车。马车的主人会蒙古语，欣然应允。

3月20日。带着再访国公坟之意愿，早上8时许出发了。

我们坐在马车上，翻山越岭，大概走了20清里，在中午12时到达国公坟，到后，立即开始拓上次所见的汉字与维吾尔族文字的碑文。随行的兵士，还有近旁观看的人们都伸手帮忙，但北风呼啸，气温骤降，作业用水冻结，此次还是未能取得碑文拓片。

我和夫君开始誊摹碑文，各承担一半。旁观者全都走了过来，特别是在我周围围了很多人。他们说"这个女人写字很快啊"。看到我边读边写的样子，一个好似很有见识的男子对旁人解释道："日本的文字同汉字相同，只是念法不同而已。"这些毫无恶意的谈话，有时会使人发笑。看到大家都十分好奇地围观我们用铅笔、钢笔写字，不禁想到这里的人见识还很少。

同早上相比，气温上升了 2 摄氏度左右，但北风刮得还是非常猛烈。我背着幸子，不断地调整着姿势，进行临摹。不久，即感到寒气逼人、冻彻肺腑。但我们还是一直坚持写完，结束时戴着手套的手指好像都已失去了知觉。

其碑文如下：

皇元敕元賜故贈榮祿大夫遼陽等處行中書省平章政事柱國追封薊國公張氏先塋
之碑

奎章閣學士院學士朝散大夫經筵官臣尚師簡奉　勅書

翰林侍讀學士中奉大夫知制誥同修國史同知經筵事臣張起巖同奉勅撰

奎章閣承制學士臣嵸嵸奉　勅書

榮祿大夫翰林承旨臣許師敬奉　書勅篆

皇上踐祚之初雪

皇太后奉以天下爰申命元勳大臣領徵政院宿望舊勞咸在其選于時中政使同知昭功
萬戶都總使府臣住童拜榮祿大夫徵政院使已又推

恩隆

制贈其三代元統三年春正月

敕翰林院侍　讀臣起巖　奎章閣供奉學士臣師簡文其碑　奎章閣承制學士嵸嵸

書翰林學士承　旨臣許師敬篆其碑首臣起巖等謹按贈榮祿大夫遼陽等處行中

書省平章政事柱國追封薊國公張公諱應瑞世爲奎寧大家奎寧

魯王分地故隸籍　魯以其祖考諱仲賢秉性純篤忠孝和易樂善而有恒鄉里咸宗

敬之常語人曰與其遺子孫以財曷若教子孫以德財或用之有盡德可傳之無窮時人

以為名言以曾孫今徽政賞贈中奉大夫嶺北等行中書省參知政事護軍

追封清河郡公妣李氏追封清河郡夫人考諱伯祥謹愿而有志略爲　納臣那演所

知擢寘宿衛事心諮問時公生甫七歲已嶷然重厚有成人風　納臣那演子養之及

長材力精敏識趣超異於時務尤練達美鬚髯儀端整臨事謹慤懍重

納臣病凡三年躬調護醫藥食飲扶挾撫摩時其衣衾之寒燠坐立寢處其側寒暑晝夜

無倦色溲溺扷楎箄更易潔除澣濯人皆以為難公不少怠也病既愈指公戒其子曰

吾病時汝雖天倫至親非不欲竭心力奉我然當隱處亦不得近者惟

此兒勤力精思能知吾疾痛所在三載之久殆若一日病瘳痊復此兒力也忠孝若此汝

母忘之及斡羅臣嗣位

世祖皇帝以　皇女公主釐降爲　駙馬都尉思其父之遺訓遇公禮意優厚公事之彌

謹俄　駙馬之弟只兒瓦叛挾　駙馬北去拜竊　駙馬於難

太祖皇帝所賜券公與往有以脫　駙馬既遇害拜因辱公楚毒百至公

曰吾聞主辱臣死吾不難一死以從主於地下顧吾死主寃孰白者伺守者懼得逃遠訟

其事于

上事下有司罪人斯得而主讎覺復追索得所竊劵世皇嘉之賜楮幣伍佰緡俾歸輔其

主主薨子諦瓦八剌立尙

武宗皇帝妹是爲

　　　　　皇姑慈福貞壽大長公主瑩封

勅以爲請

　　　　　　　　　　　　魯王開府置僚屬　王念公勞

璽書錫命亞中大夫王府傅壽八十二以終初贈中奉大夫河南行省參知政事加贈一

品以受今封夫人剛氏由淸河郡夫人加封蒟國夫人而公之考由贈嘉議大夫同知大

常禮儀院事上經東都尉淸河郡候如贈資政大夫河南江北等處行中書省右丞上護

軍仍封淸河公㽵王氏追封淸河郡太夫人公之子三人住童大都閭全閭住童謙抑廉

謹靜而寡言及臨事剖析曲當

大長公主器重之初命嘉議大夫怯怜口都總管天曆初

文宗皇帝正位宸極遣使通問　魯曰時東藩諸王連遼海兵方抗拒

上命恐不利於使者乃潜遣從間道歸彼知其然卽執之付上都至則以計獲免脫今

贊天開聖仁壽徽懿宣昭

皇太后　大主所出也　主灼其忠藎以爲逐跨于

朝授集賢侍講學士進資善大夫中政院使提調中興武功庫兼監隨路都總管府同知

賜授虎符昭功萬戶都總使府僉腠人千夫長嗣拜今命次曰大都閭都管總府總管次

曰全閭未仕男孫三人郯閭嘉議大夫同知通政院事兼群收監卿提調洪徽局事次忻

都朝列大夫繕工司卿

太皇太后位下口憬怯薛官次孛蘭奚臣起巖等惟大易有曰積善之家必有餘慶又閶先

哲有言名門右族莫不由祖先忠孝勤儉以成立之斯言也其萬世之龜鑑軟觀公之祖

考平昔立論賤貨貴德確爲世法言雖簡而施之無窮俾萬世子孫有所據依而取之不

竭蓋有古君子之烈焉其先考始爲陪臣遂見信任叶贊忠告之効境內受賜久矣再傳

至公自其幼時器度凝重已倩

主知果勤勞不懈稱副所期　訓言淳切遺其嗣人復能靈忠所事躬冒白刃以踏不

測之禍大義所在命輕鴻毛酷壽備嘗皆所不恤　主既挺禍又挺身脫虎口赴愬于

上卒復其　主之響以雪不世之恨其忠藎視古人可無愧焉故其超居王傳之位

安享耋年之壽非幸也宜也神監孔昭是生臣住童受知

太母晋篋　　　　　朝署公遂顯脣贈典位列台階勳則柱國以開薊封若袒若父咸錫公爵

並聯執政訪覃及諸孫通藉　　　禁中聯事

皇朝方來之慶進進未艾茲欽承

明命賜碑光寵昭揚幽德以焜耀永世盇其慶源所衍皆由積善與夫忠孝勤儉致然又

非幸赤宜也臣臣等既鋪叙其世濟之美敢以公之素履載揚於銘其辭曰

顯允張公　秉德任中　生而亢宗　惟時之逢　鉅蕃屏束　位望隆隆　蚤歲景從

灼其丹衷　子羹于宮　恩貴寁同　圖報効忠　精思劬躬　侃侃其容　坦坦其胷

凤夜怵共　一其初終

帝媦乘寵　顧過盆穰　豺梟內訌　閔其遺凶　力嬰彼鋒　思發其懷　繼網窣籠

莫遮冥鴻　上愬　九重　　　　　　　　　　　　　有儆顔瞢　壽高爵崇

帝爲哀恫　天戈一樅　殘厥渠兒　復讎奏功　烈烈高風　祀禋磨琮　滋事蕭恭　臣職是供

神監昭融　慶門秀鍾　嗣息睦雍　咸韶笙鋪

積其勳庿　禁籍以通　湛恩厖洪　爰開薊封　寵章被蒙　漏泉昭穹　震聲渢渢

劳遂四充　良冶良弓　紹其芳躅　蘭桂成叢　遼碧之雄　譬彼上農　種勤稔豐

佳城鬱蔥　殖殖柏松　賜碑穹窿　既琢既磐

僻徹

峕元統三季歲次乙亥孟春吉日

第十六章　二访翁牛特王府

离开此地时，在上次曾拜访过的李家进餐。随后向着翁牛特王府匆匆进发，黄昏时到达目的地。

王府今晚也有很多差役以及侍女前来打探，如是否有表，是否有日本画或者耳环等。因今晚非常疲惫，所以好生打发他们走后就早早休息了。

3月21日。天虽然还在刮着风，但因是东南风，所以感到温暖。今天又有很多蒙古族人来到我们下榻处。其中一人还贴着头疼膏，他们今天也是来要东西的。这般不作任何掩饰地要求物品，是蒙古族人性格率直的表现，不时还会感到其可爱之处。

去年的今天即为我们的爱女幸子的诞生之日。因身在旅途，终未能送她像样的礼物。虽感到落寞，但一家三人都身体健康还可共享笑容，即是最大的幸福吧。

今天下午，在王府供职的两位教书先生来到我这儿。他们穿着整洁的藏蓝色蒙古袍，扎着棕红色的带子，外边套着镶毛皮边的礼服，不同于中式服饰之风格，使人感到极具蒙古味道。先生们带着很傲慢的口吻开始说教。

这位先生说，"北方还很冷，照你们穿用之衣物人会冻僵。加之食物匮乏，既无炭又无薪，时而在深山还会遇到马贼。而你们携带物品如此之多，必定会被抢劫。前些日子，有两位外国人北上，其中一人回来了，但另一人却再也回不来了"等。而这另一人其实已沿着东清铁路，从海拉尔去往了俄罗斯，此事我们早已知道，所以听他们这样说，感到有点好笑。

如此这般，他们摆出种种危险理由，企图阻止我们北上。对此，我们不做任何回答，只是微笑着聆听。他们见我们没有任何反应，即起身回去了。此后王府负责伙食的管家进来，竖起小拇指说道："刚才那两位先生心肠不好。"在蒙古，小拇指代表着"恶"之意。

第十七章　翁牛特的物价以及货币

　　我们向这位管家询问兴安岭附近的物价。砖茶 1 斤为 4 吊（换算日本钱为金 1 元），在赤峰则为 20 钱。小盒火柴为 10 钱，赤峰为 4 厘。烟草 1 斤 40 钱，赤峰 在 10 钱以内。针 1 根 4 钱，赤峰为 5 厘以下。木棉线 10 把 30 钱，赤峰为 7 钱以 下。可见即使翻越兴安岭到达北边的地区，物价也并无多大差异。

　　东翁牛特王府的蒙古族人，希望随我们一同向北行进，甚至悄悄跑来传话的 衙役，都不少。但因他们全不会汉语，蒙古语的读写也还未完全掌握。这样的人 是不可能有所作为的，所以我们一一婉言谢绝了他们。

　　还有一位年轻的男子，因有事相托来找我们。他从腰上佩戴的装有鼻烟的烟 袋中取出一个火柴盒，从盒中取出生了铁锈的小孔钱，说希望交换成铜钱。此小 孔钱我们从未见过。他说是从汉族商人那里找的钱，但这位汉族商人不肯再收回 此钱。他的话虽有些不可信，但我还是愉快地拿铜钱出来与他进行了交换。

　　又有一位年长者进来，从怀中拿出半个奶酪，希望换成铜钱。看着很可怜， 所以给了他 5 个铜钱。他又说再给 5 个铜钱吧。按照他的要求我又拿出了 5 个铜 钱，连同奶酪一起给了他。这位蒙古族人非常高兴地回去了。

　　奶酪，蒙古语称"qurud"，汉语叫"奶豆腐"，是把牛奶煮熟后取出奶渣做 成的奶制品。

第十八章 美丽的玉饰

3 月 22 日。从赤峰出发时，忘记了一件东西，所以差人去取。因东西还未到，所以今天再多停留一日。

同昨天一样，今天天气也非常暖和，但东南风突然狂吹起来，室内顿时布满了沙尘。王府的使役以及侍女已习惯来我这，今天给幸子带来各类蒙古点心和水果。我知道他们还是想得到一些稀奇之物，所以一一相赠后，他们即回去了。

因无其他跟随者，只有我们一家三人，所以大家较随便地进进出出，我也较多地观察到了东翁牛特男女的风俗、人情、言语以及其他种种事宜。倘若带着汉族随从前来，因蒙古族人忌讳他们，就不会这样随便自由地在我们身边出入。所有这些对我们将来的考察活动都是有益之经验。

斯诺彦①的公子，一位十七八岁高雅的年轻人也来到我们这里。他脖子上戴着非常美丽的饰物，所以就向他借来素描。那是一根圆形的，用白色和红色的珊瑚以及被称为"乌云"的椭圆形的绿色玉石，还有朱红色的玉石串成的项饰。特别有趣的是中间那个弯弯的玉石。据称是前人在沙漠上拾到之物。年轻人说因翁牛特王爷无子嗣，自己即为世袭传人。

来到此地后，有一位年轻的蒙古族兵士专门负责我们这里的事。看他发辫中饰有红色和青色的玉石，感到有趣就想素描，但他非常忌讳别人画自己的背影。因蒙古族人认为如被画了背影，自己的寿命就会受影响。于是，他迅速地摘下玉石放在我面前，说道："若想要这个玉，可以送给你。"这块也被称作"乌云"的青玉，前后各串着小小的红色珊瑚，扎在辫子中央。后来得知此为三十岁前蒙古族男子之饰品。此实物现为帝国大学人类学研究室收藏。另外，男孩子也会同女孩一样穿耳朵眼。由此是否可以推测以前不论男孩女孩都曾惯于佩戴首饰和耳环？

---

① 斯诺彦：即斯老爷之意。诺彦意为大人或官人。此人姓名可能以斯开头。

第十九章 东翁牛特的饮食

东翁牛特王府的餐饮，同以往相比完全变了样。早餐除了往炒米里倒奶茶，还会放入黄油、奶酪、盐、砂糖及干炸的糕点等，这完全是蒙古族人的饮食习惯。在喀喇沁时，我们从未品尝过这些食物。中午和晚上是馒头或者荞麦加羊肉。这里不吃猪肉，但会喝小米粥。面粉是从汉族商人那里买的，荞麦则是附近田里自种的。米类多为旱地米，在赤峰一带会卖到 1 升 50 钱。因此，这里不常食米类，连王爷家也如此。今晚吃的饭是炒米加羊肉以及少许的盐，炒米像花开一样张着口，口感有些粗，但在不知不觉中已习惯了这种饮食，而饥饿时还会感到非常美味。幸子也很喜欢吃。

在我们吃完饭后，伺候在旁的男子会迅速地从自己的怀中拿出木碗，把剩下饭盛入碗中，又从挂在腰下装筷子和小刀的袋子中取出筷子，快速地吃着。后来者也会重复这些动作，从怀中取出木碗盛满食物，如腰下的袋子中没有筷子，则会用手指抓饭进食。其样子，有些像日本的乞丐。

蒙古语称木为"modu"，碗为"ayaɣ-a"。木碗形状像日本的平碗。蒙古族的贵族则多使用镶着银边的木碗。

今晚气温上升至 16 摄氏度，天气非常暖和。照此下去，结了冰的西拉木伦河会比往年早融化。

第二十章　在东翁牛特作古迹调查时遇到的困难

3 月 23 日。天气变得更加暖和，但是赤峰的东西还是迟迟未到，让人感到有些不可思议。今天照旧有很多蒙古族人来，希望得到需要之物品。其中有较机敏者问道："东翁牛特的土地好不好？"如回答沙漠居多，并非理想之地时，他们反倒会做出安心状。如回答好，他们则会问何处好，阁下是希望得到东翁牛特的土地吗，同时还会用怀疑的眼光审视不停。

看到我们在宝日浩特拾到的古瓦、土器、陶器的碎片以及古币时，他们会怀疑是否有金器混于其中。还有人问坐落在王府以东 10 清里处有一座蒙古语意为"金山"的山里是否藏有金子等。在毫无恶意的问话中时常也夹杂着疑惑，他们常常审视着我们。无论怎么解释我等只是为了了解蒙古族人的人情、风俗、言语以及走访各种古迹而来，也始终未能得到他们的认同。

终于有人明白了我们此行的目的，在无其他人时进来告知："从王府向东 20 清里，有座 haɣuci suburɣ-a 。""haɣuci" 意为旧，"suburɣ-a"意为塔，即古塔之意。这个蒙古族人说此处非去不可，但叮嘱万万不可告知别人此话是他所说。我们给他很多铜钱后，他欢喜地走了。

不久，王爷的叔父斯诺彦来到我们住处。我们满心欢喜地向他请教 20 清里以东之古塔一事，希望前往。谁知，这斯诺彦随即变了脸色，声色俱厉地用蒙古语训斥下属："我曾嘱咐过不得泄露此事，是谁大胆走漏风声。"下属们则皱着眉头齐说"这屋里有谁来过，调查一下"。看来他们对我们要看古塔之举深感不快。我们表达了迫切想探访古塔之意，再投斯诺彦之所好赠送了礼品。随后，他不但说出的确有一座古塔，而且还说前往观看也未尝不可。

在这里，如上所述，难以预料之事甚多。

据我们推测，此斯诺彦在王爷外出之时，是倍加小心以防不测。而近旁之人则怀疑我们在寻找什么东西。见到我们对瓦片等倍加珍视，他们就认为可能会有金子，可见他们对金子倍加珍视。

看来我们搜寻出土文物之举，已被认为是淘金了。

第二十一章　三访乌丹城

3 月 24 日。昨天已空等一日，赤峰的东西还是未到。今天又空等一日。想到西拉木伦河水即将融化，心中万分着急。心想是否赤峰及乌丹城的汉族兵士，不愿意到东翁牛特住地深处，把东西运到了乌丹城，而乌丹城的兵士也因恐惧蒙古族人而不想前来。正好今天天气非常暖和，所以我们便借车再次向乌丹城进发了。

到达后发现正如我们所料，东西早就运到这里了。早知如此，昨天或前天就应前来提取。因别无他事，即迅速踏上了回程。

武衙门的颜大人送来两盒糕点、少许水果。所购之物已齐全，又无野狗等打扰，所以返回时叫幸子坐在马车上，我们步行，期待途中有所收获。走了大概 8 清里，在一座小山丘上拾到了布目瓦①。此外，在山丘上还发现了古寺院以及墙基的遗迹。另外还拾到些其他的东西。

在王府附近还有一座敖包。

离开喀喇沁，一路见到很多敖包。石头堆积而成的敖包，是蒙古族的象征。只要有蒙古族人就会有敖包。此事已在喀喇沁的有关叙述中提到过，这里省略不记。

在东翁牛特也有敖包，还会举行盛大的敖包祭奠。

因山顶上有敖包，所以此处也叫敖包山。在敖包近旁有很多水塘，散发着既像盐又像石灰的气味。在枯竭处有白色的结晶露出，其外观好似盐基。这种东西在赤峰作为洗衣肥皂之代用品出售，被称为"qujir"②。

据蒙古族人称，"qujir"为地底涌出之物，出产"qujir"之处为无底洞，非常危险。此处水塘中的水，连牲畜也不会饮用。

---

① 布目瓦：瓦片上留有粗糙压痕的瓦。

② qujir：意为碱。

第二十二章　蒙古的"ebesün ger"与蒙古少年

　　在王府附近 10 清里的土地上，生长着茂盛的野草。很多人会来这里打草。东翁牛特并非畜牧业非常发达之地，所以不能用毛毡制作蒙古包，而是用土砌的围墙代之。其屋顶则用草覆盖，屋里的地面为土地，中间用泥土砌成床，房子外形与汉族人居住的房间相似。连着灶砌着火炕，屋子入口处挂着用草编的门帘。墙壁上开着 5 寸宽窄正方的窗口，房子中央立着一根柱子，天窗上开着换气口。外边用柳条或榆树枝编成围墙。"ebesün"意为草，"ger"意为屋。这样的蒙古包即为"ebesün ger"。

　　据说在草原深处放养着五十至一百头牛、羊，都是东翁牛特王府的家畜。

　　气候转暖，走在草原上使人心旷神怡。来往的蒙古族人也多了起来，有人骑着骆驼慢悠悠地走着。而穿着红袍的妇人，头上的簪花在阳光下一闪一闪的，骑着马朝远方奔去。此时，看到一个家境较殷实的十几岁的男孩子带领两三个仆人，扬鞭策马而来。他见到我们即下马走了过来，很友善地问道，"你们准备去哪"，"还回王府吗"等。并说自己要前往乌丹城，最后还兴致勃勃地同我们道别。这些十四五岁的未婚男孩子，非常活泼、健康，特别单纯、可爱。但当他们结婚后，很多人即会失去活力，变得不活泼，忧心忡忡，宛如小老头。

　　回到王府，即匆忙地做明日启程的准备，直到深夜。

第二十三章　行走在东翁牛特沙漠中

3 月 25 日。接近拂晓，睁开眼睛已是早上 6 时许。上路的准备虽已全部做好，但车还未来。催促多次，终于 11 时许到齐。

告别东翁牛特王府，踏上了通往巴林之路。除了车夫，与我们同行的还有王府的一名台吉官差以及一名兵士，他们骑着骆驼跟随而来。

今日不同于昨日，北风呼啸，倍感天气寒冷。从王府向东走 5 清里后，道路即向东北方转向。继续前行，不知何时路的两旁又变成了沙漠。蒙古族人称沙漠为 "mangq-a"。环顾四周，可以看到有很多小池塘，却不见一棵大树，只有沙柳一丛一丛地生长着，连枯草也没有。牛车艰难地行进着，车夫为此也伤透了脑筋。而王府官差和兵士因为骑着骆驼，所以可悠然地走在沙漠中。前些日子曾听说的古塔就在北边，且已经可以远远地望到它的身影。但同行的官差极不愿我们前往那里，并称所见之物并非古塔。

又行进大概 20 清里，大家从车上下来，在沙丘间稍事休息。车夫找到了长有牧草之地，把骆驼和牛放开吃草。

我们在附近拾了满满一抱干牛粪和马粪，然后把枯柳点燃，再在上面添加刚才拾来的干牛粪和马粪。火很快就熊熊燃烧起来，并散发着非常惬意的热气。

我们拿出在赤峰买的烧饼分给大家一起吃。烧饼比馒头能携带的时间更长。同行的官差用柳枝杈穿上烧饼，在火上烤着吃，看起来非常美味。烧饼不时掉落火中，但他们随即拾起掸掉灰土，继续食用。我们看着既羡慕又难以理解。

休息一段时间后，我们提议继续赶路。他们却非常沉着地说："等火灭了再动身吧。"当问及今夜在何处借宿时，答曰："日暮之地。"同时拿出约一尺五寸长的烟管径自抽了起来。也许这就是大陆式的做法，令人不解。

忽闻跟来的车夫带着哭腔向台吉官差说道："道路如此恶劣，牛吃的东西也很难找到，也许这牛会熬不到明天，还是尽快找替换的车为好。"台吉道："你是想违抗王府的命令不成？"喝退了车夫的请求。车夫无奈，只好牵来马和骆驼一起驾车，这才开始动身。

这位台吉极力保持着威严的形象，像日本旧时的武士。台吉为官衔名，其中还分很多等级，可从其帽顶镶嵌的玉石颜色进行分辨。若论官差等级上有协理、梅林，下有台吉。

第二十四章　沙漠之艾勒与猛犬

　　行至大约 40 清里处，来到 čaɣan mangq-a-yin ail。蒙古语 "čaɣan" 意为白色，"mangq-a" 意为沙漠，"ail" 为村，即白沙村。

　　与我们同行的台吉和兵士，所到之处从不用此地的正式名称，全部使用杜撰的地名。如果重游此地者听到这些地名可能会说"恐怕从无此地""无人知道此处在哪里"，或"不晓得曾经走过此地"。但这白沙村的沙石名副其实地反射着耀眼的白光，大概这地名是不会错的吧。进入艾勒①后，从小孩子、妇人那里偶然也可不经意地听到此地真正的地名。大致总是官差先进艾勒，向村民告知不可向外国人透露任何事。如我们硬要打听，他们便会说请问官差吧，随即跑掉。

　　接近这个艾勒时，不知从何处跑来了猛犬狂吠着围着我们的车打转。其声势之凶猛，现在回想起都会不寒而栗。主人随即跑来驱散了众犬。狗看到主人则立即垂下尾巴，悄声地消失。我们跟着主人进入第二十二章曾介绍过的 "ebesün ger"。在这个艾勒中，一共聚集着四五座 ebesün ger。

　　今天一整日狂风大作，身体感到分外疲乏。一行人先擦拭了一把布满灰尘的脸，便开始享用蒙古茶。

　　这家的土炕上铺着一张草席，我们把自己带来的毛毯铺上坐下。主人摆上一张小桌子，拿出炒米、黄油、奶酪等招待我们，跟随而来的兵士送上所带的茶。

　　台吉等也都进来，互致寒暄。晚餐为蒙古糜子以及煮羊肉。此饭蒙古语名为 "qonin budaɣ-a"，可译为羊肉粥。

　　我还绘制了这户人家所使用的奶桶与铁制的长勺，全部为汉族人制作的非常耐用之物品。

　　附近皆为沙漠地带，畜牧业不繁荣。此户养着三十头左右的羊，牛马不多。

　　今晚我们在这个窄小的半月形的土炕上休息，疲惫的腿脚不能完全伸直。虽还未习惯，但一路极度疲劳，加上终于住进了日夜期盼的蒙古包，所以很快就进

---

　　① 艾勒：蒙古 "ail" 语，意为村。

入了梦乡。

我们在此停留期间，只要有外人接近，这家的狗就会狂吠着凶猛地冲上前去。来客则会大声说："快看狗！"此时这家的主人不论是谁都会出去拦住这群狗。曾经来过我们下榻处的客人，无论是否骑马，都会在手中拿着马鞭。外出者也都会在手中拿着鞭子。这都是防狗护身用的。

第二十五章 征用车马与沙漠之景

3月26日。今天作为谢礼送给主妇五色刺绣线后，我们便出发了。蒙古族人非常喜欢五色线，认为是吉祥之物。因征用的车还未到，所以仍旧乘坐昨天的牛车出发。

在绵延数里的沙漠中行走的牛已经疲惫之至。大家便把牛车上的行李卸下背着行走。这附近的沙漠，被昨天的狂风吹散，每走一步脚都会深深地陷下去。抬头远望，会看见沙丘表面起伏变化出各种形状的波纹，形成美丽的沙海，随处可见野鼠、兔子以及狗的足迹。

我们在没有路也没有树木的沙漠中不断地前行，夜里12时终于到达了15清里以外的Bayasulang ail。刚走近此地就有猛犬奔来。我拿出早已准备好的硬奶酪，分了3份抛给它们。狗得到奶酪即抛下我们，埋头吃了起来，一行人得以顺利地进入艾勒。

此Bayasulang ail内建有三座ebesün ger，也同白沙村一样是用土坯所砌。圆圆的包顶开着天窗，越来越有蒙古包的样了。

这家3岁的孩子正生病在床，我们说我们有药是否需要服用。主人婉言谢绝并说："小孩子是不需要药物的。"

主人照例拿出蒙古糜子招待我们。

到达此地后，跟随而来的三位车夫即告辞，匆匆地走了。两位官差则骑着骆驼，一位向东走了8清里，一位向北走了10清里，最后带着两三个年轻人回来了。

听他们谈话，大致意思为："为何挑这条难走的路""为何不走北边的路"等。官差一边说"这是王府斯诺彦的命令，不得不听"，一边下令明天还要走这条道。

这位台吉个子不高，黑色的胡须覆盖着脸。他极其珍视那顶镶着青玉、缀着红穗的台吉帽，每次脱帽后总会将之放在房间里的最高处。与人交谈时会郑重地戴上帽子。他名叫阿尔斯郎，意为狮子。据他讲："只要提起西拉塔拉的阿尔斯郎，没有不知道的。"

到现在为止，我们一直都听从他们的安排。此时夫君生气地叫两位官差上前，狠狠地训斥他们的不妥之处。此时阿尔斯郎台吉低头赔礼说道："这都是斯诺彦的命令，从明天开始就走大道。"

我们虽徒然地赶了很多路，但也学到很多有用的知识。例如，蒙古族人教会我们被狗围攻时要抛给它坚硬的食物，这样就可趁狗专注于食物时脱身。

第二十六章　古风犹存的沙漠之艾勒

居住在沙漠深处的蒙古族人至今还保留着很多有趣的风俗。从昨天至今日所到之处，古老的习俗随处可见。

这家年轻的主妇在屋外一边缝着鞋面，一边唱着歌，还捣着荞麦——这是为晚上招待我们所备的食物。捣米臼为直径 7 寸左右的挖空的圆木，捣锤为脚踏式的。宛如日本人从前使用的捣米机一般。见我们兴致很高地看她合着拍子捣荞麦，她随即害羞地停止了歌唱。

这里所用的水桶、奶桶同样为由圆木掏空而制成的，而且利用自然材料制成的生活用品随处可见。

主人家养着五条蒙古犬。无论是谁，如无主人的保护绝对不可能靠近家门。所以这里的蒙古族人总是如前所述，携带马鞭或四五尺长的木棒用于护身。但这种防护工具对一条狗是管用的，却不能对付一群狗。所以来人临近家门口时，总会高声喊："来看狗啊！"据说如果使用两根棒子绑在腰间挥舞，还是可以对付狗群的。

即使不喊主人，主人也会根据狗叫声而知道来客人了，便早早地出来拴狗。这也是一种礼节。这里的人不同于王府附近的人，淳朴而正直，可敬可爱之处甚多。

因为我们的到来，人们依旧从很远的地方骑着马、骆驼来看我们。这是蒙古族人的习惯，如有稀客到来即会飞马到邻近各处传话。随之近邻又会把此消息飞马传到更远的地方。关于我们到来的信息的传播速度绝不逊于电报。诸如"夫妇俩领着一个女孩子，他们带着很多药""蒙古语讲得非常好"等详细的情况会被不断地传播开来。随之赶到的蒙古族人，会对放置在我们周围的物品表现出极大的兴趣。如看到温度计则会问其用途。听完解释后，会随即提出"那么，明天是暖和还是冷"等滑稽的问题。

　　还有一位蒙古族人在夫君面前伸出手掌，说道："帮我看一看手相吧。"夫君答道"您是位有福人"时，他非常高兴。周围的人也会附和："大人您真有眼力。"这些问答完全没有恶意。

　　这里的 ebesün ger 在天窗上开了口子，晚上睡觉时会从外面用毛毡将其盖上。而这种开闭式天窗，已渐渐呈现纯蒙古族居住风格了。

第二十七章　一碗洗脸水

3月27日。在水资源匮乏的沙漠中，洗脸只用一碗水。蒙古族人是这样使用这碗水洗漱的。先含一口水使其一条线流出用来洗手，如手上有顽垢则抓一把灰揉搓后清洗。再含一口水如上所述用双手接着洗脸，最后用剩下的水漱口，结束洗漱。实在是非常巧妙的做法。

夫君说，我们的海军也同样是使用一碗水来洗脸的。自古战乱不断的蒙古至今还保留着这种习惯，实在有趣。不论水资源是否丰富，知道如何用一碗水洗脸，这也是非常大的收获。因此，我们全都高兴地学着蒙古族人洗漱了一番。

今天等到太阳升起才出发。同样是绵长的沙漠之路，时上时下，时东时北，蜿蜒起伏，单调至极。

行进了五六清里后终于走上了大道。但因风沙太大，道路全无痕迹，只有兔子在山丘间跳跃玩耍。

沿途没有树，也无水。因而我们非常可怜饿着肚子喘着粗气艰难地拉车的牛。所以蒙古族人就以牛的速度来安排进程。走一清里地休息一下，走两清里地吸一次烟。如此走走停停，一天下来，大概行进了20清里。

如我们催促他们快走时，他们则会讲："这得看牛。一日不吃不喝它会死的。"虽说是上了大道，但不见一位行人，只有无边无际的沙漠荒原。我们在路边时常可见死去的牛只剩下牛头，其余部分已被路边盘旋着的鸟啄光了。此情此景为大自然增添了几分严峻。

接近黄昏时，越过了一个沙丘。看到一片广袤的草原。在一望无际的草原上，无数的牛马宛如蚂蚁般隐没其中。一路下来，四五户围在一起的聚居点，有十多个。这种悠闲富足之景象，是至今所见沙漠中少有的。

从此又行进11清里，来到西拉木伦河。"西拉"为黄色之意，"木伦"为大河。从前曾有记载称此河为潢河。蒙古族人还称其为沙河。或许沙河这种称呼更确切，那的确是一条流淌在沙漠之中的河。西拉木伦河两岸土地肥沃。

在这草地中，有条通往东翁牛特的平坦大路。我们虽行走在沙漠中，但根据山与山之间的距离推测，奇布楚河与西拉木伦河的交汇口应在前方二三十清里处。原本可以一天即到的路程，因官差故意误导而多走了 4 日，对此我们甚感遗憾。

现在我们终于明白，蒙古族人不愿外人看到这肥沃的草原，所以引领我们绕道多走了 4 天的沙漠之路。另外，增加日程是否以多得报酬也说不定，或者他们特别想带我们看沙漠中每一处村落并享用美食。总之不能断定其中之真意。

第二十八章　西拉木伦河沿岸

在草地上前行 3 清里后，到达一个叫古斯库的艾勒。在此可遥望北方缓缓流过的西拉木伦河，也可以在晚霞中眺望巴林连绵起伏的山峦。

走到大道旁经打听才得知，此处距巴林王府不足 70 清里，到达巴林一日时间绰绰有余。

此处居所虽同样是 ebesün ger，但这里的人比居住在沙漠中的人们要富足很多，也缺乏他们之淳朴。汉族商人频繁地经过此处，这里被汉化的痕迹较明显。

因西拉木伦河上有巴林石桥即潢水石桥，所以夫君要求走通往巴林石桥之路。但大家异口同声地称无此桥，极力否认此桥之存在，并且开始连地名等也不用真实名称了。

我们在这 5 天的行程里，已逐渐习惯了牛粪的味道，不觉它有异味了。并且也把烧饼放在牛粪火上烤，掸掉上面所沾的灰，坦然地吃着。

蒙古族人如果没有携带筷子，便会用双手进食。有时还会像猫一样用舌头舔干净碗里的食物，再把碗收进怀里。看惯了，就一点都不觉得有何异样。反而认为省去用水洗碗再用毛巾擦干的做法值得借鉴。连幸子都不知在何时已经同蒙古族人一样用舌头舔干净碗里的饭了。我们看到后都有些吃惊。

3 月 28 日。今早出发前拿出了照相机。用它拍了很多西拉木伦河沿岸平原上游牧的牛马、骑着骆驼的蒙古族男女的照片。

我们要到西拉木伦河对岸巴林的尼玛木伦艾勒，但河面已开始解冻。融化的河水沿着岸边流淌，而河中央 1 尺多厚的巨大冰块被湍急的河水冲击着，奔流向前，势不可挡。

渡河到西拉木伦河对岸已不可能。唯有绕道百余里去到河的上游，一个叫"kögörge"之地。因此我们沿着西拉木伦河逆流而上。

蒙古族人称为"kögörge"之地，汉族人称为巴林石桥。据夫君讲，辽时这里铺设通往京城之路，此处即为辽时的"潢水石桥"旧址，而今日之石桥则为清朝时期巴林王所架。除此渡桥之外，西拉木伦河再无他桥，人们一般都步行渡河。

我们在蒙古内地所到之处几乎毫无例外，雨后河水暴涨，车上的东西经常会被河水浸湿。我们沿着河岸走了大约5清里，准备过河，但据说此处会有车轱辘陷入泥泞而进退不得之忧，便再次改道走沙路。

此处沙漠为丘陵地带，地势较高，可一览西拉木伦河沿岸之风景，适于拍照。因而在放开牛休息时，我们便下车拍摄远近风景。同行之蒙古族人面露难色，紧张地望着我们。

蒙古族人被汉化并非不好，在某种意义上还可以说是在不断地接近文明。只因我们希望考察纯粹之蒙古，所以一再使用了"汉化"这个词。

第二十九章　东翁牛特的沙漠

　　我们一行人沿着迂回婉转、高低起伏的沙丘前行，直到傍晚才到达25清里外的胡如罕苏木。在落日的余晖中沿着西拉木伦河岸，看到搬家的蒙古族人赶着牛车向东缓缓行进。车上装着用柳条编织的羊圈和做工精美的栅栏，以及为储存牛粪而编织的椭圆形的笼子，还有其他居家用品等。他们在黄昏的寒风中默默地走着，没有任何着急的神色。前方的路是否还很遥远？那种听凭牛车轱辘前行的神态，流露出只有熟悉沙漠之路的蒙古族人才有的沉稳。

　　今天依旧有很多人来，他们又再次把我们到来的讯息传播到更加遥远的地方。官差也依旧嘱咐他们，不管我们怎样问都不能告诉我们地名、里程以及其他有关信息。只是说："只有官差才知道。"而官差则称："此地我们不太熟悉。"如此，让我们百思不得其解。

　　今夜来的众人中，有一位非常淳朴的年轻人。他告知距此2清里远的沙漠中有很多我们所寻找的土器和石器。我们甚感欢喜，趁着别无他人时赠给他各类物品，并决定明日先调查此遗址，再赶路。

　　进屋休息时渐渐感到异常闷热，据我的经验是天要下雨。但听屋外闲聊的人说会下雪，百思不得其解。不久，屋外果真雨雪交加。听着寂寞的雨雪声，不知何时已进入梦乡。

　　第二天清晨醒来，只见晴空万里，如镜的月亮还高高地悬挂在天际。

第三十章　沙漠中探访古迹

3 月 29 日。告知官差今日我们要前往昨日那位年轻人所说的石器时代之遗址，并委托此艾勒的人代为引导。但台吉阿尔斯郎闻之脸色一变说道"此处绝无此遗址，大人是听谁说的"，并召集周围的人追查透露消息者。昨日的那位年轻人来自较远的地方，到达此地也比别人晚，且是在并无旁人时进来告知我们的，所以丝毫未被察觉。

见台吉阿尔斯郎毫无带我们前往遗址之意，我们便令另一位官差去找熟悉地形的村里人前来带路。

台吉阿尔斯郎见我们走出了屋子，便独自进入房中拿出心爱的烟袋管心无旁骛地抽了起来。而在此时，旁边烧着牛粪的火炉中不知何物突然爆炸，接着便从天窗冒出了浓浓的黑烟。

随着爆炸声，手里握着烟袋管的阿尔斯郎摔倒在门外，惊恐得几乎陷入失神状态。闻听爆炸声，看到阿尔斯郎的情形，大家也不禁大吃一惊。急忙赶过去，此时看到他并无外伤，只是从头到脚沾满烟灰。我们在他耳边大声地呼唤他的名字，告诉他并未受伤。阿尔斯郎才终于清醒过来，揉着腰站起来，连声说："佛祖保佑、佛祖保佑。"他连连拜佛的样子看起来很可爱。我替他掸掉身上的灰尘，让他服用了清心丹。他终于回过神来连忙向我还礼致谢。此时，我感到阿尔斯郎其实是一个很好的人。

发生爆炸起因于昨晚。房屋一角的小架子上有类似于收藏佛像的匣子，我和夫君为查看其中所收藏的佛像将其打开。结果看到匣中并无佛像，只装满了黑色的粉状物品。因为有少许粉末落下，我和夫君便将其打扫干净并将粉末填入火炉中。今早，主人又在火炉中新添了牛粪，所以那黑色的粉末即被点燃导致爆炸。

想必那黑色的粉状物为火药类东西，原本受其害的应为我们三人，阿尔斯郎做了我们的替罪羊。想到这，心中惭愧不已。

此时引路人终于到来。夫君便随他前往遗址考察。我则留下收拾行李。

不久，夫君带着满脸的失望回来了。

原来此引路人所带领之处，方向完全相反。并声称目的地非一两日就可到达。

明知此言非实，但没有办法，只有无可奈何地回来。

第三十一章　沙漠中的古迹

　　我们正准备坐车出发，迎面又遇到了那位告知我们遗址的年轻人。夫君立即问道："昨夜所讲古迹的位置是否准确无误？"还未等话说完，官差们立即大声呵斥，让他不要乱讲话。但年轻人不知其意，回答道："完全正确！"我们随即请他带路前往，并表示事后必有重谢。年轻人正惊喜于昨日得到之物，闻听还有赠物，便立即带领夫君向西南方向出发。

　　我因整理行囊再次留守在住所。官差们在屋檐下边抽烟边狠狠地说道："那个可恶的年轻人才是真正的罪人，糊涂虫，此事原本不应透露才是！""回到王府后立即向斯诺彦回报此事，还应收缴他们给他的赠物！"聚集在周围的众人闻听官差之言都很恐慌，无不紧皱眉头。

　　大约 2 个时辰，夫君高兴地回来了。所拾全是石头与铁类之物。并称有许多新的发现，喜悦溢于言表。

　　因顽固的台吉阿尔斯郎在所到之处皆如此言行，为调查带来了诸多不便，我们深感遗憾。

　　离开此地后，我们沿着西拉木伦河岸继续前行。

第三十二章　朔风凛冽

　　北边的天空灰蒙蒙的，凝重的云层把天空笼罩得阴森，寒风呼啸着。虽然是向西北进发，但夹杂着细沙的北风，发出沙沙的声音迎面吹来。帽子里、衣服里全被灌满了细沙。出赤峰后只遇到过一次这种沙尘暴，但今天的风又是另外一种猛烈。我们带着极度的不安坐在牛车上，而牛车却在狂风中丝毫动不得身，人与车都进退维谷。在沙漠中毫无可以遮蔽之处，既无山丘也无蒙古包，只得迎着狂风一点一点慢慢地挪动。

　　我把幸子紧紧地包在自己所披的毛斗篷中，所以她丝毫不知狂风正在呼啸着，手握玩具，面露微笑地玩着。

　　风，终于停息了。在接近傍晚时我们到达了30清里外的套卢盖敖包艾勒。因昨日开始变暖，西拉木伦河水涨势凶猛。虽然还是早春，从远方归来的鸿雁已排着队从头上飞过。成群的大雁歇息在西拉木伦河中央尚未融化的冰面上，这是在日本无论如何也不可能看到的景致。如果有人在这里猎雁，用牛车装一定可收获十几辆。

　　今夜下榻之处为汉族式房屋，宽敞清洁，使人感觉非常舒适。蒙古族人称这种汉族式住居为"Baising ger"。这家主人为人非常厚道。如实地告诉我们此地的地名以及河流的名称，全无假话。

　　当我们再问跟随而来的车夫时，他们会略加思索后说出完全不同的地名。夫君发怒质问时，他们害怕地答道："此乃台吉阿尔斯郎所嘱之事，不能说出真实的地名。"只有你发怒，蒙古族人才会说出实情，由此可见他们还是非常朴实的。

　　3月30日。今天带着在这个艾勒筹集的四辆牛车，一如既往地沿着蜿蜒的车道出发了。因不急于赶路，又可从路旁收集各种各样散落的东西，所以我们已非常满足。静静地走在沙漠中，只要向四周望去，总会发现出土的石器时代物品。车走了不到15清里，又停下休息了。询问所走的里程，他们答道："30清里。"

再问地名时，所说之名又完全不同于昨天听到的地名。再问山名，至今为止的回答不外乎"小山""大山""高山"或"矮山"。这次回答为"翁牛特之山"。他们看着官差的脸色回答我们问话的样子，着实有些可怜。

就算是在地图上已标出遗迹名称，他们也会用各种方式糊弄过去。因而为打听真实的地名，我们也着实花费了不少心思。

第三十三章　　大拇指与小手指

今日偶遇巴林旗人。他们听到我们会讲蒙古语，就渐渐地围拢过来。他们竖起小手指道，"翁牛特人是这个"，又竖起大拇指说："巴林人是这个。"虽还未亲眼看到翁牛特人，但闻听此言极希望尽快离开翁牛特领地。翁牛特人也讲巴林人的不是。我们深感巴林之人情、风俗等，都大大地不同于翁牛特。

我们在行进途中，曾看到这种情形：也许是因为在赶路，这里的人把皮衣的前襟高高撩起，勒紧腰带使后背与前胸鼓胀着。另外，他们穿戴皮毛，不修边幅的样子，越发增添了质朴的本色。

闻听我们到来的消息，人们又接踵而至。有人道："听说你们带着神药，请给我治这种病的药吧。"此言一出，其他人也一拥而上，"还有我，还有我"。我和夫君即一起忙于就诊，借机也可了解查看蒙古族人的体格。

这些病人大多患的是眼疾、疖子、妇科疾病等。有些长疖子的患者非常恐惧所排之脓水，连连说："排脓太疼，还是给我喝药为好。"当我从所剩不多的瓶中拿出少许药分发给众人时，有人说："再多给一点吧。"我们为聚集而来的众多患者分发药品，清洗眼睛，但感到不可思议的是竟无一人向我们道谢。不知为何，完事后大家就很快地离去。

我们下榻的这户人家有一个与幸子同龄的女孩，被绑在摇篮中。女孩脸色发青，发育极为不良。既不会伸手也不会取物，见到人也没笑脸，只是一味地躺在摇篮中。而同龄的幸子，已可以灵巧地玩着玩具，不论看到谁都会露出笑脸，已像是在打招呼般地牙牙学语。蒙古族人都说幸子有二岁，无人相信她是一岁幼儿。

这里，摇篮大概用到孩子三岁为止。我们想买此摇篮，但因只有一个所以作罢。于是，我画了摇篮的素描作为资料。摇篮是用榆树或柳树枝编织成的。再把十多个铜钱串在一起挂在孩子头部的上方，据说这样做能够驱邪避灾。当中还挂着一面小镜子，也是驱邪避灾之用。镜子下方有个福袋，里面装有观音像。从孩子的头上方到脚有一条结了疙瘩的皮绳，可以根据疙瘩数得知摇篮里的孩子在家排行第几。还可在皮绳上挂上布帘等，用于遮挡蚊蝇。摇篮里的孩子用布包着，再盖上毯子等，并用皮绳将孩子紧紧地绑住。

蒙古族人讲这样做是为了端正小孩的骨骼，且在孩子屁股下铺上一层细砂，尿湿后就换新砂。母亲会偎在摇篮的一侧为孩子哺乳。孩童哭泣时，人们便会用手推摇篮缓慢地晃动，直到孩子不哭为止。

第三十四章　吸　烟

　　当地无论男女大都喜欢吸烟。女子使用手工缝制的小巧的烟荷包，吊在上衣胸口处缝制的挂环上。男子则在腰带左侧挂烟荷包，而且会系上自己精心雕刻的各类坠子。用骨头、牛角或玉石等制作的坠子非常精美。在烟荷包口系上用三色或五色的彩布缝制一尺长的彩带，也有用穗子的。腰带右侧则夹着长烟管，吸嘴朝后，骑马时就把它插在马靴里。小刀筒挂在左侧，打火石袋则挂在腰后。

　　女子用的挂环形状大多相同，是用在沙漠中拾到的银或铜等制作。下榻之处的老妇人胸口的挂环即为铜制的。我们问她："这是否很古老？"随行的官差随即摘下看后说道："此为新货。"并且令老妇人离开。因他们熟知我们对旧物尤感兴趣，我便把挂环借来画了素描。

　　在我们所到之处官差都会作种种阻挠，即使是有也会说无，如此这般我们便不能顺利前往调查之地，也枉费了不少时间。一路下来深受其害。权宜之策是赠物品与他们，但一来物欲永无止境，二来他们接了赠物即刻便会踏上归途。且因这点他们的脚步愈发磨蹭不前。原本一两日即可到达的巴林，现已花费数日。我们无可奈何，只能由着他们。

　　翁牛特人大多喜欢聊天，一旦相遇便会促膝而坐，因此很多事情来不及做。又大多珍惜体力不肯拿重物，更不用说动脑筋思考，除了牲畜之事，其他一概事不关己，万事任由天命，不愿劳累身心。当然，其中也有辛勤劳作者。

　　他们同只有一河之隔的巴林人难以和睦相处，而是互相厌恶，甚至也厌恶汉族人。而一旦到汉族人面前却又退缩不前。

　　如汉族人不熟悉地形且又不会蒙古语，只身一人旅行于蒙古内地，则一定会困难重重。所以汉族人在蒙古地区会感到恐惧也并非全无道理。

　　西拉木伦河以北的蒙古族人对于独自前往诸如喀喇沁或东翁牛特附近的地方，也甚感恐惧。一般通过这些地方时，至少要有五六个人结伴同行。即便如此，北边的蒙古族人也还不见得有安全感。因为那儿的人对金钱很贪婪，所以经过的人即便扮作无赖也有遭抢劫之忧。据说这类事情并不少见。

往返于蒙古和北京的蒙古族人，大多自己携带帐篷以及日常用品和食物等，一路露宿在野外。是否因有此忧患才会如此呢。

明日即将横渡盼望已久的西拉木伦河，踏上巴林的土地，心中雀跃不已。夜里收拾好行李即入眠。

在沙漠中拾到的金属大多为赤铜，做工虽简单却极其精巧，甚至还有纤细的铜丝制品。据推测，这些物品有可能是古代鲜卑乌丸①时代的装饰品或其中的一部分。

---

① 乌丸：乌桓，中国古代北方游牧民族之一。

第三十五章　横渡冰雪初融之西拉木伦河

3月31日。不知何时已习惯于土造的 ebesün ger，每到一处即把它当作自己的家，随遇而安。

前往巴林需过巴林桥。据说，该桥距此地有20清里。今早出发时，夫君拍摄了这个艾勒的生活风俗以及其他一些内容。"kögörge"① 为架桥之地的地名。

今天也是迎风北上，不仅衣服上沾满沙尘，就连眉毛里也全是细砂，可几乎无暇顾及。接近巴林桥，狂风终于停了。遥望西拉木伦河，发现有几千只鸿雁盘旋在河面上，其中还有灰鹤、鹰以及其他不知名的鸟。

逆流而上2清里，终于见到了巴林桥。在最接近巴林，宛如小岛一样突起之处，有一座拱桥。在小岛中央还建有一座寺庙。夫君在视觉开阔处为桥画了素描。

接近渡口时，突然看到一位十四五岁的汉族少年，拉着湿漉漉且不肯挪动半步的一头牛和一匹马在大声哭泣。见我们到来，他立即匍匐在地哭着说道："我和父亲正准备渡河，冰面突然断裂，走在前面的父亲和车被卷入激流。现在那里还可见车轮子，求大人们救救他吧！"边说边使劲地磕头，情状着实凄惨，无法言表。但此时，河水托着浮冰漂流得极快，即使是游泳高手也很难跳入其中救人。

我们立即转向官差："现在该采取何种措施，是否可以召集众人救他？"但官差们对着少年淡然说道："你父漂流甚远已性命难保，况且这附近全无人家，无法可施。我们奉公护送来自日本之大人现全无余力。你如趁早赶路还可在天黑前到达乌丹城，赶快把此事告知亲属为妥。"此情此景着实无可奈何，我便拿出所带的铜钱给少年，眼望他双手牵着牛马离去之背影，实感不安。

回望出事之地，可见在大约200米远的河水中，一辆车翻倒。对岸，从巴林方向过来牵着二三十辆牛车的蒙古族人见状也踌躇不前，最终沿着来时的路又踏上了归程。据说，河水流量少时，此岛与对岸之间有陆地连接，上桥全不费工夫。今日在那位落水的汉族人即将渡桥前还有来往之行人渡过了此河。

---

① kögörge：蒙古语，意为桥、桥梁。

据说，如刚才那般由于冰面突然断裂而出事者并不罕见。想到我们一家三口差一点也陷入河底，实可谓捡回一条性命。

听说我们到来，从河对岸巴林方向来了两位戴着官帽的官差，下到岸边的冰面上，用长杆子探查水之深浅。认定此时无法渡河后，他们同这边的官差互相喊话，推测如冰面继续融化，则只有等到水势下落后才可渡河，且需等多久目前也无法推测。

想到还可利用这段时间再做一些补充调查，我们便原路返回先前借宿之处。晚餐上了蒙古糜子、煮鸡蛋、辣泡菜等，我们感到这些食物比以往任何时候都美味可口。

明日无须启程，今晚可安然入睡。

在此地鸡蛋实为罕见，至今未见有人家养鸡，也从未听到拂晓时公鸡报鸣之声。不知此鸡蛋是购于乌丹城，还是有鸡养殖于某处艾勒。这里的泡菜味道较咸，是把白萝卜、白菜、黄萝卜等各类蔬菜切成小块后腌制后保存于大缸而成的。

第三十六章　等待河水下落

4月1日。据说等待西拉木伦河的浮冰融尽，河水水位下落大约需10日。闻听此言不禁十分着急，但转念一想也可借机稍事休息，以恢复体力、洗刷衣物等。于是，便整日整理调查记录以及至今收集、采集的物品，同时书写日记记录西拉木伦河沿岸之风情。

今日，风和日丽。因昨日闻听距此两三清里处有古迹，我们便带着主人家刚满十二岁的男孩，一个少年喇嘛与其妹二人外出散步。

此艾勒南边1清里处，有一条小河名为"baraɣun ɣool"，从南边汇入西拉木伦河。河面还未融化，从上面可走到对岸沙丘上。我们便在此沙丘中找寻陶器以及瓷器。不久，就拾到两三个缺了边的石器。有石器则一定会有陶器，遂仔细地寻找，但毫无发现。因已接近中午，大家便踏上了回程。回来渡小河时，却见已涨满了的河水湍急地流淌着。我们大吃一惊，询问跟随而来的少年，答曰："因天气暖和，河水融化所致。"

此时，少年喇嘛和少女已把鞋脱掉，下到水里，寻找水浅可渡河之处。此时，对岸走来一位拉着骡马的汉族人，我们便恳请借他的马渡河。来人答道："此骡马尚幼，骑用危险。我腰强力壮，不如我渡河一看，请稍等！"说罢，便下水探试深浅。他虽险些滑倒，但还是慢慢地走了过来，并依次把我们一家三人背到了河对岸。

少年和少女不知是如何商量的，妹妹背着比自己胖且穿着皮衣的哥哥，跟随我们渡河而来。看到他俩天真可爱的样子，大家都笑了起来。来去途中，两位少年在沙地上一路摔跤玩耍，惹人喜爱。

今天出游之目的虽未达到，但巧遇告诉我们古迹位置的男子。便一把拉住他，希望他明天可以带路去找古迹。可不巧，此时官差过来。他说道："没有这样的地方！"便急急地走了。

我们借宿之户，是这里的"bayan ger"。蒙古语"bayan"意为富裕，"ger"意为家、屋。每次，跟随我们的官差都会引领大家投宿这样的住户。

第三十七章　沙漠中的五铢泉

今天依旧有很多人来到我们借宿之处。其中有一位衣着特别华丽，佩戴之物也极尽奢华的中年蒙古族人，他在寒暄之中表现出惯于同外国人打交道的样子。见他腰上挂着用细皮绳穿着的五铢泉，夫君便问他此物是在何处得到的。他爽快地解下给我们看，并说是在附近沙漠中拾到的。他毫不畏惧台吉阿尔斯郎那令人恐惧的脸色，坦然地回答完我们的问题，起身出去了。

随后，官差们便开始异口同声地说起这人的坏话。我们半信半疑地听着，原来他并不属于哪个地方的人，从前做过喇嘛。三年前日俄战争时，大量的俄国人通过此地，带他去了北方。战争结束后，回乡的他今非昔比，带回大量的黄金，建造了华美的宅院。原本光光的头顶也蓄发还了俗。官差愤愤地说道："他现在还娶了妻，整日喝酒享乐，没一处容得下他。"总之，官差是在极力证明他所言之物不可信，但我们还是从这位蒙古族人身上了解到了不少东西。

今夜有擅长音乐者前来。不久，就有乐者带着胡琴进屋，坐在下座开始弹奏。蒙古族人极其喜好音乐，伴着胡琴，很多人聚集过来，为我们唱起蒙古族歌谣。其中不乏歌喉清丽者。他们忘情地歌唱，淳朴而真诚。

这里的胡琴，音色较喀喇沁的要低沉许多，越发可以让人品味到蒙古地区的风情。除了这位乐者，其他蒙古族人也大多会弹几曲，但全部是男子。聚集在一起的蒙古族人互相抢着演奏胡琴，大声地歌唱。蒙古族人之热爱音乐，可见一斑。今天度过了到蒙古后至今从未有过的愉快之夜。我想，蒙古族人在唱起蒙古歌时是最为淳朴而至诚的。他们特有的美德也淋漓尽致地表现出来。胡琴为杏木所制，弓上所系之穗为青色及红色的丝绸。

另外，当地编织品大多使用骆驼毛，所纺之线用于编织毛毡等。房门入口处挂着的门帘以及地上所铺之物，全为主妇们精心编织刺绣而成，这些绣品透着浓浓的乡土气息。我们也收集了一些编织刺绣的图样。

第三十八章　蒙古族之乐器

　　胡琴为西拉木伦河流域蒙古族人所使用的乐器。从前，蒙古族人大多会自己制作胡琴，现在有此手艺者所剩无几，大都请汉族工匠制作。上等的胡琴使用紫檀或黑檀等材料，装饰着象牙以及银饰。

　　我们在喀喇沁时已收集了蒙古族人自己制作的胡琴。其长约3尺，为大体呈长把勺子状的四弦琴。琴体部分使用被挖空的杏木，只在一面蒙上皮子。把琴杆部分插入琴体，且在琴杆下方中间处固定4根丝线，通过圆环将其拉出，演奏时用弓摩擦琴体。比起今天所使用的汉族工匠制作的二弦琴，其音色大有不同，要复杂且丰富许多。

　　蒙古族人不喜欢使用汉族人所擅长的高调，一般都用低沉而厚重的音韵，极具大漠风格。悠长而低沉的琴声带着一种庄严感，具有无穷的韵味。在蒙古族歌谣中有使用高调的汉化乐曲，但大多是从远古流传下来的纯蒙古族风格的歌谣，使用的是低音调，加之从远古流传下来的歌词，从中也可窥其风俗与习惯。

　　蒙古族歌曲的歌词结构精巧而优雅，富有韵律，极像日本的万叶调。估计是在盛元时代作的歌词，通过口头流传至今。此外，还有很多颂扬武士雄姿以及在仪式上所使用的诗歌，但占绝大多数的还是歌颂青年男女爱情的歌谣。今日之蒙古族人，除了王府艺人以外，知道古老歌谣以及仪式者已经甚为罕见，绝大多数是在传唱新创的爱情歌谣。我记载带回了大量的摇篮曲、摔跤曲及新老歌曲与仪式用歌谣等词曲，此外还有祭祀成吉思汗所用的祝词。

　　4月2日。看到主妇使用骆驼毛纺线即买下了成品。纺出的线叫"utasu"。日本也有一个词叫"itoso"①，意思也极其相近。此线被使用于各种地方。

　　我们为了给幸子洗涮脏了的衣物，带着主人家的一位男佣来到西拉木伦河边。下河堤走了100米左右，离河水还有大概300米的距离时见到支着的两三个小帐篷。听说河水上涨时是不可住在这附近的。男佣领我们来到一处恰好可以洗

---

　　① 　itoso：汉字为"繼"。

衣之处，我开始洗衣，男佣和夫君带着幸子到草坪上玩耍。幸子在河边生机盎然的草坪上，用手指着牛马羊群宛如唱歌般地发着"啊，马，马，谟谟，咩咩"等音节。

虽说是春季，但河水冰凉刺骨。原本以为要洗的衣物不多，却总不见少。河水比前些日子还要湍急，并且夹杂着巨大的声响在浮冰下流过。

这也是人生之缘，此时故乡的游人或许都在踏青赏花，有几人会想到我正在西拉木伦河畔洗衣呢。

第三十九章　洗衣于潢河岸边

　　从未想到会在西拉木伦河岸边洗涤幸子的衣物。我们聊着路途中的苦与乐，不知不觉中清洗完毕。在石桥上休息时只见空中鹤舞翩翩，河面上雁鸭成群，宛如仙境一般。

　　对面巴林之地势高低大致同翁牛特一样，也为沙丘地带。上古时期两地应是接壤的，而从高处往低处之水流不知在何时成为深沟，逐渐形成了现在这种地势。这种自然之神力，也许今天还在不停地作用于大地。在高岗的断崖处，距离地面2尺深的地方遗物随处可见。夫君称如调查对岸之巴林遗迹，也许可以了解这些有趣的现象。此处河宽据说有5清里，动物在高岗上出没，其身影非常渺小。

　　洗衣结束回到住地时照例又来了很多人。其中有一住在附近帐篷中的妇人，分开众人走上前来。她手捧3只鸡蛋，恳请道："我有一喇嘛家兄，于20年前离开此地前往西藏修行，至今未归。现在高龄的父亲身患重病，危在旦夕，却惦记着家兄的安危。请大人替他占上一卦。"他们认为外国人对任何事情都知晓。对于抱着信任而来的这位妇人，我们商议后认为应该先安抚年迈的病人。夫君稍加思索后对妇人说道："您兄长身体健康，因出家之故现还在寺院里修行。且修行甚高，居高僧之位，深得大喇嘛之信任，不允其归蒙。但兄长每日都在思念故乡的父老兄弟，打算再过几年便归来。"此乃可怜妇人、好心安慰之语，不料她听后异常高兴，差点跳起来。称要尽快把此消息告诉父亲，让老人也高兴一番，便行三拜之礼急忙离去。旁边所聚众人齐声称赞夫君明事理。而旁边的我差点笑出来，但夫君认真地同我说："虽如此解释，如其兄长不回来那如何是好啊。"

　　观察周围之蒙古族人，发现其中人称"daruγ-a"（达如嘎）者，即相当于一村之长，势力非常强大，权势在台吉官差之下。大家称其达如嘎，非常尊重、服从他。比起阿尔斯郎台吉，他为人端正，在众人当中很有威望。据说村村都是根据这些达如嘎的命令准备迎客，所以牛车、马车、食品之差全部由他定。

第四十章　达如嘎之势力

像我们这样的外国人，从一个聚居点到另一个聚居点，都需经过各地达如嘎的协调，从食用之羊肉到代步之牛车、马车，再到引路人，无一不要经他办理。而从衙门跟随而来的官差也都是巧妙地依靠达如嘎来协调诸事。

从东翁牛特王府跟随我们出行的阿尔斯郎台吉，无论到何处总是受到达如嘎的轻视，达如嘎安排的任何事都不如阿尔斯郎台吉之意，一路经常看到他生气的样子。在这种旅行中，需要跟随比台吉官衔大的人物才好，这是一路至此所得之经验。

无论是阿尔斯郎还是达如嘎，抑或其他蒙古族人，无一识字者，全部为文盲。只是无论谁都极其善于放牧。一件衣服虽沾上污垢或破了口子，只要还可穿便会穿在身上。不论男女都在手上托着一根长长的烟袋管并将烟嘴含在口中，他们喜欢终日聊天。经常可见虽说是在放牧，但牛马早已走出有 10 清里远了，可放牧人还在原地聊天之景。

他们来到我们下榻之处时经常会谈到"今年草的长势不好"或者"牛繁殖不旺"等有关牲畜的话题。就同两个生意人在一起，只关心钱一样。可从未在任何场合听到有蒙古族人谈论钱的事情。

夫君与身边的阿尔斯郎台吉说道："您应该知道，在蒙古从未听到像买卖人那样谈论钱财之事，所谈之事又大都是好事。"阿尔斯郎台吉闻此言极为高兴，说道："汉族人一个也好，两个也好，碰在一起一定会说钱财之事。而我们蒙古族人无论到何处都不会谈论钱财。汉族商人总是会说 1 吊钱、2 吊钱、3 吊钱、4 吊钱、5 吊钱等，很是麻烦。"他一边说一边模仿，其举止与平时完全不同，很风趣，大家忍不住笑了起来。

今晚是在烛光下写的日记，然后卧床休息。

4 月 3 日。今天还是未能渡河北上。幸子已接连两个晚上没有睡好觉，我们跟着她也未能休息好，非常担心幸子会患病，但万幸的是今晚幸子睡得非常安稳。

第四十一章　渡河的准备

官差们说要查看西拉木伦河的水位，一早即出去了。返回时说道："今天见到了前往巴林的牛车，也见有从巴林过来的车。水深大概到马肚子，如此看来明日河水定会下落。只是渡桥附近因地势狭窄水位较深，反而危险。不如到水面较宽水流缓慢之处渡河的好。"我们因不熟悉此地地形，便说，只要人和东西安全便依他们而行。并且嘱咐他们做好渡河之准备。官差们答道："明日召集这里的年轻人，定会把你们安全送到河对岸。现在就得去做准备了。"说罢，即匆忙地出去了。

其后，进来两位曾告诉过我们遗址之事的蒙古族人。夫君立即高兴地说，请带路前往遗址一看，说完便一起出发了。不久，夫君带着难得的出土文物与很多疑问归来。带路的两位蒙古族人也得到了他们意想不到的礼物，趁着官差未到高兴地回去了。

今天也有很多人来，希望得到药物。他们已相当熟悉我们，丝毫也不见外。因没有分药给已得到过药的人，所以他们很生气地嘟囔着离开了。蒙古族人虽易于相识，但即刻便会失礼于对方者也不少。

黄昏时，阿尔斯郎台吉回来了。他边擦汗边带着得意之色说道："渡河的准备已妥当，探路由达如嘎担当，护车由血气方刚的年轻人做，一台车由三个人保护，会有十五六个人来帮忙。"

虽同为蒙古族人，但他们不喜欢进入其他王府所辖之地。特别是在翁牛特领地，每当有巴林人经过时，他们会带着轻蔑之神情对待巴林人，而自己却又畏惧进入巴林之地。所以，如需路过此地，可多人同行，以壮声势，也方便交流。

阿尔斯郎台吉自从离开王府后，一路诉了很多苦。大多在说自己陪伴同行之辛苦，意在索取报酬。他说话时还在不停地吸鼻子，大概是有些伤风。

蒙古族人同某些汉族人一样，不论是在室内还是室外，都会毫无顾忌地吸鼻子。汉族人中受过教育的人是不会这么做的。

在我们刚来住地时，在屋角本应放置大缸的位置未见有缸，却看到挖有一个坑。虽不知其用，但又想到或许是因外边群狗凶猛，所以为来客设的扔垃圾之处吧。因而感到非常高兴，在无人时便把幸子的脏衣物扔在那里。到了傍晚，主人抱着很多柴草进来烧炕，才知这是火炕的灶。心中很是惭愧自己对于蒙古地区生活知识浅薄。想到此，感到自己也没有权利说蒙古族人吸鼻子等坏话。

本以为还需要等待十天左右才可出发，不料明日即可启程了，着实有如愿以偿之感。遂又着手明日渡西拉木伦河之准备。夫君一向不擅长整理与收拾，这些事情平日总是由我来做。每日都要把从行李最底下翻出来的书籍等物品再次装入行李袋中，没有我他则无法照原样收拾。只因每日都会在蒙古族人的帮助下，把众多的行李从车上卸下再装上，所以，近来我也变得腕力过人了。

第四十二章　横渡潢河

4月4日。今天终于要从靠近此地的下游横渡西拉木伦河。一早，达如嘎便带领十余名年轻人聚集在这里，把行李装在四辆牛车上，夫君骑马，我坐车，幸子由那位曾经去过俄国的蒙古族人抱着骑在马上。每辆车都有三个人护着，而我坐的车前后则由四名蒙古族人扶着开始渡河。

浮冰在继续融化，走在上面感觉好危险。到达河中沙洲时，阿尔斯郎台吉下了骆驼，仰望天空单腿跪地，祈祷道："愿苍天保佑安全渡河！"祈祷结束后，他拿出携带的bodong，仰头喝了一口酒。

蒙古语称酒为"ariki"。如汉族人酿造的高粱酒，蒙古族人喝自制的奶酒。

"bodong"来自"bodongɤui"一词。"bodongɤui"意为猪。古时用猪皮制作皮囊，用来装牛奶、酒、水等带在身上。直到现在也有使用皮囊之处。此外也有人用榆树或者柳树的细枝编制，再在外边包上油纸的壶取代皮囊。其形状为口部狭小，下部呈椭圆形，口上系有皮绳。无论走多远的路抑或骑马狂奔，都不会洒出一滴来。这即为"bodong"。还有一词为"budungɤui"，其意则为愚蠢者。

阿尔斯郎台吉喝酒有暖身之意。此时，夫君用相机拍下了大家渡河的场面。

由此地开始横渡河水最深处。达如嘎站在最前边，边用长竿探试着河的深浅，边骑马前行。不久便安全地到达了下一处沙洲。随即达如嘎大声地吆喝着指挥大家过河。

骑马和骑骆驼的人跟随达如嘎陆续安全抵达了沙洲，但车身受激流冲击，险些被冲走，轱辘不时地陷入河底，差一点翻车。激流在车前车后翻滚，推车的年轻人全身湿透，艰难地同激流搏击，终于也登上了沙洲。此时的心情难以用语言来表达。我眼睛一直望着幸子，全部心思都放在了孩子身上，此时反倒忘了自己身在何处。而幸子坐在蒙古族人的怀中，看着眼前喧嚣的众人，独自兴奋地欢呼雀跃。

终于渡过了又一个难关，大家高兴地传递着酒壶，喝酒暖身。其后又横渡了2清里，终于到达了对岸巴林领地。

巴林那面有很多蒙古族人前来迎接，回头看到翁牛特那边也聚集了很多人，在遥遥地目送着我们。巴林的官差立即带领我们进入距离最近的富裕人家。在这里，我们逐一送给以阿尔斯郎台吉为首的护送我们过来的翁牛特年轻人厚礼以道别。

阿尔斯郎台吉依依不舍地说道："祝旅途一切顺利！"又道："请回来时一定来阿尔斯郎家住宿。"

望着他威风凛凛的背影，好似在向巴林人展示武者之威风，颇有意思。

第四十三章　巴林的风俗人情

正如我们所料，巴林蒙古族人人品极好，礼数周到，使我们甚感安心。且观其日常的风俗、习惯、言语、装扮等，使我们愈发感到欢欣雀跃。

今天借宿之富裕人家有三间 ebesün ger，一间平房，我们被引至平房中住宿。主人为巴林王府之官差，等级为台吉。主妇端着茶进来，说道："一会儿送来给婴儿喝的奶。"不久即拿着装在牛膀胱里的羊奶进来。

我们拿出随身携带的护照给主人看，主人郑重地接过护照打开，念起蒙古文字部分。在其身旁的主妇也伸着脖子一起读了起来。虽不十分流利，但全部读完后，合起护照递过来时，说道："此乃大印章。"于是愈发厚待我们。

我们自离开翁牛特王府，首次遇到男女均识蒙古文字者。尤其妇人识字实属罕见。对主人提起此事时，夫妻二人面露高兴之色，颇为自豪地说道："的确如此，即使在巴林如此广袤之地，可识文断字者的确寥寥无几。"

用完午餐后，夫君与当地一位男子一同骑马前往河岸西侧 20 清里处的潢水石桥。

我同幸子留守，与这户人家打听到很多事情。正在这时，主人的女儿，十六七岁的样子，十分美丽，跟在母亲身后，害羞地走了进来。我拿出缎带、刺绣用的彩线送给她时，她非常惊喜地收下。此后，美丽的少女便时常独自来同我们说话，还带来糕点给幸子，且每次都会讲十分有趣的故事给我们听。主人家除了这个女儿，还有一位长得与姐姐十分相像的、可爱的七八岁男孩。他已接受剃度之礼做了喇嘛。我问女孩，为何把如此可爱的男孩送去当喇嘛，女孩答道："是为了保佑家族的幸福。"这家人都十分善良，家里温暖而和谐。

近 4 个小时后，夫君骑马归来，幸子现出很高兴的样子。今日访古成绩斐然，夫君带回了完整的石斧等非常有研究价值的东西。

用过晚饭，在黄昏中眺望远处。只见西拉木伦河对岸的翁牛特，笼罩在一片雾霭中，一轮弯月挂在空中。这种大陆式的静寂，让人思绪万千。

远远地看到最先同我们熟识的主人家美丽的女儿，越过沙丘赶着羊群回来了，中午时还穿着的美丽衣服现已换成放羊时穿的破旧皮衣。她走近家门，慌忙扔掉放牧用的羊鞭，害羞地一头钻进自己的房间。其后，女孩的母亲与女下人忙着挤羊奶，频繁地进出房内。

在此画了巴林河岸以及遗迹的素描。太阳落山时的霞光，把原野和天空染成橘红色，而一轮清澈的弯月已斜斜地挂在天际。此时感到有北风袭来，便进屋关上了门窗。

守护主人家的三四条狗，好像害怕我们屋中点燃的亮光，不停地叫着，比翁牛特的狗还要厉害很多。同往常一样，夫君做完研究工作，停止书写，收拾整埋好东西。当我们熄灯时，狗也不叫了。静悄悄的夜晚，西拉木伦河水滔滔，伴随我们入眠。

第四十四章　礼数周到的巴林人

4月5日。半夜时分大风骤起。西拉木伦河水在耳边轰鸣，直到清晨风势依然强劲。今日无一人横渡西拉木伦河。主人说："万幸昨日时机尚好，得以平安渡河。"空中乌云密布，大家纷纷猜测将有大雪来临。果然，不久便有雪花纷纷飘落。

无奈，今日终止出行。远近的人听说我们到来，又纷纷上门索药。他们都拿着奶酪、黄油、哈达等礼物。且都先行单膝跪地礼，他们不把手中的礼物送给我们是不会索要药品的。无一人像翁牛特人那般拿到药品后随即离开，不做任何致谢表示。

哈达为丝织品，其尺寸长短不一。一般如日本布毛巾般大，把白色或青色的薄绸竖着对折4下。献哈达时，要行跪地礼，双手递给对方后退下。而且，赠送哈达为至上的礼仪。在翁牛特时从未听到过的"mörgön-e"，在此频繁地被使用，人们得到回赠后都非常高兴地离去。

"mörgön-e"一词为礼拜或低头平身之意。比起在喀喇沁一带经常听到的表示谢意之"jobayaju bain-a"，此词更加正式。

上午，夫君溯流10清里踏访古迹，因又有很多新的发现，便心满意足地回来了。在途中，还拜访了四五户病人，现带着他们一同回来拿药。他们都带着奶酪或黄油，拿到药后，即行重礼，高兴而归。见到此情此景，我们由衷地感到高兴。

午后大雪纷飞，积雪盈寸，远近山峰格外雄伟壮观。

看到主人家的下佣，从西拉木伦河挑了雪水回来，附近的人都在饮用西拉木伦河水。至晚饭时分，病人接连不断地进来。其中还有机灵者，拿着我们一直在搜寻的完整的陶器到来。

我们深感不解的是前来索药的人中，为何大约有三分之一是喇嘛。他们都居住于寺院，理应拥有很多药品。也许对喇嘛来说，同他们每日分发给众人的药品相比，我们所携带的更有效吧。今天来索药的人多为眼病、胃病、子宫病、肺病、性病及其他囊肿的患者。

4 月 6 日。湛蓝湛蓝的天空明亮而清澈，空气也格外清新。晨光乍现，被前一晚的积雪所覆盖的群山显得气势磅礴。天气也非常暖和，是适于远游之日。大约 10 时，我们一行人出发了。主人并未同行，陪同我们的是主人从外边带来的官差。

沿途为沙漠地带，这里的牛外形也较瘦。走了不到 10 清里，到达一个叫"qudduɣ"（泉）的聚集地，借宿于一户平房。此地在一处聚居点搭建有五六个帐篷。佣人们并未带我们去帐篷，而是带我们进入建在别处的房间。此处是还未有人居住的新房，屋内一角堆积着毛毡等物，像是收藏物品的仓库。

这里的狗非常凶猛。无论哪家都养着三四条甚至十几条。其中黑毛狗尤为凶猛，白毛狗稍温驯。今天看到有人受到猛犬袭击，此人在狗即将扑来时，迅速蹲到地上，而狗则立刻变得非常安静。询问旁人其中奥妙，回答道："狗好食人屎。"据说人只要蹲在地上狗就不会扑过来。

第四十五章　佩带手枪投宿于仓库

进了仓库，随行的众人以及官差都回去了，再无一人来。偶有仆人路过门前，随即叫他进来问道："你家主人在哪里？为何对待我等外国人如此无礼？"不久，穿戴整齐的主人进来，一看到我们即开始不断地赔礼道歉。夫君说道："至今在巴林走了十余天，无论我们进入哪个村都得到了厚待，从未遇到像泉村这种情况。"接着说道："据传巴林人是这个（伸出大拇指），翁牛特人是这个（伸出小拇指），现在看来却完全相反！"看到夫君非常愤怒的样子，主人不停地赔礼。少顷，其子也进来，父子俩跪地说道："今日全因牧场繁忙，适才刚刚得以进家门。翁牛特好抑或巴林好，老天应该知道。"他们对我们所说的巴林劣于翁牛特，表示非常遗憾。

接着，主妇带着众仆人立刻把火盆搬来，在门口挂上了缝制精美的门帘，切肉煮面一派繁忙。待晚饭准备好后，主人带着烫好的酒进来了，其子同主妇也端了晚餐进来。

因我们不喝酒，就把酒还给了主人。直到我们吃完饭，主人和他的儿子都一直陪坐在地上，让人感到很过意不去。但我们在即将开始的长长的旅途中，如果拿着护照还受到非常无礼的对待，那是不可容忍之事。用完晚餐后，我们说道："现在准备休息了，你们也回去吧。"答道："今晚如无大人的允许，我们是不可离开此地的。"其正直的本性可见一斑。夫君无奈说道："我擅长算卦。算出今后如对外国人有无礼之举，财富与寿命都将受损。儿子虽好但父亲心地不善。将来儿子必定没有后福。好生念经便会延年益寿。一切都有天命，罪亦可免。去吧，今夜要好生保护我们的安全。但见此处远离大屋，如有事如何是好？"主人答道："我已差遣儿子和男仆睡在门外，请安心就寝。"说罢，终于离开了房间。如此这般，不久即听到门外有人走动之声，总算身边有了生气。

我虽已就寝，但夜半时分听到有狗吠声此起彼伏，心里久久不能平静。担心会有马贼，颇为紧张。便取出防身所用的短枪装好了子弹放在枕旁，以防万一。直到黎明时分狗吠声才平息，我也几乎一夜未眠。

夫君像是在说梦话一般，随即鼾声响起。我独自一人度过了这个不眠之夜。后来才得知，整夜传来狗叫声是因泉村的蒙古族人为了我们明日一早即可顺利出发，连夜奔忙在准备车马等物。

第四十六章　巴林的腌韭菜花

　　4月7日。我们还未起床，主人及主妇等已轮换着进来往火盆中添加牛粪，为室内取暖。我们起来后，又忙着准备热水、奶茶等。我们洗漱完毕时，主人再次整装携子一起进来问安："大人昨夜休息可好？"夫君满意地答道："非常好。"只可怜我整夜抱枪未入眠，今早连极其喜好的奶茶也未能沾口。自己努力调整好身心，9时稍过我们便告别此处，向北进发了。

　　沿途为丘陵地带，大约行进10清里到达查干木伦①河岸。渡过此河向北有一座"ɣurban toloɣai-un aɣula"，即"三头山"。据称，此山外形宛如三座头像，因此得名。查干木伦河流经三头山南麓，汇入30清里外的尼玛木伦河，最后注入西拉木伦河。此处为沙漠地带。

　　沿着查干木伦河右岸行20清里，来到一处叫"toloɣai-un aru-yin ail"②的地方，找到一处平房借宿。同昨天不同，主人全家都很高兴地出来迎接我们，并且把我们引进主人自己所用的卧房，一间装饰美观的房间里休息。随即又搬出火盆，拿出茶点等，可谓非常熟悉待客之道。一切都按照主人之长兄，一位喇嘛的指示行事。

　　晚饭时间，这位喇嘛进来问道："大人是否喜欢吃牛肉？"夫君答道："在我们日本牛肉是最受欢迎之佳肴。"随即端出盛在大托盘里的带骨牛肉。还未见过这种吃法的我们，感到有些不知所措。旁边的喇嘛见状，即拿出腰间的小刀，灵巧地割下一小块肉，放入我们碗中。但只有肉，全无其他蔬菜以及主食。只吃肉我们不习惯，所以我未动碗中的肉，放下了筷子。见此，喇嘛又端来蒙古糜子。此为在翁牛特时吃过的食品，我便拿起了筷子。在翁牛特时还听说巴林每家每户都腌制韭菜花，便吩咐道："请拿些腌韭菜花。"喇嘛吃了一惊，随即盛在碗里端了进来。他略感不解地问道："大人初次入蒙，是如何知晓这腌韭菜花的呢？"因

---

　　①　查干木伦：蒙古语，意为白色的湖。
　　②　"toloɣai-un aru-yin ail"：意为"山后头的村"。

在蒙古越往北走，蔬菜则越匮乏，所以蒙古族人格外珍惜腌制的蔬菜，而肉类会逐渐增加。所谓腌制韭菜花，即是把野生韭菜的花朵采集并进行腌制。

六七月雨季过后的草原，满山遍野都是盛开的野韭菜花。届时，远至翁牛特的人也会横渡西拉木伦河前来，采摘野韭菜花。韭菜花外形纤细难辨其形。而此时还未到发芽季节，所以我们未能采到实物。

蒙古族人非常珍视腌制的野菜，随处可听到 noγoγ-a ügei 这句话，即无腌制的蔬菜之意。"noγoγ-a" 意为蔬菜，"ügei" 意为无。"dabusu tai noγoγ-a" 即为腌制的咸菜。"dabusu" 意为咸盐，"tai" 意为有。大多数人家都会或多或少地储藏这种腌菜。富裕的人家会从汉族人那购进蔬菜进行腌制，而贫困人家则无可奈何。在整个行程中，我们所到之处的蒙古族人无一不珍视蔬菜，就是一根葱也会珍藏起来，一次只切五分长短放入羊肉粥内。一根葱要使用十次之多的人家也并非罕见，而这也只是中等人家才有的生活。想必带来日本的干菜送给这里的人，他们定会非常高兴。

第四十七章　日俄战争时期的敢死队

　　今日也有很多人来索取药品。主人家的长兄喇嘛一直陪伴在侧，防止众人过于靠近。药品分发完毕后，他即令众人离开，可谓非常善于控制场面之人。主妇们在天黑时即关闭门窗，把众人送走后，以长兄喇嘛为首，主人一家进来聊天。除了大夫人外，二夫人也进来陪同。她们都较翁牛特一带的妇人面容姣好。发型虽同翁牛特的女子一样，但佩戴非常多银质或珊瑚类的装饰品。

　　这位喇嘛性格分外爽快，毫无拘束地说了很多有趣之事。据他讲三年前的今天，曾有七个日本人扮作喇嘛僧人，在主人家借宿后骑马向北进发。早闻日俄战争时，日本的七人敢死队队员从喀喇沁出发奔向哈尔滨，主人所说大概就是他们。我们今日之路即为他们当年所走过的，想到此不禁感慨万千。

　　4月8日。在出发前，夫君前往高句丽遗址。蒙古族人把所有的遗址都称为高句丽遗址。因此，不可全部将蒙古族人所说的高句丽遗址当作高句丽遗址。且元、金、辽时的遗址或石器时代之陶器大多也被蒙古人称为高句丽遗址。此为调查时所应注意的。

　　主人家的喇嘛陪同夫君一同前往距此2清里的丘陵地带。不久，只见喇嘛一人骑马回来，问其缘由，他说道："发现了刻着难以辨认其字迹的石头，现回来取两根长棒子。"他拿了长棒随即骑马转回。不久，丘陵附近的人们听到消息，陆续赶到我们这。此时，我已在众人的协助下，把行李等搬上车，静候夫君回来。

　　这时只见两位夫人在外边冲洗主人所宰杀的牛之内脏，各持小刀剖开肠肚，清理其中污物。内脏无一浪费，被清洗得干干净净，端进屋内。蒙古各地方风俗不同，也有不剥牛头的。这里却从头至尾把牛皮完整地剥离下来，并把皮毛朝上放在沙漠上使之干燥。

　　他们养家畜主要为了食用，毛皮用于穿着，但还不知骨头之用法。沙漠随处可见牛马之白骨散落路边。其中，被使用的骨头只有一小部分。例如羊肩骨，是用于占卜的。羊肩骨在火中烧烤后，根据其裂缝占卜吉凶，判断家畜走失之方向。牛腰骨则用于插针，山羊角用于挂物，牛角是往车轴等处注油的工具，羊角也可作婴儿的哺乳器。此外还把牛马的脊椎骨用作纺线车上的纺锤等。羊脊骨则染上各种鲜艳的颜色，做小孩子的玩具等，这样一一算起虽然也还不少，但都是一些简单的利用。而在古时人们使用的骨器应该更多。

妇人们边清理牛内脏，边说道："据说那里有埋藏了几千年的黄金。大人善于占卜，是否发现了埋藏于地下的黄金。那里的地下未必全是石头，即使是石头其中也许还混杂着黄金。"听到这种典型的蒙古族式疑问，感到既可笑又有趣。

不久，夫君乘车归来。时间已经不早，于是告别此地赶紧上路了。路上遇到手拿古币者，据称是在附近沙漠中拾到的，便买下了。

在此拾到的刻有难以辨认之文字的石头，据夫君说其文字并非汉字，也许是契丹文字。

渡过查干木伦河，一路向北行进。沿岸的榆树、松树等树木长势茂盛，放眼望去满目翠绿，巴林的确是一个风景秀丽之地。

继续前行约30清里，翻过了一座山。此处有巴林王爷之墓，占地约40平方米，四周建有土墙。其中有一对白色与红色等高的圆形坟冢，从土墙上可眺望远处。人们路过时会跪地三叩头再离去。

下山后到达葛根珠拉艾勒借宿一夜，住宿之处也是平房。这家主人杀了一只羊，非常热情隆重地接待了我们。

第四十八章　狗的节日

今日见到主人家的新娘从沙漠中拉着五六条狗走来，并且在狗脖子上套着红色彩带，又在很大的容器中盛满狗食，置于房间入口处，新娘带着狗来到这个细长的容器旁让其进食。问新娘缘故，答曰："今天是狗的节日。"说完新娘便摘下狗脖子上的红彩带，害羞地进屋了。此时，狗津津有味地品尝着美食。

4月9日。我平躺在温暖的炕上，疲惫的身体得以舒展。今晚睡得非常香甜，醒来时已是晌午。这家的主人来到我们跟前说，今日路程遥远还需趁早赶路。此时天空阴沉，飘着零星的春雨。已经很久未下雨了。向西北行进20清里后，见左前方3清里处有一较大的喇嘛庙。此地为汉族人所说的大板，在喇嘛庙旁还有一所衙门。蒙古族喇嘛自不待言，还有很多官民居住在此地。到处是汉族人开的店铺，未见有一座蒙古毡包。平房林立，大约有200家，这在蒙古内地属于极其罕见的繁华闹市。

从南向东流的查干木伦河，缓缓地流经喇嘛庙。这里方圆十四五清里都是平原，四周有山环绕。作为王府所在地实在是个好地方。

今日因途中没有换车，所以牛已累得精疲力竭。再有两三清里即可到达借宿之地，但日暮来临寒风凛凛，加上饥肠辘辘更觉浑身颤抖。

我们不得已下了车，强硬地推着停步不前的牛，来到了只有两个毡包的居住点。毡包的主人拖着一条僵硬的腿从包中走出。他说道："我今天不慎脚受了伤，年迈的老母亲重病在身，实难让各位借宿于此。"看样子也并非假话，我们说道："今日我们非常疲惫，牛也不能再走半步了。请务必让我们在此借宿一晚。我们携带着治疗令堂之病以及你腿伤的药物，可送上。"闻听此言，这家主人跪地说道："十分感谢您的好意，但陋舍贫寒，母亲重病，且实无请大人们住宿的毡包。如有谎言请大人明察。据此1清里处有平房，我可以带路前往。"他边说边站起，艰难地拖着病腿，走在前面诚恳地为我们带路。1清里的确不远，大家便跟了过来。

　　因走的是山路，此人拖着伤腿需一点一点地攀登，并且家中老母还在生病，我们深感过意不去。此地已靠近兴安岭，地势比西拉木伦河沿岸要高出很多。终于走进兴安岭了。环顾左右，群峦叠嶂，已不见沙漠，山谷间的小溪在月光下泛着银光，一路走来全是山路。

第四十九章　岂有此理

今早出发时，跟随而来的官差好像并不熟悉如何为外国人带路。他们既不会走在前面寻找可借宿之地，也不知准备接待之事。使人感到他们是级别较低的差役。

夫君对他们说："你们先行找到一户较富裕的人家，告知他们我们即将到来。以便提前做好用餐准备。"但是他们略显畏惧，举步不前。此时已是夜半时分，不知具体几时。举目望去，半个月亮已升起，挂在树梢旁。前面是漫长的山路，而四周则笼罩在沉闷的气氛中。

因肚子饿而啼哭的幸子，不知何时已在我的皮衣中进入梦乡。还未走 3 清里，强壮的牛也好似睡着了一般跪在路边，无论如何拍打都不肯站起来。没办法，只得留下装着行李的牛车，先找到有人家之地，再派牛车来接回行李。

这户人家完全不同于伤脚者的家，非常富裕。不但有很多的家畜，毡包也有四五个。我们被领进的毡包好像是主人的住房，还摆设着佛龛。毡包内的样子完全是蒙古式的，全无至今为止所见到的热炕。只是在离地二三寸高处，用木头搭建类似于地板的落脚处而已。在毡包中间设有蒙古式的地炉，提前到来的大巴林官差们点起的牛粪在熊熊地燃烧着。火上煮着热乎乎的茶。

巴林的官差见我们进来既无问候亦无反应，只是一味地默默喝茶，无礼之至。这种官差随处可见。此为他们的一种恶习，心中虽怀有对外国人的畏惧，却还要极力表现出威严之势。

蒙古族人对这种人会大喝一声"yamarjoso"，他们则随即大惊失色。同高级官差相比，反而是这些低级官差们经常有此无礼之举。"yamar"意为"什么"，"joso"意为"道理"，此问即"岂有此理"之意。

一般来说，我们进入毡包同主人互致问候。其程序为先面对面单膝跪地，互致注目礼后接过对方递过来的鼻烟，闻一下再还给主人。如自己也带着鼻烟，则也要取出递给对方，对方也如此这般地闻过后递还回来。这种礼节结束后便可按照规定的座次各自入座。落座后以官差为首，互行问候之事。

此时，巴林王府的官差只是冷漠地看着我们，并无让座之意。夫君对主人说道："坐在此处的官差，是受雇于巴林王府的差人抑或是长官，请予以介绍。"他们听到此话后说道："这个外国人懂蒙古语，我们还有些要事尚未处理，请容我们暂时告辞。"说罢便起身出去了。

主人见他们出去后，笑着说道："巴林王府的官差大都如此，我们亦厌恶之至。"此时，主妇进来，在地炉上架起了很大的锅，开始准备晚饭。先是倒茶，接着端上了蒙古糜子、羊肉粥等。不知是否因饥肠辘辘，只觉美味无比，这一顿饭我们吃得比饭量大的蒙古族人还要多。

到了夜半时分，终于得以休息。随着夜色越来越浓，炉火渐渐变暗，寒冷悄悄地蔓延着，疲惫的身躯辗转反侧，此时已是拂晓时分。

我们所期盼的纯蒙古族风情，终于映入眼帘。展现在我们眼前的就是"bömbögen ger"，即汉族人所说的蒙古包。如前所述，蒙古族人把部分使用草盖的房子称为"ebesün ger"，完全使用毛毡的则称为"mongɣol ger"或者"bömbögen ger"。并且在其中央设地炉。这家的主妇非常能干，几乎不用下女，所有用餐的准备工作都是自己来做。这是蒙古族人待客之礼，使人感到格外亲切。

在毡包中，蒙古族人席地而坐的姿势同日本人一样，有时还会单膝竖起。

第五十章　大巴林王府

4月10日。今日天气格外晴朗，我们走了大约20清里，到达大巴林王府。环顾四周，虽然丘陵绵延起伏，但道路状况很好。因此，不到晌午便到达了目的地。

王府位于平坦之地，四面环山，景色宜人。接近此地时，看到枯草在野风中像滚雪球一般愈滚愈大，途中还看到两三个巨大的草球。草球是我随意所起之名。

王府附近无一住户，王府衙门坐落于距其百多米之处。比起大板之繁华，王府反而有些荒僻之感。适值巴林王上京未归，府内只有王妃留守。在王府衙门里则有协理等驻留。但协理今日也不在王府，暂返大板的家中。现在府上只有几个官差，其中一个上了些年纪的出来，看过我们携带的护照后，像是审讯般问道：“为何前来巴林王府，明日又为何要驻留此地，所携带的行李内都有何物？”接着还说道：“现在王爷不在府上，我们既不能给你们准备膳食，也不能提供换乘的车马。”甚至还把送我们到达此处的官差叫上前来，无礼地问道：“你们从日本人手中得了多少报酬，全部拿出来。”一直强忍着怒火的夫君此时大声地呵斥起他们来。那官差闻听夫君讲蒙古语，诚惶诚恐地说道，“您的蒙古语竟然如此流利”，便逃跑般飞奔而出。

其后，便有人从里面端出茶、饼、羊肉等，款待我们。饼是用面粉烙的，很松软，类似于煎饼。

到了下午，又有远近的闲人前来看我们，其中还有扮成蒙古族人的汉族商人。他们怀疑我们所带来的物品是商品。便用笨拙的蒙古语拐弯抹角地询问我们是否在做日货生意。一会儿，又有蒙古族人操着蹩脚的汉语来问起他感兴趣的事来。这些蒙古族人大多同汉族人杂居在大板附近。而很纯朴的蒙古族人则大多是从北方来的。

蒙古族式的对于物品的渴望在哪里都很相似，也有人看准人少时进来，说一些貌似忠义的话，旨在得到一些他想要的东西。

这里从官差到一般民众，其性格汉化较明显。这些官差的做法又很单纯，从中也可看出蒙古族人之特点，其实他们性情大都是宽容温厚的。妇人们不但在家照顾孩子，承担所有的家务，还要兼顾家畜等，从早到晚地忙碌着，稍有闲暇还要为家人缝制鞋子，很少见到有像翁牛特妇人那样拿着长烟管抽烟的。

4 月 11 日。今日整理行李。衙门准备了煮羊肉。一大早三个官差即一同前来行问候礼，等待我们的指示，其态度与昨天判若两人。而且还用面粉和黄油炸了很多四角形的面饼带给我们。这种面饼主要是做给小孩子吃的，而小孩子称此类饽饽为"boobo"，大人则称其为"qaɣursuɣ"① 或"dürbeljin"（意为四角）。此面饼上的花纹很像陶器上的纹迹，夫君对此非常感兴趣。

今日从下午开始雷声不断，随即暴雨倾泻，紧接着又狂风大作直到傍晚。气温也从早晨的 6 摄氏度上升到中午的 12 摄氏度，到了晚上又开始下降。今晚睡得很踏实。

---

① qaɣursuɣ：一种油炸类面食。

第五十一章　逆查干木伦河而上

4月12日。今早8时左右从大巴林王府衙门出发，抄王府后边的路，顶着呼啸的北风一路向西北方向的乌珠穆沁行进。道路逐渐变为山路，牧草长得非常茂密，可以看见成群的马匹。据说放养在这里的三百多匹剽悍雄健的马，全部都是王府的牲畜。

我们在水草丰美之处放开拉车的牛，让它饱餐一顿后继续赶路。

我们沿着查干木伦河逆流而上。来到40清里外的 imaɣ-a-tai aɣula 后，到达了山顶。从此向西北走，山峦重叠，查干木伦河流淌在山间。"imaɣ-a"意为山羊，"tai"表示"有"之意，"aɣula"意为山，此句即为有山羊的山。

再走20清里来到了 corcin-u modun-u ail，借宿于这里的富庶人家。

这家的主人非常厚道，把牛粪烧得通红，屋内温暖如春。还端出新鲜的奶酪、黄油，在新沏的砖茶里加入炒米等来招待我们。晚上则做了烤饼、炖羊肉，还有拌豆芽等菜式。我们照例拿出五彩刺绣用线、针、缎带以及烟草等回赠。主人见了非常高兴，还给幸子送来了牛奶等。

到了晚上，没有看热闹的人来，主人夫妇为我们精心地安排了一切。直到就寝时他们才道别离去。这里为查干木伦河沿岸较大的聚居点之一，有约百户蒙古族人家。在我们借宿的这家周围散布着十七八户人家。而"corji"则为树名，"modu"为木，"ail"相当于村。这里长有"corcin"这种大树，因此得名。

4月13日。今天在这里轮班的官差到了，征用到车马后我们又出发了。享受着阳光下春天般的温暖，眼前的嫩草已发芽，一片春意盎然，这些足可让我们忘却一路的疲劳。我怀着无限眷恋的心情眺望着广袤的原野与无边的天际。

我们一家三口起卧于旷野，早晚借熟悉的、熊熊燃烧的牛粪取暖，虽衣衫破旧但无暇缝补，为了故国只管一路前行。我们互相勉励，同甘共苦，这一路的感动与欣慰定是永远值得回忆的。

走在土路上，周围异常安静，加之天气温暖，幸子在车里熟睡。我和夫君则徒步前行，一路寻找着石器、陶器等。

　　昨天穿着轻便的裘皮大衣，现在已感到有些厚重了。今天终于可以脱下大衣，脚步轻松地走在荒漠上。裘皮大衣太过厚重，穿着时便会自然地呈现出蒙古族式的缓慢。就这样沿着不见一户人家的寂寞之路不知不觉地走了40 清里，我们到达了下一个艾勒。

　　今早出发时看到在屋内的墙壁上有蒙古族人的涂鸦，便将它临摹下来。

第五十二章　纯蒙古式的住居

　　我们被领到仅有的四个毡包中最新的一个，这是为新婚夫妇准备的崭新的蒙古包。里边整齐地排列着新娘带来的朱漆佛龛、朱漆长柜、壁柜、碗柜、饭桌、米柜等。

　　无论哪里的圆形毡包内，上述家具的摆法都是大致相同的。其平面图如下，其中米柜放在 A 与 H 之间。

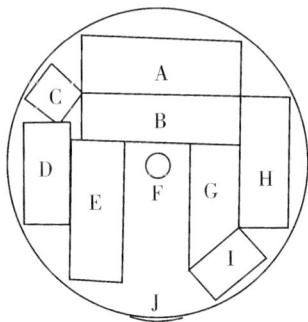

　　这是纯蒙古式住居内的图示，蒙古族人称之为"mongɣol ger"或者"bömbögen ger"。bömböge 意为球。圆形的天窗连接在宛如雨伞骨架般撑开的细圆木上。墙壁部分也同样使用像箭一般竖起排列着的细圆木，再用皮绳将其牢固地连接在一起。大约1.8米为一个间宽，一个毡包一般由三至四个间宽，大的则由十个以上的间宽组成。

　　在此木骨架外再盖上蒙古族人自制的，被称为"isegei"的厚厚的毛毡，在毛毡外围用结实的马尾绳牢牢地捆住，再用另一张毛毡覆盖包顶的天窗，其四角吊有绳索，可根据风向灵巧地调整方向。如刮北风时则向南开天窗，刮西风时则向东开天窗。在毡包入口处挂着厚重的毛毡门帘，有防寒的作用，必要的通气与采光则通过天窗来调节。蒙古包的入口一般都面向东南方。

　　拥有这种蒙古包的地方，一般畜牧业较发达，生活方式也丰富。家里的财产完全是根据骆驼、牛、马、羊的数量定的。一路看到的赶路者、骑马者也多了起来。牛奶的产量甚丰，与沿途的其他住户完全不同，这户人家毫不吝啬地赠予我们几乎喝不完的牛奶，并且频繁地让我们食用牛肉或山羊肉。

这家主人也不同于以往的任何一家，聪明机灵，能完全理解我们所谈的内容，诸事安排得妥当而得体。请教当地的风俗时也会认真地给予说明，使我们受益无穷。

晚上休息时，地炉的火逐渐熄灭了。这种蒙古包的不同之处在于室内无床，只是在草地上铺了厚厚的一层毛毡。随着夜色渐深，渐浓的寒冷也席卷过来，伸手便可摸到草地，恍惚中好似睡在旷野里一般。我蜷缩在裘皮大衣中难以入眠，一直到天亮。

4 月 14 日。此地距čaɣan suburɣ-a 塔仅二三十清里，因此，塔是我们的一大目标，所以便朝čaɣan suburɣ-a 塔一路急急行进。今天换班的两个官差照巴林官差之做法，不按照我们的意愿驱车前往目的地。走了还不到 10 清里时便说：“已经走了 30 清里，今天就在此驻扎吧。因白塔附近没有聚居点，不可借宿。”于是便在一个看似贫困之家的门口停下车，不走了。

汉族人称“čaɣan suburɣ-a”为白塔，这是一座纯白色的十三层塔。白塔之名也因此而得。沿路可见城郭之遗迹，被称作“sir-a qusiɣu”，是前往白塔的必经之地。

第五十三章　穷人家的生活

今日投宿之家的主人称除了茶与炒米，家中着实别无他物。貌似这家主妇的一位女性坐在地炉旁，一边在火上烧烤山羊头与蹄子，一边用小刀清理羊毛。我们来到蒙古后还从未见到这种情形，于是便问她此举何用。妇人淡淡地答道："煮来吃。"羊头与蹄子上全不见有肉，不知可食之处在哪里。不禁感到难以置信且令人毛骨悚然。

夜幕降临，她已如此清理了十几个羊头与羊蹄子，烧烤羊毛之恶臭弥漫开来。

也许这是贫困人家无肉可吃，就到附近人家拿被丢弃的羊头和羊蹄子来当肉食用吧。今夜在借宿人家有一些新发现。

晚上，住在附近的五个喇嘛过来，谈了很多趣事。看到我们所带的温度计、表、磁石、长靴、空气枕、幸子的奶瓶等，大家都感到稀奇。后来，他们还给我们唱了当地的歌谣。我也把自己所听到过的一知半解的歌谣唱给他们听。他们大吃一惊，并且高兴地说这的确是蒙古歌谣。我们就像老朋友一般畅谈到深夜才散。

休息时发现，地上铺的毡毯比昨夜的还薄，但并未感到寒气逼人。

今日完全沿着盒干木伦河岸一路走去，河水时而向西时而向东蜿蜒向前。

爬上坡路，也许是接近水源之故，水流逐渐湍急。原来 8 米左右的河床，骤然变得狭窄，还有浮冰漂着。在远离人家的地方，栖息着无数只仙鹤。其中还有珍奇的黄色大雁，成群的水鸟轻盈地盘旋着，让人感到如临仙境。

今夜借宿在"tabun ail"的蒙古族人家。

4 月 15 日。一大早便整理好行李，准备前往白塔。但无论怎么等都不见官差到来。主人今早也给我们准备了砖茶和炒米。虽然我们也回赠了各式物品，但完全不见主妇展现丝毫笑容，也毫无留客之意，好似盼望我们赶快离开一般。

早上 10 时许还是未见有车来。夫君叫来房主大声斥责一番后，虽车马立刻就准备好了，但还是不见官差的踪影。因夫君已大致判断出白塔之方位，所以我们便和车夫驾车出发了。

　　行出大约 13 清里，看到了昨天见到的 sir-a qusiɣu。此地位于由南向北突起之山冈处，查干木伦河流经其北部。因此如想去白塔必须要经过 sir-a qusiɣu 间的一条羊肠小路。登上 sir-a qusiɣu 后发现了陶器以及石器，还可见制造石器之遗迹，此处真可谓重要之地。

第五十四章 兴安岭与白塔

今日还是沿着查干木伦河而行。河的两岸奇峰耸立，让人真正感受到兴安岭了。蒙古族人并不说兴安岭一词，而是将其称作"qan aɣula"，即汗山。"qan"意为汗，"aɣula"意为山。兴安岭的特点为山峰宛如利锯，高耸入云。

溯流而上 10 清里，地势逐渐变得平坦，视野也开阔起来。终于远远地看到在山麓高处矗立着的著名的白塔。夫君立即画下了白塔之素描。

沿途我们拾到很多石器及陶器。不久便到达白塔附近，来到一民房，其主人又领我们去到一处平房。接下来主人便用蒙古语仔细地询问我们的来历，大致了解后，即设宴款待我们。在这里已经有专程从喀尔喀前来膜拜白塔之客。此外听说还有很多香客来白塔朝拜。还有从达尔罕来朝拜的一对夫妇，据说已来此地四五年了。正说着话，又有三个人来乞求供礼。

听主人言，今年春夏之交来这里的朝拜者络绎不绝，他们大都肩背箱笄，手持双拐。据说，双拐也可用来防狗。如途中遇猛犬袭来，便可手抓双拐中部在身体两旁挥舞，使之不得近身。

来此处的蒙古族人大多为内蒙古人，偶尔也会有外蒙古人。还有膜拜过西藏的拉萨之后，来到这里的人。

此白塔为 13 层纯白色的八角塔，塔下为喇嘛庙。

傍晚时，喇嘛庙里的一位僧人过来，同我们谈了很多有趣的话题。据喇嘛说，这里地名为"caɣan suburɣ-a"（白塔），在《蒙古游牧记》里称为庆洲城。这里实为辽代行宫。

caɣan suburɣ-a 就坐落在辽代行宫中，至今还有较大的土城遗迹，这里即为夫君所要调查的目的地之一——"辽遗址"。我们对此地非常感兴趣，听说城中有很多花岗岩石柱的基石以及陶器碎片、古瓦等。

喇嘛接着说，"明日一早叫我，我要在白塔前照张相。我在北京时已照过相，请你拍白塔时再把我收入镜头中，冲洗后请给我四张"。这是一位非常单纯而风趣的喇嘛。

今夜得到了据称是在庆洲城所拾之古币4枚。也有拿着五铢泉者，开始他不肯让出，最终我们以大量的烟草交换成功。

我们借宿之家的主妇挺着即将临盆的孕肚，扶着丈夫肩膀艰难地走来，说道："现在身体非常难受，是否有好药可医？"我告之："等孩子生下来，一切都会好转，因此不需要药物。"但她无论如何都听不进去，还是希望得到可以治疗的药物。无奈，拿出中将汤①给她，她非常高兴地接了过去。比起药粉或丸药，煎药好像特别受欢迎。进而我又告诉她一些关于产后的养生知识。在旁边围观的人闻之都惊叹我医术高超。

也许是听到此类传闻，陆续有人前来，询问"家中牛马患瘟疫，是否有药可治"等。我们首次听说牛马患瘟疾之事，入蒙至今经过之地从未耳闻。这或许是畜牧业发达之佐证。当我们回答无兽药时，对方又说道："不论什么药都可以。"无奈，只好拿出宝丹②，他高兴地接了过去。

还有很多男人来求可医治因长期骑马导致疲劳之用药，这同样是入蒙后首次听到的要求。

今夜的床铺非常温暖，我们期待着明日之行。

此地虽名为庆洲城但此名称并不大被使用。蒙古族人大都称其为"čaγan suburɣ-a"或简称"suburɣ-a"。汉族人则称"čaγan suburɣ-a"为"白塔"。

---

① 中将汤：妇科保健药，用于血流不畅、月经紊乱等症，可改善植物性神经混乱、生理功能障碍等症。

② 宝丹：用于缓解呕吐和腹泻等肠胃性疾病，在日本被认为是常备药。

第五十五章　调查辽代行宫

4月16日。今日准备用一天时间来调查辽代遗址，清早即离开借宿之地。白塔位于距此3清里之处，站在庆洲城土城墙上其全貌即可尽收眼底。我们乘坐牛车向西走了大约1清里，到达西拉木伦河。过河后，夫君即拍摄白塔远景照片。

我们首先从南门进城参观白塔。此塔为砖造八面十三层，每一面都雕有佛像，且全部涂为白色。城中随处可见青蓝色与黄色的砖瓦碎片，还有美丽的陶瓷碎片及很大的古钉。我们忍不住跳下车随走随捡。蒙古族人对此深感不解，疑惑地望着我们。

继续行走3清里，可见有很多被毁坏的大理石碑文基石，还有8块雕刻佛像的大理石横卧在一旁，我们一一拍照。不久又见有八角形的碑，其中大部分文字已消磨尽失，但我们把尚可读解之字尽可能临摹下来。其中随处可见写有"圣祖宗"的文字，非常有价值。我们尽可能全面地把八角造型素描下来，并且拍摄了照片。

城内方圆8清里，城墙由土坯垒成，高约6米，宽3米。我们在城中全力搜寻古迹。在城中类似宫殿遗址内，发现有花岗石雕花石柱地基、大碾臼等散落各处。在其周围也有很多青瓦碎片，还有古币、玉饰等，装采集品用的大袋子已被我们撑满。

根据这些文物可以推测行宫当时之繁华。结束城内的考察后我们走向白塔，从远近各个角度为其拍摄了照片。

昨日的喇嘛僧出来迎接我们，他非常高兴可以同白塔一起照相。夫君调整好位置后，告诉他要注视镜头之中央部位。他摆出非常严肃的样子，端起肩膀，站稳两脚，手拿念珠一动不动地凝视着镜头，格外好玩。由于太过紧张，拿着念珠的手渐渐上移，几乎接近脸部。而另外一只手插在腰上，脸色由于憋气而变得通红。闻听此事的其他喇嘛都围了过来，他们观看拍照的样子也非常有趣。

结束拍照后我们进入寺内，品尝奶茶与炒米，稍事休息。之后走入寺庙的后院，得到了一尊埋在乱石中的无头佛像。

离开此地，沿着查干木伦河左岸前行。一路捡到很多东西，其中有古币、榆树叶形耳饰、人骨等。使人倍感不可思议的是这些物品散落在地，已经受了几百年的风雨洗礼。

继续西行 3 清里，在山间发现一座土城。方圆约 1 清里，城中依然散落着很多青瓦。我们拾完青瓦后东渡查干木伦河，沿其左岸北上回到了借宿之地。

在此城中拾到的古瓦、古币、佛像、耳饰、玉石、铁钉等物品，现全部收藏于帝大①人类学研究室。我们一路所收集的物品，无一遗漏地被保存于此。

---

① 帝大：东京帝国大学，现东京大学。

第五十六章　白塔艾勒里的病人

今日同样有很多人来到这里，大多手拿两三枚古币，希望换到药品，其中还有很多喇嘛，感到非常不可思议的是他们大都是一些血气方刚的年轻人。这里最为常见的病为眼病。其他依然是囊肿、脑病、淋病等。据这里的人称，如食用查干木伦河里的鱼，则必定会生病，且其病症为全身关节疼痛。因此，大家是绝对不会食用河里的鱼。

仔细观察查干木伦河水，发现从上游流经此地的河水中夹杂着某种灰色的不洁之物。但附近的人又不得不靠这条河流生活。此地出现如此众多的患者，也许就因为查干木伦河水的问题。辽时，称此河为"qar-a usun"（即黑水之意）。现虽被称作查干木伦河（即白水之意），实则黑水之称更为妥当。因今日的调查还未做完，决定明日再停留一天。今夜非常暖和，房间里已有臭虫在爬行。

春天的月亮清澈如水，月光温情柔媚。我们关掉室内的灯火，眺望悬在兴安岭上空的月亮，感受到一股春潮缥缈升腾。

此地为交通要道。沿着查干木伦河南下即为西拉木伦河支流尼玛木伦河。往北走则为乌珠穆沁，往东为大巴林、小巴林、阿鲁科尔沁各部，西北耸立着兴安岭，横渡查干木伦河即进入平原。所到之处有蒙古各旗①，这个地方自古以来地理位置之重要性便不言而喻。

4月17日。用完早餐后再次前往古城进行调查。今日绘制了城内布局图，又把昨日所见的碑文抄录下来，有一些碑文则取了拓字。其他如佛像以及大理石雕刻等则全部拍了照片，临摹了支柱底基与石臼。还在散乱着的碎瓦片中不停地探索，拾到很多古币、陶器、玉饰、骰子等，忙得几乎忘记了时间。

附近的人们听说我们在收集这些东西，便拿着三五枚古币，希望同我们交换药品。我们全部有求必应，所以得到了很多意想不到的物品。

将近中午时在喇嘛庙里用了午餐。稍事休息后继续调查工作。有一个蒙古族人拾

---

① 旗：内蒙古地区之行政单位。

起我们给石碑拓字后剩下的纸，好似很羡慕地自言自语道："这种纸该用来画观音像。"我们问他是否想画画。他高兴地说道："我就是以画画谋生的。"

我将手中的笔记本拿给他，说道："如能画出蒙古的毡包、人、马以及狗等，我可把你所喜欢的这些纸赠送给你。"他大为高兴，接过笔记本随即画出了一幅幅有趣的画。我们便按约定把纸送给了他。他接过纸后并未回家，直到我们收工为止一直陪伴在旁，热心地协助我们工作。

接近傍晚，我们回到住处时，又有很多人来换取药品，我们又忙得不亦乐乎。最近，自己时常感到路途疲劳，有时甚至无力写日记。但终于来到久闻盛名之遗址，可亲眼看到这里明月高悬时，又不禁感慨万千。朦胧中，好似看到城中亭台楼阁，青砖红瓦，行人熙攘之景色。

借宿之地有人担心地问我们，明日是否启程离开此地。我想，是否外国人久留一处会给他们带来不安之感？

第五十七章　向小巴林进发

4月18日。今日一早就准备出发前往南部的小巴林王府。此处的官差与我们同行到沙漠地带，就称腿痛回去了。只留下车夫一人跟随我们同行。

过了沙漠地带，地势立即变得平坦而开阔，土地肥沃，既可作农田也可作牧场。此地方圆四五十清里，有群山环绕，虽不见一家住户，却放着至今少见的两百多匹体形彪悍、高大威猛的骏马。

继续行走约20清里，远远地还可看到高高耸立的白塔。从此向南30清里越过一处叫"qobi-yin dabaɣ-a"的山岭，便是河水源头，所以地势也随之一变。此河时而露出地面，时而隐于地下，潺潺地流淌着。

途中可见在河岸稍事休息的汉族商队。商队由五六人组成，带着十二辆牛车。他们在河岸水草丰美处搭起帐篷，拾来牛粪点火烧水、切肉，都在忙于做饭。

走了1清里，再次遇到汉族人的商队，此商队在牛车上放着棉纺织品、席子、小米、面粉、高粱酒、烟草等。此外还有数量众多的牛皮。想必这些牛皮是同蒙古族人以物换物得来的。曾闻蒙古族人说，汉族商队一般会在春夏秋季入蒙，车上载满上述杂货，同蒙古族人交换牛、马、羊皮等。

他们都有各自固定的顾客，会自行前往当地搭帐篷。此时，为了交换各种物品，蒙古族人也会带着储备了一冬之毛皮前来。其中，也有只交换马匹的。

现在适逢此类商队入蒙时节。如刚才所见，他们不借宿于蒙古族人家，而是挑选水草丰美之处搭建帐篷，缓慢前行。其中除了牵着交换而来的牛以及商队队长的坐骑两匹马之外，还带着狗同行。但是从未见过有把牛车换作马车者，这或许是因为牛车更适合于长途负荷行驶。

黄昏时分飘起了雨雾。到达"usun yeke ail"时，哗哗地下起了倾盆大雨。今夜准备借宿于白塔村官差曾交代过车夫带我们去的一处平房里。"usun"意为水，"yeke"意为大，此词组即多水之村。

这时，平房的主人出来以"家中有病人，暂不宜入住"等为由拒绝我们借宿。听他与车夫的交谈，大意为让车夫带我们前往距此不远之处的另外一户人家。此时已接近日落时分且下着大雨，身体也非常疲乏无力，顾不得荒山野岭一心只想尽快躺下休息一番。对于主人之冷漠夫君大发雷霆，喝道："你来带路如何！"主人闻之大吃一惊，急忙淋着雨一路带我们到达下一户人家。一到达目的地，他即悄声离去了。

今日走了大概 50 清里。我们得已借宿之家并非十分富有，但夫妇二人都格外善良而好客。听主人讲，今日带领我们前来此处者为巴林王府的人。因小巴林之地水草丰美土地肥沃，有很多人移住那里，适才那蒙古族人即为其中之一。我不禁恍然大悟。

今夜借宿之蒙古包内也有虱子、臭虫等，虽疲劳至极但未能安然入眠。

移住于此者大都来自兴安岭山中之寒冷地带，为度过漫长的冬季逐水草而来。四五月份气候转暖、嫩草发芽时，他们便会回去。

第五十八章　小巴林王府

4月19日。到达这里后，新添一位官差与我们同行，据说我们现在距小巴林王府大致有40清里。这些官差与车夫在行进不到20清里后，便说要回去。我们未允许这一要求，告之今日务必要行至王府。他们想打道回府，是担心带领从大巴林王府而来的外国不速之客来小巴林王府，会招致各种麻烦。另外，如前所述是因上边的官差态度恶劣，因此他们不愿带领外国人前往拜见。

从 usun yeke ail 前行8清里，到达 qotan-u ail。此处周围有山，而此艾勒位于山中平坦之处。在山麓西北部，有一座面向东边的土城。这个艾勒即因此城而得名。

夫君立即带领官差前往土城进行调查，我抱着幸子坐在车上等待。附近艾勒的人们闻讯纷纷过来看我们，我便同他们交换了古币。人们见此非常高兴，纷纷拿着两三枚古币争先恐后地同我交换各种物品之后，满意而归。

其中还有人带着据称为当地出土的很稀奇的古印，因较珍贵问他是否可以交换，他却不肯轻易松手。据他讲："此印为天赐之物，现用作护身之宝，是不能转给他人之物，无论如何不可交换。"

此印呈鸟形，的确为时代久远之古印。用于紧急时刻，属于枸宓印类。此时，夫君调查完土城，拾到古瓦2枚回来。同样，夫君也希望同男子进行交换。最终男子用印换取了各式物品后高兴而归。

今日，在途中看到很多赶着牛车前往西乌珠穆沁的汉族人商队。

道路终于开始变宽，沿途也可见到有住家了。行进了四五十清里，道路开始沿着山麓向西转弯，又行1清里便到达了风景秀丽的小巴林王府衙门。

蒙古族人所用的锅、地炉、火筷等都是用铁铸造的厚重结实之物，全部为汉族人所造的蒙古族人专用品。因此，每年到了化冻的季节，都会看到四五人为一组的汉族人工匠，巡回于各地修缮这些用具。

第五十九章　与学生久别重逢

　　如果骑马，可在九天内从我曾任教的喀喇沁王府到达小巴林王府。此王府位于西拉木伦河北边兴安岭南麓，也是去年喀喇沁王妹嫁为王妃之地。

　　我希望同自己的学生见面小叙一番，才千里迢迢前来此处。但王府内姑婆关系错综复杂，王妹之婆婆尚年轻，不肯轻易允许我们同王妹见面。王妹便派从喀喇沁陪嫁过来的侍女，同样也是我的学生送来她用日语书写的信笺，表达思念之情。我读此书信后，心中无限感伤，眼泪不禁夺眶而出。

　　这位年轻的婆婆一手遮天，一家之事全部得听其安排。较欣慰的是王妹同干爷的感情甚为和睦，想到此，心中略感宽慰。

　　但王妹好似经常受到歧视，例如被称为"喀喇沁的人"，或称王妹患病不得接见外人等。侍女一边哭一边用日语诉说道："现在王妃总是会回想起在喀喇沁时入校学习的快乐时光。"

　　在我们说话时，王妃婆婆派来的心腹一直在旁目不转睛地看着我们。所以不能使用蒙古语，我们便用日语进行交谈。

　　晚餐时，王爷、王妃诚恳地为我们备置了丰盛的汉式饭菜，并且还根据王妃的旨意，特别准备了据说十分珍奇的蒙古族样式马肉料理。入蒙以来，首次受到如此真诚而热情的招待，感动得几乎落泪。此地视马为珍宝，是不会轻易宰杀马匹的。

　　明日准备在小巴林王府停留一日，把至今为止收集到的物品整理一番。今夜便提前休息了。

　　4月20日。小巴林王府的王爷为尚未满二十之少年。父王去世早，府上有母亲以及王妃。想王爷年龄尚幼必缺乏作为王爷之威严，虽身为臣下但傲慢无礼者，在此也并非罕见。

　　这里的人见到昨日我们赠送王爷与王妃的各种华美物品后，纷纷前来说希望得到同样物品。其中还有人拿出一条哈达，说："请给我一把短枪。"

　　我们借宿之处的男仆自称头疼，希望得到药物。夫君便抓住时机开始对他作各项身体检测。但他不知想到何事，变了脸色，一声不响地跑出房间，再未回来。

今日忙于整理各类物品。天黑时，王妃再次派侍女前来我处。侍女又诉说王妃之现状，甚感可怜。王妃还给了幸子一双蒙古靴、一个玩偶以及一箱乳制品。并且传话道："请再住一两日，好好休息一下。"闻听此言倍感亲切。

但目的地尚远，我们已不能再做停留。心头涌动着不可言传之情，但只有含泪作别。今日，王妃婆婆之心腹同样一直站在旁边，一字不漏地听我们说话。

想起白天的种种事情，躺在床上难以入眠。又坐起开始用日语写信，希望可以给予王妃一些安慰。最后在信中装入中将汤，封了信封口。

今日看到王府官差拿着皮鞭，便画了素描。手柄为赤红色，鞭子则是把皮子剪成细条编织而成的。其外形极美观，据说是蒙古族人自制的。未曾想到蒙古族人制作此类皮制品技艺是如此高超。骑马时可用此皮鞭，出门时也可用它来驱狗。

第六十章　海市蜃楼

4月21日。一早，车已备好，我们一行又出发了。今日天气甚热，便脱了裘皮外衣，只穿一件洋服，打着阳伞上路了。

与小巴林王府并排，有一座很大的喇嘛庙。在其左右有两三家汉族商户混居在蒙古族人的聚居群中。路上几乎无任何小石子，宛如磨刀石般平坦，一直伸向远方。

眺望东南方，远远地看到蒙古包、大树、远山还有家畜等宛如漂浮在海上一般。此为大地与空气共同作用的景象，即海市蜃楼。继续前行时，不知何时又不再见其踪影了。随着远方景物的活动，海市蜃楼中的景物也跟着变化。眼见也就大致10清里处的景物，但无论如何跋涉也总不能靠近它。

再行10清里，道路开始向东转弯，沿途只见前后有三座喇嘛庙。据说，每一处寺庙里都有两百多位僧人。且小巴林与大巴林相同，其领地内各有十三座喇嘛庙。道路不知何时又变成了沙子路。在沙漠途中，夫君拾到了一枚"开元通宝"，我拾到古时的动物骨骸、铁铠片等。此外还有陶器、石器等。

越过两座山峰后，每再翻越一座山岭，其地势则会随之趋于平坦。又走了大约50清里，到达了"aɣula-yin uruɣu"艾勒，同行而来的官差带领我们进入一处民宅。突然，一个男子在无人引荐的情况下走了进来。至今为止，无论进入哪处民宅借宿，总会有主人或主妇先行迎接互致问候。此处未见有人出来迎接，却看到此人进来还摆出主人一般的架势。他说"不知阁下口味如何""肉类是否可以""蒙古黍子是否合口味""是否需要蒙古茶"等。见状，我们以为他就是这家的主人，便依惯例拿出赠送主人之物。为了慎重起见，我们便问道："阁下为此处的房主吗？"男子说："是。"我们再次问道："此处为阁下的住居吗？"男子依然肯定地回答："是。"看他无否定之意，便把准备之物赠送与他。他接过物品后随即起身，小声地说道："我先行一步，明日再来。"夫君觉其举动不像房主，便一把抓住忙着出门的男子，质问道："既然是此处的房主，你还要去哪里？"正在此时主妇进来，说道："丈夫外出暂时不在，此人为同乡之人。"我们便说道："既然不是房主，请尽数拿出原本要赠予房主之物，交给主妇，你想要的话，可给你其他的东西。"闻听此言，男子便从怀中掏出物品，交给主妇。之后又坐回我们身边，等待有其他赠物给他。夫君见状大怒，呵斥道："一路所见的蒙古族人都非常正直，从未见有像你这种贪心的蒙古族人！"此话像流石般击中男子，他红着脸说道："大人是如此了解蒙古语！"随即退出房间，消失了。后听房主说他家是这里的富户，家里有五百头羊，其他牛马等也有几百头，由此足可见其贪心不足。

第六十一章　辽上京

　　4月22日。据说今日的路程为40清里。不久，我们便到达发源于昨日越过之山岭的 dabaɣ-a tai ɣool 河边。沿此河向东越过"qar-a šorong"山，到达"ölǰeimüren"（乌力吉木伦）河南岸。"dabaɣ-a tai ɣool"河此段被称为"bayan ɣool"河，注入乌力吉木伦河。

　　在乌力吉木伦河岸边的低凹处，有辽上京的遗址。蒙古族人称此地为"boro qotan"。"boro"意为绛紫色，"qotan"意为城。虽经岁月变迁，但这个城池还是被保留了下来。距 boro qotan 5 清里处，东南方的山冈上耸立着一座白塔。

　　今日翻越 qar-a šorong 山时看到有 čakirm-a（兰花）开放。此花为蒙古草原上一年中最早绽放之花，我凝视良久。在喀喇沁也有很多这种野生的花，但被称为"čakildaɣ"，在日本被称作"neǰiayame"①（马兰）。此花分布于蒙古全区，等花朵干枯时，便成为牧草。

　　从 dabaɣ-a tai ɣool 河至 bayan ɣool 河岸边坐落着很多住家与寺院。其中既有从其他蒙地移居到此者，也有汉族商人。这里所说的"其他蒙地"即指兴安岭北部地区。

　　沿途还看到有种植蒙古黍子的地方。此外，还有少量的蔬菜以及烟草，据说这些大多为汉族人所种植。接近 boro qotan 时，看到住家越来越多，耕地也越来越多。此地也同白塔那个地方一样，有通往各地之路。

　　4月23日。今日的目的地 boro qotan 在东面，据此仅有3清里。虽然车还未到，但我们在村长的带领下步行出发了。此城由内外三层土墙构成，且随处都有坍塌。虽然现在已无水的踪迹可寻，但外侧的两层略低的土墙，感觉好似护城河的城壕。而内侧的无疑为高大的城墙。现在上部已塌陷，很难判断其原貌，但其高有3丈、宽2丈，面向正南，方圆3清里，呈正方形，同时也是至今我们到蒙古后所看到过的最大的一座城池。进入其中，所见之处一片荒凉，比起庆洲城内

---

　　① neǰiayame：汉字为"捩菖蒲"。

的辽代行宫，更多了一层荒废之感。

南门附近有两座佛像，我们便从此开始了调查。佛像朝南，是由赤石雕刻而成的观音像，高一丈五尺。只要人手可以够到之处都有遭受破坏之痕迹。其形状已无法判断，只有头部还基本保持完好。夫君将此处全部拍摄了照片并且为其画了素描。

接下来，分左右两路开始了城中调查。跟随而来的村长疑惑地看着我们，寸步不离左右，自语道"难道地下藏有金子不成"。不久，石狮子、高楼的地基等逐渐显现出来。附近还有青瓦，刻有龙纹的圆瓦，唐草模样之巨瓦等。虽无法判明是否有利用价值，但因异常沉重，便只拾了五个即作罢。

刻有美丽花纹的大理石雕塑则被画了素描。还有很多精美的瓷器，金属类碎片等都有被火烧过的痕迹。此外，还有十多个直径有 3 尺长的巨大的石碾子和石臼散落各处。还有石制的榨汁台，这是我起的名字，同样是使用花岗岩制成，也许是用于制酒或者奶酪。

结束调查后，出西门向西北走了 2 清里，有一座古塔。此古塔也同样遭到严重的破坏。古塔北面的山上建有一座西藏风格的寺庙。据称庙内有喇嘛三百余名。

本想再去查看南边的古塔，但此时忽然狂风大作、沙尘飞舞，不得已回到了住宿的地方。随着整夜呼啸的狂风，气温也急剧下降了。

第六十二章　朔　风

　　4 月 24 日。大风从昨晚一直刮到今早，黄沙漫天飞舞。怒吼的狂风席卷广袤的原野，发出尖利的呼啸声格外刺耳、凄凉。遇到这种天气，连当地的蒙古族人也无一外出。毡包内需要靠天窗采光，但仅仅打开一点小缝，便会有无数的细沙落进毡包，即使刚打扫干净的衣服也会落满灰尘。此时如有人看到我们脸上、头上满是尘土，蹲坐在地上的样子，定会认为是土龙下凡。

　　幸子因从早到晚一直蹲坐在狭窄的蒙古包内不能活动，感到无聊之极，开始哭泣。闹着要去风沙刮得正猛的外边。到了傍晚时分狂风虽渐有收敛之势，但依然强劲。我担心明日的天气，询问房主时，回答说这种风一般要狂吹三日。但我们已准备明日就出发。

　　4 月 25 日。狂风已平静了不少，但还未停息。夫君因挂念前些日子所看到的古塔，一早便带着官差骑马前去调查。我留在蒙古包内整理行囊。大约三个小时后，夫君让人抬着已被毁坏的如来佛石像回来，并说还有很多有价值之物，但因太过沉重而放弃了。

　　此外，还听说北面 4 清里外的河岸边有碑文。夫君便又带着两个人准备朝那里进发。夫君现在已练就了不亚于蒙古族人的马术，很熟练地就可骑马而去。

　　我则把行李等物搬上牛车，先行上路。行进不到 5 清里时，夫君已看完碑文赶了上来。

　　朔风依然强劲地吹着，牛车寸步难行。道路上的浮土已被强风吹走，刮到蒙古包背阴处或山底了，硬硬的地面凹凸不平地露出来。

　　沿着乌力吉木伦河岸左拐向东行 30 清里便离开了小巴林的领地。从此再次进入了大巴林，沿途人家逐渐增多，平房也多了起来。从此向北横渡乌珠穆沁即进入阿鲁科尔沁领地。今夜借宿于 "ɣurban süm-e-yin ail"（三座庙艾勒）。因有三座寺庙，所以得此名。我们借宿之处为富裕之家，用于储藏物品的蒙古包就有五座，平房两间。房主夫妇都出来迎接我们，并且尽心尽力地接待我们。各种食物也应有尽有，毫无吝啬之气。

　　主妇为刚满二十岁的年轻人，主人则年近五十岁。另外还有二十五六岁的儿子以及儿媳。一家人非常和睦地生活着。我想也许是第一夫人去世后，第二夫人成了主妇吧。

　　在无外人时，年轻美丽的主妇来到我身边，伸出手，问道"请帮我看一下手相，我是否会生育""如果生育，是男孩还是女孩"。看着她纯真的脸，我回答道："如有健康之身定会生育小孩，如病魔缠身则难怀孕，如尽力操持家务则会生男孩吧。"闻听此言，主妇非常高兴，拿出古币等作为谢礼赠送与我。无论是哪里的蒙古族妇人都非常可爱。

　　在此附近高台处看到有过去用于建筑的布目瓦，便拾了回来。不言而喻，这些全部都是辽代之物。这里的乌力吉木伦河流向遥远的东方，最终汇入"da-busutai naɣur"（达布苏台湖，即盐湖）。在地图上"jiɣasutai naɣur"（扎嘎苏台湖）被标为盐湖，这也许是一个错误。"jiɣasu"为鱼，据称是因产鱼量惊人而被命名。乌力吉木伦河沿岸土地肥沃，既适于务农又适于放牧。这里湖的沿岸未被开垦，畜牧业非常发达。因此，兴安岭以北的蒙古族人多会移居到此。

第六十三章　野杏树

4 月 26 日。今日随我们同行的是一位上了年纪的非常朴实的官差。道路也与昨日不同，笔直地伸向北方。渡过西拉木伦河后，我们随即向兴安岭进发。如前所述，兴安岭整体山脉被称为汗山，也可译作山王。

我们渡过西拉木伦河之后，每日都在不停地走上坡路，不知不觉中已来到汗山的半山腰。无论从哪个角度看，汗山都极有特色，呈锯齿形。

今日在路上还拾到两枚铁铠甲碎片，形状与在小巴林拾到之物相同。一路上野草长势越来越茂盛，还看到有杏树。树高约 3 尺，属于矮小形的树种，茂密丛生。粉红色的花蕾含苞待放，在风中摇曳。在兴安岭中，有一处地方方圆五六百米以内全部长满了野杏树。据说，野杏树的果实可作药用。

今日走了 40 清里，未见一户人家，甚至未遇到一位赶路者。此时，人和牛都疲惫了，便在山冈的阴凉处稍事休息。

同行的官差拾来牛粪烧火取暖，我们拿出在赤峰买的所剩无几的硬面包，在火上烤热后分给大家。早晨出发时所准备的水，因路途颠簸所剩无几。虽然非常口渴，但附近既无泉水，也无河流。

特别是不能为幸子冲奶粉，只好让她吃了一些硬面包。

直到 60 清里外阿鲁科尔沁的 uu müren 河为止，我们都走在这种荒凉的路上。此无人之地为阿鲁科尔沁与大巴林的中间地带，在此也拾到了铁铠甲。

越是心急则越感到牛车走得慢。接近黄昏时还未见有人家。寒气袭来，犹如日本 1 月的天气。幸子又渴又饿，哭着在我怀里睡着了。

逐渐靠近村庄时，听到狗叫的幸子醒了过来，高兴地眺望着远方。她小小年纪已知道快要到蒙古包了，可以围在温暖的炉旁喝牛奶了。

我们翻过 otuɣan dabaɣ-a 山，又行 10 清里到达 toqoi-yin ail，在这里的蒙古包里借宿。

4 月 27 日。早上 10 时左右向东北进发，在行出 5 清里时看到一条从西北流向东南的河流，即 uu müren 河。看地图应该是要注入盐湖的，但实际上此处并无盐湖。询问当地蒙古族人，他们说这里有ǰiɣasu-tai naɣur（鱼湖），而盐湖则在乌珠穆沁领地内。如前所述，此湖盛产鲤鱼、鲫鱼等。"ǰiɣasu-tai naɣur"一词，在"ǰiɣasu"（鱼）与"naɣur"（湖）之间出现的"tai"与"tu"意思一样，即"有"之意。在"ǰiɣasu-tai naɣur""dabusu-tai naɣur""dabaɣ-a-tu ɣool"等词中类似的词也皆有此意。

这个"toqoi-yin ail"地处丘陵围绕之低洼处，土地格外肥沃，聚居在此的人家也相对较多。且从这里蒙古包的数量可推测出主人之富裕程度。

我们经过此艾勒后不久就又看到它的影子，是出现在海市蜃楼中，好似漂浮在水中一般。一会儿，又看到刚才经过的山影浮现在远处，一会儿又都像大海退潮般地消失了。因途中经常会遇到海市蜃楼，有时便会让人失去距离感而不知所措。

在这里随处可见汉族人的商队，驻扎在旷野中，支起帐篷，贩卖商品。也看到蒙古族人携带着毛皮等物，聚集到这里换取日用品。

跟随我们的官差看到帐篷，随即奔向那里，喝茶或喝酒，看情形还有准备吃饭的样子。这些常年来往于蒙古的商贩彼此熟悉，他们看到官差伸舌打招呼，请吃请喝、准备饭菜。这些商品好似蒙古族人的生命线，在不经营农业的地方，全靠他们带来谷类、酒、烟草、棉布以及各类日用品。在这些商贩入蒙两三个月前，蒙古族人的各类用品就已经出现短缺。随着商贩的到来，各类日用品才得到补充。因此，无论把价格抬得多高，蒙古族人都好似毫无异议，认为是理所当然的。

即使日本人可以到蒙古来经商，也无法像汉族商人那样圆滑地解决一切问题，如果有官差前来大吃大喝，便会被日本人大喝一声赶走。如此这般，日本人到哪里经商都不可能成功。

第六十四章　阿鲁科尔沁之行

　　逐渐开始走上坡路，继续行走 25 清里到达阿鲁科尔沁王府衙门。我们未进衙门，而是让官差引领到附近的富裕人家借宿。

　　傍晚，王府送来招待我们的一只羊以及黄油、面粉等食品。

　　阿鲁科尔沁王府同附近的奈曼、大巴林、小巴林、扎鲁特、翁牛特、克什克腾、喀尔喀左翼共同结盟为昭乌达盟。其中，阿鲁科尔沁王同时兼任盟长，其他各处王公都尊称其为"yeke noyan"（大王）。因此阿鲁科尔沁王在结盟的各个势力中享有特殊的权利，有权对各种决议作最终定夺。

　　关于我们此次入蒙一事，已由北京理藩院授予签证并通知阿鲁科尔沁王府。所以王府早已得知我们一家三人会到此的消息。其程序为，北京理藩院签发通知至阿鲁科尔沁王府，再由阿鲁科尔沁王府签发通知到各处。

　　依据理藩院签证之不同，所受待遇也大相径庭。我们所持的签证为级别较高的一种，如所持签证比此低级的话，则不会通知结盟之各处。非常庆幸我们持有特别签证，否则是不会得到如此礼遇的，进而也会为旅行带来诸多不便。也正因为如此，我们所到之处，备有牛马、车辆以及食品等，不会感到任何不便之处，这些皆为签证特殊之功。

　　今日离开此地时，史无前例地是由上等官差陪同出发。官差官衔为梅林，次于协理，拥有相当大的权利。台吉等则在其管辖之下。阿鲁科尔沁衙门派出一名梅林、两名台吉以及护卫三人护送我们，可见接待之隆重。

　　我们要去的第一个目的地为王府西侧的一座较大的寺庙，翻过好几道山梁，来到距离王府 25 清里的 šangšin modon-u ail，即为榆树艾勒。榆树也称"qailasun"，因此此地也被叫作"qailasun modon-u ail"，意思相同。

　　在这里稍事休息，再行 5 清里来到 köb ail，借宿一宿。房主夫妇、儿女以及年迈的父母全体出动接待我们，且一直聊到深夜，受益匪浅。

　　此地长有很多榆树，古时这里应该是森林。我们在此收集到陶器、石镞以及铁器的碎片等。在此处收集的铁器有不同于西拉木伦河沿岸的，也有相同的。但不论何处之物，都有相同的刻痕，由此可推测各地之间在制作工艺上曾经有过交流。

第六十五章　白城之调查

4月29日。为了调查昨天获悉的白城，今日一早我们便启程了。沿着人烟稀少的沙丘行进20清里，来到一处山坡。沿途还看到一处汉族商人的帐篷，有两三个蒙古族人骑马或骆驼，带着牛羊的毛皮等前来交换。他们交换的物品主要有杂货、谷物、酒等。

远远看到帐篷，跟随我们同行的官差便策马而去。在得到商人的各种招待后，看到他们终于从帐篷中走出来，带着几分醉意。

一路向北，不断地在山间爬上爬下，行进了大约10清里，来到了白城艾勒。由此再走一段即可看到路边生长着一片茂密而古老的榆树林。从此向西可以远远地望见目的地白城。

白城方圆1清里，同我们所调查过的辽代行宫属于同一类型。此城由于规模较小，加之地处偏僻，遭到人为破坏也较少。因此较辽代行宫或辽上京，其城内保存更完整。

我们由东边城壁塌陷处进入城中。城高约3米，顶部宽约1米，即使骑马也可行走。虽为土墙，但随处可见有石基镶嵌其中。特别是南门，几乎完整地被保持下来，弯曲而突起的门框也清晰可见。另外，城内四角处还见有此类屋檐的突起部分。

城内建筑之遗迹也还大致保持着原样。围绕着高楼的遗迹排列得井然有序，有些地方甚至还见到有房屋之基石。在高楼遗址稍前方，还有一对被埋的水井。在高处看到雕有龙纹的瓦，西域式的唐草纹瓦。在这我们收集到很多古币、陶器碎片等有价值的物品。这些东西现在全被收藏于帝大人类学标本室。

调查完来到城外，看到有两处好似护城河的壕沟。此城西面靠着山冈，东南北三面有护城河。

由此向西1清里，来到一条由北向南的河床旁。河水已枯竭，但仔细观察可发现它曾经是一条很大的河。

再向东北行进，翻过一座山，来到qakir ɣool河边。此河源于乌珠穆沁与阿鲁科尔沁之间的汗山。如去乌珠穆沁则需要沿此河逆流而上，横跨兴安岭。今夜借宿于此。

　　qakir ɣool 河与 uu müren 江在此汇合，之后再同乌力吉木伦河汇合，最终流入 dabusu-tai naɣur 湖。今日借宿的地方土地肥沃，据说此前这里的人们曾生活富裕，但现在很穷。

第六十六章　马贼袭来

我们在此停留时，听说前些时候有马贼三百人经过了此地。此消息我们在白塔辽代行宫时即有耳闻。当时蒙古族人不论男女老幼都离家躲避到山里，或更加遥远之地。没来得及逃避的妇人们称，其平日极为珍视的贵重头饰、耳饰等物尽数被马贼抢去了。蒙古族妇人的头饰、耳饰等，大多用珊瑚及银子串起来，外观非常华美。且很多为世代相传之物，也是她们最为珍视的宝物。

有一个血气方刚的年轻人，独自留守未走。据他讲马贼中大多数人骑马，此外有少数车夫赶着载满货物的马车走在其中。他们进入蒙古包，把包中的所有物品尽数扔出门外，然后便铺上蒿草蒙头大睡。

马贼每日肆意宰杀牛羊来食用，并且把蒙古族人秘密每户所储藏的米柜整个端出，将米倒在地上喂马。如看到新马靴，则把自己破旧的马靴脱掉换上。看到保暖轻柔的新裘皮大衣，则会一把抢去。

马贼的凶暴无法用语言表达。据说为马贼带路的是南边的蒙古族人，可讲流利的汉语。马贼的队长长相俊美而温和，既不会讲蒙古语也不会讲汉语。事后马贼们向北方的乌珠穆沁行进了，消失于海拉尔方向。

这个聚居点在马贼到来之前过着非常富裕的生活，但自从马贼扫荡过后，蒙古族人家中唯一的财产牛羊等牲畜尽数被劫，此地在一夜之间变得一无所有。现在本是盛产肉类的季节，可主人今早连准备早餐都很难，看着实在可怜。

4月30日。今日新换一位梅林、三名官差护送我们。一早便沿着 qakir γool 河逆流而上。河两岸环山，中间2清里为平地。我们行走大约10清里后稍作休息，便再次沿着河床左岸向沙漠走去。

第六十七章　穿行于兴安岭

　　不知不觉中，我们已穿行于兴安岭山中了。沿着 qakir ɣool 河不时可见蒙古族人的毡包。但大多是为逃避马贼进入山中的蒙古族人，他们回去后空留毡包在此。

　　一片乌云从北边席卷过来，寒气袭人。环顾左右，既无袅袅的炊烟，也无狗吠声，使人越发感到寂静。

　　我们已进入兴安岭深处。qakir ɣool 河水清澈透明，四周森林茂密，空气清新。众多仙鹤飘然于河中嬉戏，令人赏心悦目。

　　今夜借宿于 qakir ɣool 河左岸 25 清里处，位于西边山麓上的 ɣabčin süm-e 寺庙。此寺庙坐落于兴安岭山中，是一座具有西藏风格的雄伟的喇嘛庙，现有僧侣 40 余名。它也同样遭到马贼的袭击，从食品到寺内贵重物品一应被劫。

　　晚上受到喇嘛庙僧人隆重款待后，温暖而安心地睡了一夜。

　　5 月 1 日。清晨很早即准备好行李，从 ɣabčin süm-e 寺庙出发。陪同我们的有昨天换班的一名梅林，外加五名骑着马的官差，还有三名专门负责看管牛车的车夫。

　　今日预计前往几处地方，但从早上起便乌云密布，天空越来越阴沉，不久便刮起大风。天气也随即变得阴冷起来，行出 10 清里，天空飘起小雨。只穿裘皮大衣已难以御寒，只好把毛斗篷披在身上。

　　路上所到之处也同样于一个月前遭到了马贼的袭击，连一个帐篷都没有留下。据说人们都带着帐篷躲避到山中了，路上一个人影也未见。按此路线走下去，借宿饮食都会成问题，疲惫的牛马也得不到替换。至此时节，天气更加寒冷，雪由小而渐大，下个不停。

　　行出 15 清里，看到沿着 qakir ɣool 河柳树丛驻扎有汉族人商队。他们也是因在大雪中无法前行，现正在支帐篷准备烧火野营。商队由八个人组成，载满货物的牛车则有十五辆。

　　不久，迎面遇见一位蒙古族妇人，她是从山中避难之地来到 qakir ɣool 河挑水的。她从河中汲水的样子极像日本人画的汲水图。妇人把水桶挑在肩上汲水的方式也完全一样。挑完水，随即又踏雪回到山中去了。

虽走在山间，但还见有几处沙地。我们在路上拾到了石镞、白色的陶器碎片等。越往上攀登山中的湿气则越重，树木也越密集。

途中所见汉族人商队是受天津英国商馆委托，收集毛皮的一行人马。他们携带英国国旗，而官差们这次并未进入他们所驻扎的帐篷中。

第六十八章　翻越兴安岭

不久，暴风雪迎面吹来，人们难以挪动半步，任凭牛车慢慢地行进了大概 20 清里，看到一处破旧的蒙古包，但这里也曾遭到马贼的袭击而无半点食物。官差们已估计到了这种情形，便跨马奔向山中从各处筹集蒙古黍子、羊肉等用来做饭。

此时雪越下越大，天地完全被白雪覆盖，周围变成了白茫茫的世界。这里，山与山之间的距离越来越近，有时不到 1 清里。同时也开始接近 qakir ɣool 河之源头，沿着河岸树木丛生。

这里的居民不使用牛粪烧火，而是随便砍伐树木填进地炉烧火。

5 月 2 日。晚上雪停了。天空无比晴朗，今日即可翻过兴安岭。官差们也破例很早便起身，开始整理行李，准备车马。早 7 时，一切准备就绪后便出发了。下雪后的风刺骨地寒冷，虽已到了 5 月，但气温完全同隆冬时节一样。

到达 qakir ɣool 河之源头，放眼四周已不见有河水在流淌，只有群山环抱，高处生长着水草与绿苔等。这里的柳树比起昨日见到的还要茂密，山顶上长着挺拔的白桦。此外，还有两三尺高的榆树。

一路走下来，20 多清里未见一户人家，但在山林中随处可见牛在吃草。由此推断应该已接近人家了。

分开杂草，继续攀登，山与山之间的距离逐渐变得狭窄，有时仅一辆车宽。再走 35 清里，山路已经变得非常陡峭，牛马也开始急促地喘气。行至 arslan-u dabaɣ-a 岭时，牛车几乎无法翻越陡峭的山崖。今日特别跟随而来的官差与车夫十数人，一边大声地吆喝着，一边使劲牵引推拉五辆牛车，他们的吆喝声不停地在山谷中回荡。

看到眼前的情景，幸子很兴奋，也跟着大人大声地喊着"yab"，"yab"蒙古语意为"走"。夫君骑马，我和幸子坐在车上翻越了山崖。再行 5 清里终于到达 arslan-u dabaɣ-a 岭顶。"arslan"意为狮子，此处即为狮子岭，是兴安岭最高处。回头眺望，一路翻越的高山此时都变成了小山冈，而向东南延伸着的兴安岭诸山脉则可尽收眼底。看到前方再走不远便可到达一处高原。展望眼前的高原，心中不禁激情荡漾。疲惫的牛马舔着山阴处的残雪。此时夫君已从山顶采集到了陶器以及石器等，显得很兴奋。

山顶上，到处生长着茂盛的槲树，我采集了一些作标本。在冰雪消融之处开着一朵紫色的花，这是兴安岭上绽放的第一朵花，我欣喜地把它采下来。

使人感到费解的是，在山顶上竟然还有沙漠。

第六十九章　风俗的变化

从山顶下来向北行进 5 清里后，越过一处陡坡即进入了平原地带，随即便看到一座外形美观的毛毡蒙古包。这里的风俗已完全不同于兴安岭以东地带，连住居也不同于以往带有墙围子的包房。这里的蒙古包直接坐落在草原上，是完全用毛毡搭建起来的纯蒙古族样式的蒙古包。

我们找到这里的富裕人家，今日便借宿于此。

借宿之处为至今从未见过的大约有十平方米大的蒙古包。毡包内的物品也极具特色。例如，地炉上刻有羊角形的花纹；用白桦树皮制作成筒状物用来装咸盐或奶酪等。

这里不大使用牛粪，而是搬来巨大的圆木做燃料。奶茶熬好后，会端上盛满炒米、黄油、奶酪、炸果子等物的盘子，同时在碗里盛上浓浓的奶茶。

因这里牛羊乳水上乘且产量丰富，所以，奶酪的味道也格外甘甜。晚餐为蒙古黍子、羊肉以及羊肉粥等。由于今日爬山疲惫至极，所以感到特别美味。

这里的狗很厉害，身材也格外肥硕而高大。连狗吠声都非同寻常的凶猛，同行的蒙古族人都心存畏惧。据说这里也遭到了马贼的袭击，损失了很多财物。

5 月 3 日。一早便在等待车马到来，以便上路。官差们则安稳地坐着，无立刻启程之意。据他们讲此处与其他村庄隔山相望，相距甚远，所以筹措车马比较费力。

我们猜想这也许是昨日翻山越岭，年迈之官差们甚感劳累，希望休息一日所想出的借口。吃过午饭后，就这样又到了黄昏。

主人家的数百头家畜已从牧场回来。四百余头绵羊、山羊低沉的叫声好似有很多人彻夜在耳边念经一般，其中还不时地混杂着牛马声。我从未听到过家畜如此嘈杂的声音，一夜未能合眼。

因从阿鲁科尔沁跟随而来的那位梅林异常严厉，所以，这里的小孩与主妇都不敢靠近我们，甚至连房主都不轻易过来。想到我们从西乌珠穆沁返回时，还会经过这里，届时还可同他们交流，便未接触这家的主妇与小孩。

我们收集了房中摆放的用白桦皮做的器物、纺车等手工制品，还为其他物品画了素描。

蒙古族人家中的日用品大多是汉族工匠制作的。看其坚固结实的样子就明白无论多么昂贵，蒙古族人都会购买的。

翻过 arslan-u dabaɣ-a 山岭，这里的风俗不同以往各地，已发生了较大变化，我起初以为已进入西乌珠穆沁了，但后来得知此地还属阿鲁科尔沁领地，需再翻越一座更险峻的山岭才可进入西乌珠穆沁。疲惫的官差们深感体力不支，于是，今日修整一番，明日再上路。

第七十章　翻越帽子岭

5月4日。不知何时下起了雪，早上起床时，四面山野已完全被白雪覆盖，昨晚开始刮起的风还强劲地吹着。温度计显示为零下2摄氏度。见到只有在此山中才可见到之雪景，不禁想起故乡含苞待放的樱花。

早9时许，雪停了，天空也放晴了。向北进发3清里后，山路开始向西拐弯。山与山之间的距离越来越宽阔，高原之景在脚下延伸开来。在不知不觉中天空又开始飘起了雪花。

我和幸子坐在车上，在裘皮大衣外还披着两层毛毯，尽管如此还是感到寒风刺骨，但幸子看到雪花飘舞显得很高兴，挣脱裘衣毛毯露出脸，伸出手，后来还含糊不清地唱起了歌。

牛车开始踌躇不前，车夫也冻得浑身发抖，在寒风中我难以分辨车是在前行还是在后退。就这样艰难地到达了一个只有四五家住户的艾勒。今夜便借宿于其中一家蒙古包。包中还有几头牛犊。从今早出发到达这里共走了50清里的路程。

今日路边所见全部为白桦树，高处则生长着斛树丛。在分水岭处有一条河流向北方，大概此河即为西乌珠穆沁的qar-a usun河。

主人点燃地炉为我们取暖。官差们进来询问道："如照此雪下个不停，道路又如此恶劣，不知明日作何准备？"我们回答道："不熟悉此地地形，全由你们来定夺。"官差回答说同其他人商量以后再作定夺，便退了出去。

晚餐是食用昨日借宿之处带来的羊肉做的饭。今日为阴历四月五日，依照蒙古族的习俗是剪羊耳的日子。即在公羊右耳剪开两道口子，母羊则在左耳剪开一道约有1寸长的口子，使之流血，其目的是祈求家畜健康。

5月5日。在我们包里的牛犊已经开始哞哞地叫着要吃奶了，但幸子还在熟睡着。

官差们说今日就要进入西乌珠穆沁了，也是同我们分别之日。因此请我们吃了牛奶饭。这是仅次于羊肉的高级食品，是用大量的牛奶煮熟的口感非常绵软的蒙古黍子。很合我们的口味，幸子也高兴地吃了起来。

　　昨日的积雪厚达 5 寸。雪虽然已经停了，横扫积雪的寒风却像刀割一般吹来，但毕竟已是春天了，待太阳一出来，积雪即开始融化，天气也变得温暖起来。

　　我们立刻沿着山间小路向西北进发。穿梭于斛树和白桦中向北行进了 2 清里，走上了山路。此处叫作 malaɣai-yin dabaɣ-a，即帽子岭。山岭正如其名呈帽子形。向山地看去，岭上到处生长着茂密的斛树，完全不知牛马应如何上山，但是蒙古族人巧妙地左拐右拐，牵引着牛车往上走去。

　　熟悉地形的蒙古族人都不叫苦，众人不停地左右忙活着合力把牛车一辆一辆地拉了上去。不久他们就满头大汗，纷纷脱去外衣。虽然只有 5 清里，但迂回而上的路程已经远远超出 10 清里，大家终于气喘吁吁地到达山顶。

第七十一章　西乌珠穆沁

登上山顶时只感到狂风呼啸，牛马以及车都好似随时会被风卷下深渊，我努力站稳脚跟。眺望四周，兴安岭景色尽收眼底，峰峦重叠，清晰可见。回头看已不见来时的路，而山中央拔地而起的山峰险峻无比。夫君一直骑着马上来，而幸子则一如既往地兴高采烈，看到牛车迟迟不能登上来，她伸出双手用蒙古语大声地喊："走！"

从这里开始，便告别了阿鲁科尔沁领地，进入西乌珠穆沁。现在回想起来，阿鲁科尔沁的领地几乎全部都位于兴安岭中。所以其土地肥沃，畜牧业也特别发达，堪称一块丰饶的土地。

沿山顶向西乌珠穆沁方向下山之路依然极其险峻，5 清里的路程，一转眼即下来了。从此往前便是一望无际的高原平地。今日所走山路为近道，据说平时是绝不走的。

再走两三清里，只见右边山中有一条河流过，沿此河有一条大路。这才是真正的从阿鲁科尔沁通向西乌珠穆沁之路。

虽然刚走了不到 20 清里，但已经完全是高原地带了。沿途可见很多西乌珠穆沁蒙古族人的毡包。此地名来自刚才我们所越过的帽子岭，叫帽子岭艾勒。今夜便借宿于此。

这里的蒙古包皆是用毛毡搭建的纯蒙古毡包式样，未铺设地板。直接在草地铺上厚厚的毛毡，寝食于此。另外，原来所见蒙古族人大都坐在沙漠草地上，而这里的人则喜欢坐在长有绿草之处。这里的草地也是至今所见的最为美丽的草地，宛如一望无际的草坪一般。

尤其值得注意的是，妇人们的服饰，从头到脚都与之前所看到的有明显的不同。男子的服饰也有一些变化，但不如妇女的这般醒目。此外，从语言到日常生活等也都有不同程度的变化。

首先从妇女的头饰来看，从前额到脑后把头发分到两边。头发辫起后再扎到耳朵上方，将发辫连在一起，使之从耳部上方垂下。其样子与日本的角发大同小异。最后会在垂下来的发辫一端，用长约一尺的丝带穿上银质的扁平发饰，使之垂挂下来。每当妇人们站立做活时，其发饰碰到其他物品便会发出清脆的声音，非常好听。她们还会在前额戴上一个全部由细小的珊瑚编成的珊瑚圈。耳朵上则戴着由银子或珊瑚串起的大大的耳饰，头上还会戴羊皮帽。上衣是长筒袖，袖口镶有折袖。折袖来源于蒙古族人的一种仪式。举行仪式时，无论男女，折袖部分主要使用浅黄色的缎子缝制。

服装为筒袖长衣，外边会套上长坎肩。坎肩从两肋与后背处开口，正面有缝合处。此坎肩叫作"uuǰi"，是妇人穿用之物，未婚女性不穿。在所有开口与下摆处都用五色缎带缝有精致的花纹，在两肋开口处还缝有白色与蓝色的细边。在后背开口处则各自缝有特殊的花纹。坎肩的颜色以黑色、紫色、灰色、绛紫色为主，多使用丝绸类材料。有时也用中式的绸缎。鞋则是用牛皮缝制的长靴，未见有人穿绣有花纹的布制靴子。从西乌珠穆沁妇人身上可以看到比其他地方的蒙古族妇人更加活泼开朗之处，她们走路的步伐都较大且速度较快。

进入西乌珠穆沁之后，人们询问最多的问颢是"现在阿鲁科尔沁的草长势如何""去年西乌珠穆沁的草长势不好，死了很多牲畜，您看今年这里的草如何"等。人们最为关心的便是家畜以及牧草的长势。

时值嫩草萌芽之际，而这里的牧草与其他蒙古地区不同的便是遍地绿草丛生，一片生机盎然。因而回答道："今年的牧草长势非常旺盛。"西乌珠穆沁的人们闻听此言，会格外高兴，流露欣慰之色。由此可见人们对这里的畜牧业是何等重视，人们视畜牧为生命。

"uɣalǰa"为蒙古族人最喜欢的花纹，呈螺旋状。从帽子的装饰、毛毡上的刺绣到靴子尖头上的花纹，无一不是巧妙变幻着的"uɣalǰa"花纹。此外，蒙古族人所制作的各类物品上几乎都镶有此花纹。

第七十二章　逐水草而居

5月6日。虽为阴天但好像无雨，我们便出发前往西乌珠穆沁各处。主妇们都出来帮忙把行李等装上车，这也是在兴安岭以西从未见过的举动。

这里的家畜越来越多，主妇们也非常忙碌，而男人们则大都在玩耍。他们除了骑术高明之外几乎无可称赞之处，家务事则全部由妇女完成。

我们沿着沙漠之路前行。此路只是岔路而非大道，但可以看到很多蒙古族人家。蒙古族人一般都避开大道，沿水源便利之山麓聚居。因我们一直走访的都是这样的聚居地，远离大道，所以靠人们的指点才一路走了下来。万幸的是如此走法反而一路都会遇到大小聚居点，非常方便。而沿大路走则几天不遇人家也非罕见之事。

道路终于变得平坦起来，山势也逐渐变低。今日行至20清里外一聚居点借宿。

这里的人们也异口同声地诉说着马贼之事。马贼五六百人，有骑马的也有骑骆驼的。且都扛着铁枪，肆意入室吃喝、抢劫。看到上等的毛皮、马靴以及妇人所用的装饰物便占为己有。如房主拒绝交出物品则立即拿出枪进行威胁。听来实感惊骇。

在此之前，这里从未见过马贼，人们安居乐业，过着平和的生活，甚至连各蒙古地区内部也从未有过冲突。因蒙古族人从未准备过铁枪等，所以只能留下空宅到兴安岭山中避难。

在他们家里也并无很多金银之类的物品，皆以家畜为财产，逐水草而居。所以家具等也极简便，装满三四辆至五六辆牛车就不错了。其主要物品为蒙古包、米柜、货柜、佛龛，上部有盖子的长柜，以及毛毡与其他一些简单的家具等。

这家主人希望得到治疗牙痛的药。猜想是否因这里缺少谷物，多饮用牛奶以及食用肉类，所以较多人牙痛。今夜睡觉时或许因为枕头放置在地上，可以清晰地听到远近人们策马奔跑之声，好似回响在耳边一般，实感爽快之极。我为挤奶桶以及做奶酪用的木桶画了素描。这些用品是汉族工匠所造之蒙古族人用品。

5月7日。今日好像有雨，但我们还是出发了。道路较平坦，但还可见如tuɣčin dabaɣ-a山等一些小山岭。这里牧草长得极其茂盛，其牧草之长势绝不是巴林或阿鲁科尔沁地区可与之相比的。同行的车夫向我们介绍了很多有关此地的情况。据说从10月到次年2月，因天气非常寒冷，积雪厚过屋檐，人们便会带着家畜来到降雪较少，长有牧草的巴林、阿鲁科尔沁过冬。因此这里的蒙古包不同于其他各处，搭建方式也很新颖。

从主人那听说，花纹中，他最喜欢前述的"uɣalǰa"花纹，其他还有类似日本的七宝模样之挂件。

今日行走35清里来到ɣurban ail，借宿于梅林家很大的蒙古包中。这里也盛传马贼之事。从此地开始称"mongɣol ger"，即蒙古包中的"bömbögen ger"（球形房屋）一类。主人很富有，年轻的妻子们都穿着绸缎衣物。耳饰也是至今所见最大的，其正反两面都有很多装饰物。耳饰从露在帽子外边的耳朵上方垂挂着。

第七十三章　　"bömbör"句

　　晚上下雨。夜半开始雨水加冰雹从天而降。只铺了一层薄毛毡的地面逐渐变得冰凉，我们由于寒冷未能安稳入睡。只有幸子在母亲温暖的裘皮大衣内，熟睡到天亮。

　　我们来到这里才首次尝到新鲜美味的奶酪，是昨天刚做的新奶酪。已经进入制作新奶酪的季节了，此时牧草已长有 2 寸高。据说制作奶酪是随着牧草逐渐进入生长旺季开始的。

　　在此还看到刚刚成形的 "örüm-e"（奶皮子）。这是比奶酪品质略次的奶制品，有酸味。颜色也并不是纯白色，略呈茶色。听说是由制作奶酪剩余的原料制成的。

　　为了让我们尝鲜，主人用铁锅新烘焙了蒙古黍子。搅米所用的长柄勺子为擅长使用左手的一位蒙古族人所做。我在此借来主妇的耳饰画了素描。

　　5 月 8 日。今早也是阴天，下着冰雹，但到上午 10 时便停了。在出发前我们也查验了当地人的体质。还为妇人以及儿童拍摄了照片，这里的人们都高兴地抢着拍照。

　　出发时天空又开始阴沉起来，天气也变得格外寒冷。本以为又要下雪，但万幸的是天空又放晴了。

　　前行 10 清里后，渡过 bürte-yin ɣool 河北边的两条支流。河岸一带湿度较大，牧草生长格外茂盛。走了 3 清里，越过一座山岭后向西行，约走 7 清里后到达 qudduɣ-un ail（井艾勒）借宿。此地因有井水涌出而得名。

　　今晚借宿于村长家，这是一个非常好客的人家。他雇用附近的一位年轻人熬奶茶来招待我们。前来帮忙的这位年轻人从前是喇嘛，后来还俗成为 qar-a kömün，意为头上长有黑发之人。

　　今天也为四五位当地人检查了身体。主人看到我们在收集古物，便解下腰间筷子套上的挂件送给了我们，并说此为三代相传之物。此外，我们还同他交换了用毛毡制作的盐盒与碗架等。

　　今夜还是未能熟睡。这里也有很多眼病、牙病患者，我们拿出药物送给他们。

还从陪同我们的车夫手上得到了一枚古币。那是一枚五铢泉，据称是在附近拾得之物。

5月9日。一早我们便出发了。因这里的村长年迈，便叫年轻的官差跟随而来。随从中另有三位二十岁左右的年轻人。他们一路上时而游戏，时而高声地唱着蒙古族歌谣，歌谣都是非常动听的。而且他们不像老年人那样固执，有问必答，非常直爽，他们的长相同日本奥州附近之妇人很相似。

三位年轻人一路所唱之蒙古族歌谣为"bömbör"句，每段结尾处都使用"bömbör"这个词。其曲调愉悦而轻快，可谓百听不厌。就这样在不知不觉中已经走了很多路。

今日借宿于45清里外。这里的年轻人脖子上所戴的饰物为俄罗斯的2钱或5钱的铜币。还有一位年轻人戴着从地里挖出的刻有古文字的铜钱。我们希望同他交换时，他毫不吝啬地给了我们。

今日借宿的主人把我们领到了兼作羊圈的蒙古包内。在这之前，不论在哪里官差或村长都会出来迎接，以礼相待。但这里却并非如此，只有负责做饭的人出来领路。而且，还把我们带到了用作羊圈的包内，端出的茶也是苦茶。这家主人本是富裕之户主，拥有较大的八壁蒙古包。

夫君非常气愤，叫来主人呵斥了一番。主人立即赔礼道："马上引领客人到那边的大包休息。"但此时已把行囊等都放了下来，再搬动非常麻烦，便忍着在这个到处是羊粪的包内过了一晚。毛毡也因陈旧而露出几处破洞。

这家主人所用的烟袋比沿途所见到的都要华美，便借来画了素描。烟袋后面中间有处开口，从中可取装烟的瓶子。在瓶口处挂着一个小勺，可用来取鼻烟，然后再用手指夹起吸入鼻内。这附近的人们也许因为气候较干燥而鼻子感觉不适，总是不停地取出鼻烟吸入鼻内。宝丹的用法同鼻烟一样，也可吸入鼻中。

第七十四章　蜿蜒起伏的大陆

5 月 10 日。早上降霜了。借宿的房主是台吉，据他讲，因冬季不用戴台吉礼帽，所以帽子放在喇嘛庙里，因而不能跟随我们同行。昨天同行的官差便再次跟随我们上路了。看到有来客，哪里都是主妇出来煮茶做饭招待客人，此为礼节。但听其近邻讲，此户从当喇嘛的兄长到其他家人都待人不善，只有佣人出来接待我们，实感住行不舒服。早上连奶茶也未准备，我们便称先去装车，早早离去了。出发时，我们照例赠予厚礼。

大地变得越来越平坦，无论望向何处都是一望无际的平原，没有一棵树。不知是否因为高原的关系，暖醺的云彩厚厚地堆积在空中，人好似立于云彩的侧面一般。远山与白云相连，眼前呈现的是典型的大陆风景。道路在不知不觉中蜿蜒起伏，高山已被远远地抛在了后面，望着眼前无限延伸的平原，行人不时地会失去距离感。

走在总也望不到边际的平原上，想着何时才能进入温暖的蒙古包内时，猛然发现蒙古包就在不远处。这才真正是蒙古旅行之关键。

早上还流云翻滚，现在却有阳光从云层缝隙间洒下几道金色的光线，甚感安详。途中看到在高岗的草地上有两只仙鹤在嬉戏。即使我们从身边通过，它们也毫无恐惧之色，在温暖的阳光下舒展着翅膀，双双起舞。这大概即为"鹤舞双飞"吧。

行出 20 清里，到达 qan qusiɣu 艾勒，用了餐。"qusiɣu"有"塞"之意。之后沿着无一户人家的道路继续西行。

不久，天空阴云密布，好像要下冰雹，大约一个小时后果然降下冰雹。气温陡然下降，冷风穿透裘皮大衣，寒冷刺骨。幸子却兴高采烈地捡落在衣服上的冰雹吃。

今晚在距离早上出发地 50 清里的艾勒借宿。

5 月 11 日。雪从昨天开始一直不停地下着，早上也未停。气温降至四摄氏度左右。我们把行李装在四辆牛车上，我和幸子钻进用毛毡架起棚子的牛车上。在兴安岭这边经常看到这种牛车。富裕的人家会备有三四辆这种车，下雪天乘坐这种车会感到非常温暖舒适。越往西走雪下得越大，大家只能冒雪前行。

来到此地，从未听到有人讲"tariy-a mayu"（庄稼收成好不好）这句在巴林、阿鲁科尔沁经常听到的话。这里的人最为关心的是牧草的长势如何。常常有人问我们，"巴林、阿鲁科尔沁的牧草长得有多高了"等问题。由此可见，这里的人非常重视牧草之事。

家畜越来越多，晚归的绵羊、山羊之咩咩声是何等喧嚣。听到母羊归来之声，羊羔便会从小羊圈里一涌而出，各自寻找母羊哺乳。幸子欣喜地看着眼前的情景，她已经学会抚摸小羊羔了。

今天因为是冒雪前行，所以只行进了15清里。虽然还是正午，但因未能更换牛车，只得借宿于此地。投宿的主人家全家都出来，郑重地迎接我们。

5月12日。这个季节的日本已经是春末夏初之际，可这里的寒气还未退去。牛粪还在地炉里熊熊燃烧着。一天之中可以见到太阳的时间还不到半天。早上还看到有明亮的太阳，不知何时它已经躲到云层背后，天空又飘起了雪花。

行云的倒影映在远近的山上，大地时而变成深蓝色，时而又变成浅蓝色、灰色、紫色等，叫谓千变万化。不知是云还是山，定睛仔细观看时又起了变化。天空的云彩真是变幻莫测。

到了午后气温骤然下降，寒风又猛烈地刮起来。在这里其实只有上午10时至下午1时、2时之间可以赶路，不执行日出而作、日落而息的出行方法。因为午后大多会刮起猛烈的寒风。

这家的主妇非常善良，从伙食到其他各种家务事都有条不紊地逐一安排妥当。我们在这家买了两张漂亮的羔皮。到黄昏时其有五百多只羊从牧场归来，要全家出动挤羊奶，再把羊羔放出来哺乳。之后又立即把小羊羔牵入温暖的蒙古包中。牧人会这样照顾羊羔直到它可以单独跟随母羊到牧场。主人还送给幸子很多羊奶，并说羊奶油分少非常适合小孩饮用。这里也许是因为牛少，还会看到用羊奶制作的奶酪。

这里的人捡野外干牛粪时，要先用叉子将其叉起，再从前面扔进后面背着的背篓中。人们收集到的牛粪被高高地堆在各家的蒙古包前以备燃用。

第七十五章　家畜之饥馑

　　5 月 13 日。今早准备出发时，西乌珠穆沁王府衙门派来了两位官差迎接我们。这附近所饲养的牛的数量明显减少，房主家则饲养着四十多头骆驼。驾车不用牛，而用骆驼。骆驼在蒙古被称为"temege"。

　　我们行出 5 清里，在山崖处喝蒙古茶小憩一番，并且在此换了驾车的牲畜。这次是用马来驾车，跟随我们的护卫也都骑着马。这里的马体格高大，都是上等的好马。道路一直向西伸展，远看是高冈但到了近前又化作平地，无限地伸向远方。

　　行出 15 清里，见到一座很大的寺庙，叫"gegen süm-e"寺。再行 3 清里便到达沙漠地带了。夫君在此拾到石器、陶器等，今日又远远地看到了好似漂浮在大海上的海市蜃楼。我们本以为看到的是蒙古包，接近它时却又消失得无影无踪了。

　　不久，有位喇嘛牵来了四匹马，帮我们换下了已疲惫的辕马。再行 30 清里便来到了西乌珠穆沁王府。查看地图时，发现此地被标为西戈壁沙漠。

　　衙门准备了崭新的蒙古包，供我们休息。西乌珠穆沁王府的协理是一位善解人意的人，同我们交谈了许久。此地完全不同于兴安岭周边地带，气候非常温暖，牧草也长势旺盛。王府附近还有清澈的河水潺潺流过。王府建筑为平房结构，不远处还有一座喇嘛庙。在王府附近也拾到很多石器碎片。

　　王府为我们准备了丰盛的午餐以及晚餐，烤制了特大号的面饼，端出羊肉粥等食物。王府内妇人的发式与昨日所见不同，这种发式被称为"šangqu"。即先把头发束起，用红色的头绳缠绕大约 5 寸宽。再从中间分为两部分，各自编成 3 股的辫子后向两边卷成椭圆形。头发上还插着 7 寸长的镶有珊瑚或银质的发簪。年轻的妇人还在其下方再插一个发簪。发簪上垂着各种流苏，好似日本古时的穗子。耳饰与头饰则区别不大，大多在耳边垂下几条 7 寸左右、用细小的珊瑚串起的耳饰。这种耳饰很适合年轻美丽的夫人，看起来非常可爱。妇人们大都梳这种发型，戴着帽子。听她们说头上的饰物很重，同日本贵族妇女的发型相似。

　　今日沿途看到很多牛马的尸体。据说去年冬天积雪太厚，牧草长势不好导致饥馑。我想也许是动物的流行病所致。

　　蒙古族人是绝不储存干草的，完全是天然型的放牧，地上即使有一些积雪，牛马也会自己拨开积雪寻找牧草。但如果积雪太厚时，则会出现饥馑的情况。看到陆地上有这么多的动物倒下，实感可惜。

第七十六章　西乌珠穆沁的仙境

5 月 14 日。今日要去西乌珠穆沁著名的盐湖。正在做准备时，西乌珠穆沁王爷遣人送来一匹白马。这是一匹雪白的骏马，骑着它感觉英姿飒爽。

10 时许我们便出发了。一位老者骑马为我们领路，向沙漠走去。前行 10 清里，遇到一条小河，便沿河一路向北走去。河里的芦苇开始发芽，河两岸则是茂盛而碧绿的柳树、榆树林。水中落着无数不知名的红色、白色水鸟，看见人也毫不在意地嬉戏。此情此景真好似人间仙境。

再行 5 清里，走出了树林，眼前是无垠的旷野，通向远方，天地一线。由此再往前 5 清里便接近了盐湖附近的聚居点，便借宿于此。

看到此处牛少，马和羊则较多。到达时这家人恰好在挤羊奶。主人把羊头对头地排列起来，三十只一组排列了好几排。主妇和其他家人则五六人一齐出来挤奶。夫君把这个难得一见的场面拍摄下来。羊有五六百只。大家挤奶时唱着一首好似打拍子的歌，即反复地重复"图依图依图依图依"之声。

主人把乳汁倒入锅中，放到火上，制作奶皮子、奶酪等，他们几乎终日都在火上熬制奶食品。我们到达时是下午 1 时许，4 时左右又开始刮起寒风。这里冬天降雪量大，去年因雪灾无草死了很多家畜。这里的牛马较瘦小，骆驼和羊却是一等的好。

这家的主妇也是一位豪爽的妇人，礼数周到地接待了我们。家中除了主人、主妇外，还有两位年轻的妾。但是，在所有的家庭中都是原配夫人处于举足轻重的地位。两位妾在家中的地位好似佣人一般，但主妇还是像姐妹般对待她们。

中午时分天气很热，穿一件单衣即可。

5 月 15 日。昨夜下了雨，今早又起风了，我们顶着西风前行。这是从西戈壁吹来的风，所以沙土弥漫在空中，让人几乎无法睁开眼睛，只听见狂风夹带着小石子猛烈地呼啸着。车夫费劲地驾着车，路上看到有老鹰躲在树丛中。

沿途还看到有十余头牛马羊倒在路边，实感惊心。

顶着呼啸的狂风，沿着无一户人家的荒野之路行进 40 清里，终于到达了一个聚居点。查看地图才发现我们已经来到了非常偏远的西北方。在地图上甚至可以看到这里已距离西伯利亚铁道线很近，似乎再有几日便可走到一般。

借宿之处的主妇患有重病，还有两位年轻的妾，其中一人掌有钥匙。

这里有五六座蒙古包，附近还有一口井。这里的人们是在 12 年前，从杜尔伯特迁至此处的。

今日在途中，夫君发现了古代居住地的遗迹。此外还有箭尾、陶器、石器、铁锅的碎片等。陶器的样式与在西拉木伦河沿岸拾到的类似。

第七十七章　马贼掠夺的痕迹

5月16日。因路途遥远，我们一早便上路了。风还未停，一行人便向西北进发。中午到达3清里外的 önggetei ail 用了午餐。据这里的居民讲，为了对付马贼，从多伦诺尔派来有六十人的政府军队，现正向克什克腾进发，已于昨日通过此地。

而这军队也同马贼一样，不仅大吃大喝，还掠夺了妇人们的珊瑚耳饰、头饰等物。所以，蒙古族人又遭到掠夺。现在因缺少食物而陷入困境。尤其是被他们抢去唯一的宝物——耳饰和头饰的妇人们尤感失望至极。

这些饰品都是从多伦诺尔采购的，大多用珊瑚和银子制成。便宜的值两三两钱，昂贵的值十两钱左右。

据称，为这些兵士做向导的同马贼一样，也是南部的蒙古族人。

出了此地，前行30清里，迎面遇到赶着百余匹马的喇嘛。我们便从中选了四匹换下了驾车已经疲惫的马。

接近黄昏时，地平线上的所有景物都沐浴在艳丽的晚霞中，人们置身于这造化的美景中，不知不觉天已经黑了。一轮被染成红色的半月悄然升起，出现在地平线上。不久，月亮径自向西北转去。而我们在途中却遇不到一户人家。即使有人家，在这个冬天也已损失了很多家畜，早就迁移到别处了。

沿途不下五处见到有十余匹牛马倒地。

夜已经很深了，空中有一颗明亮的星星。心想这也许是北斗星，凝视良久。

月光逐渐变得明亮而皎洁时，看到了远处的火光。这即是先行探路的官差用牛粪烧旺的火堆，在为我们指引方向。

逐渐接近火堆的感觉很幸福。许多人从毡包中出来迎接我们。我虽站在寂寞的旷野中，但心中充满了喜悦。此处交通不便，食物短缺，尤其缺乏谷物。他们给我们煮了很多羊肉，又用蒙古黍子煮了稀粥。此时此刻，这些食物之美味胜过山珍海味，心中充满感慨。今天走了大约130清里，夜里有雨。

第七十八章　参观盐湖

5 月 17 日。夜里疲惫至极，昏睡到早晨，听到近旁蒙古包传来捣茶声才从梦中醒来。此时，太阳已经高高地升起来了。凭感觉当地时间是凌晨四五点，日本时间六点左右。喝了蒙古茶，吃了羊肉后又出发了。

今日天气晴朗而明媚，河水引来仙鹤翩翩飞舞。行至 30 清里外的盐湖旁借宿。房主曾经是本地富户。但经过去年的雪灾失去半数家畜，又有马贼骚扰，现已沦为贫困之家。加之汉族人商队不到此地，筹措食物不易，所以每日饮食以肉食与 šölü 为主，饮食单调。蒙古语 "šölü" 即指汤类，主要为各种肉汤。但此地盛产羊乳，不但幸子有奶吃，主人还送给我们大人几乎喝不完的羊乳。幸子已记住蒙古语之乳汁 "sü"，想喝奶时便会说 "sü、sü"。

这里天气暖和，宛如日本的 4 月。主人听说我们要来便躲到喇嘛庙去了，只有主妇出来接待我们。问此地地名时道出的是邻村之名，连地名也不说真实的。虽然如此，还是感到人的淳朴。狗也很温和，不像兴安岭近处的狗那么凶猛。艾勒名为 "qujir-un tal-a"（意为碱滩），或许附近为盐湖枯竭之处。

今日看到蒙古族人所穿长靴的后跟绣有花纹，长靴的脚尖部分也是向上翘起的，感到非常有趣，便画了素描。

5 月 18 日。早上从 qujir-un tal-a 艾勒出发，继续向西北行进。从这到盐湖几乎都是下坡路，在第一个陡坡处便看到了 dabusu-tai naɣur，即盐湖。途中还见到有牛马倒地，着实感到严冬之残酷。

盐湖地处山岭围绕的正中平地。据蒙古族人讲，其面积东西 20 清里、南北最宽之处有 5 清里，周边总长为 50 清里。

盐湖边宛如海边一样也有沙滩。只见岸边的盐已呈结晶状浮在上边，我们便采集了一些湖盐。蒙古族人一般直接食用此处的盐。盐湖对面还建有一座喇嘛庙。盐湖也称 "yeke naɣur"，即巨大的湖之意。我们采集了一些湖边生长的较特别的水草，水草呈绿色，既无叶也无花，只有长约一尺的根茎。作标本时将水草根茎一节节折断，但不知其名。

　　从此向南 30 清里，来到 nüke tai aɣula 艾勒，借宿于富裕人家，这家也有位年轻的妾。来到此地后发现，不但没有妇人吸烟，连男人也不吸烟。

　　这里的人喜好甜食，我们便送给主妇一些块糖，她非常高兴地接了过去并立即锁进小柜子中。当时在旁边的一个十六七岁的喇嘛稚气地说道："能给我一点糖吗？"看到他非常可爱，我们便拿出糖来给他，他一口气吃完便侧身躺在那里睡着了。蒙古族人比较善于辩论，但又无恶意。越往北走人们的生活食宿越简单，习俗也越少刁蛮。

　　今日还看到在旷野上奔跑的一种奇怪的动物。在两二口之前也看到过，远处只见其头部好似袋鼠一般。今日则看到他们成群地奔跑在树丛中，又好似羚羊。据说这种动物毛皮柔软而美丽，适于制作乐器的蒙面或各类袋子。

第七十九章　马头琴

5 月 19 日。今日天气很好，在毛毡篷车中穿单衫还会稍感闷热。途中在一富裕的官差家中用餐。在他家看到了一种稀奇的乐器，叫"morin toloɣai-yin quɣur"，即马头琴。这种乐器是两弦琴，在琴杆上刻有马头形，用皮革制作的两只马耳非常精美。琴杆用白桦木，琴体则用杏木。细长的琴杆连着梯形的共鸣箱，两根弦轴分立在马头的左右，紧拉着两根琴弦，还有一把与琴体分离的琴弓，琴弓材料使用马尾，正面看去琴体犹如一匹马的半身像，其音色纯朴、浑厚，具有丰富的表现力。

主人熟练地演奏马头琴，其妻则用优美的歌喉来伴唱，节奏同日本的分节民谣大同小异，不时还有完全一样之处。歌唱时需要同时使用真声、假声与颤音。曲调稳健悠扬，带有浓厚的草原气息。蒙古族妇人不仅善于安排全家内外各种事宜，还会吟唱欢快的歌谣。

男人们在家中发挥作用之处较少，诸事几乎都依靠妇人来完成。男人只是吸烟喝酒，熟练地弹奏乐器，在外可称道之处便是骑术高明。一家之事全由妻妾做主，男人也大多依主妇之意行事。

男女的服装，平时大都是中式的丝绸类衣物。佣人大多来自达尔罕、图什业图以及奈曼等地的贫困人家。

这里的人重礼仪，彼此彬彬有礼，致意时不同于一般的单膝跪地而是行更加郑重的双膝跪地礼，合双手向下放置于左膝之上。另外接受礼物时，伸出双手接下后，便用右手拿住物品，左手拉住衣襟退下，宛如跳舞一般优美高雅，整个过程几乎完整地保留着旧时的风采。

5 月 20 日。离开此地向北行 20 清里，在此用了午餐。午后遇风雨。再行 20 清里，开始攀登上坡路。接近 bicigtai qur 时，已完全是高原地带了。这里称低处平原为"tal-a"。翻越兴安岭之后高原渐多，经常听到含"qur"之地名。

今日借宿之处，主人很风趣且有问必答。

据说去年有两位日本人来过此处，同行的还有两位翻译，一位会讲汉语的喀喇沁蒙古族人与一位会讲日语的汉族人。人们通过这两位翻译与日本人对话。两位日本人原本想从此处前往外蒙古的喀尔喀，但未能成行，便返回此地，最终通过东乌珠穆沁去了外蒙古。

第八十章　nangjid 大人

据主人讲，此次跟随我们同行的有西乌珠穆沁梅林，这样前往外蒙古必定不难。

夫君会在谈话当中不时地用日语问我，这句话用蒙古语如何讲等。其中说到如何之意的"nante"① 时，倾听我们谈话的主人便会点头称"ja"。蒙古语"ja"与日语行礼时所用的"hai"相同。我们对此感到难以理解，请教主人姓名时回答道："我叫 nangjid"。这才明白刚才主人之举动，感到很有趣，不禁笑了起来。在此为 nangjid 夫妻拍了相片。

nangjid 夫人格外活泼，在腰间佩戴着人人的标识着妇人身份的银质钥匙圈。

nangjid 那持有罕见的旧式铁枪，便情他做出举枪瞄准的姿势拍了一张照片。他讲了很多关于铁枪的事，还颇自豪地讲进山打猎极少会有失手之时，并拿出最近之猎物狼皮，我们购买了此狼皮。

因此地山多，所以经常会有狼袭击无守护的家畜，偶尔还有小孩子被狼吃掉的事发生。

狼皮很实用，这张白毛皮里有黑色的斑点。据主人讲狼皮非常保暖，无论如何寒冷，只要把狼皮铺在地上，则会完全感觉不到寒意。因此蒙古族人视狼皮为珍宝，作为避寒之用。狗皮也同狼皮一样珍贵。今日的主食，可称其为米汤煮羊肉。因里面大都是羊肉，米则仅有几粒而已，所以我称它为米汤煮羊肉。

nangjid 讲到了外蒙古，说那里的谷物比这里还要少，因此不见米汤，全为肉食，乳制品极其丰富。

到这里来做买卖的汉族商人，一张大牛皮给大约 2 米白布，一张马皮给 12 斤面粉。如果是小牛皮则给一些红糖，小马皮则是五六斤面粉，羊皮可交换约 10 米彩带。开始时周围的人们还以为我们是商人，所以不肯透露行情。现在知道我们并非商人，便如实地告知此类行情。

① nante：日语，什么，如何、怎样之意。

nangjid 还说道，我们一家是毫不犹豫地喝奶茶，但偶尔有"sir-a oros"人路过此地，会让主人先喝奶茶，确信无问题后才会饮用。"sir-a"为黄色之意，"oros"指俄罗斯。此词指俄国人。

5月21日。从此地出发向东行进。沿山路走15清里到达下一个聚居点，用了午餐。饭食是很久未吃到的炒米。这里食用小米较多，大多会在小米饭中浇上奶茶，拌着奶皮子吃。因此地缺少炒米所以代用小米。

这里家家都储备着用羊乳制作的奶皮子，主人也毫不吝啬地拿出很多奶皮子与羊奶招待我们，但好像很珍视小米，做饭时只用极少的一点。

主人对肉类则更不吝啬，倒不如说如果只食用肉类主人会更高兴。由此可推测越往北走则谷物会越少。说到蔬菜，还看到主人在做饭时取出从汉族人那里买来的一根葱，很珍惜地一点点用着。

今年年景不佳，至今为止还未有商队路过此地，因此，各类物品匮乏。

今日借宿于东北方向的某地，距此地有15清里。

第八十一章　妇人所造之陶器

借宿的蒙古包内除一个地炉外，还有两个土窑。这土窟的活儿也都由妇人做，男人是绝不会插手的。另外还有一个小火罐，据称是这家的老妇人烧制的。询问老妇人时，她讲此类物品皆为妇人所做，以前的妇人手艺高超。但近来年轻人已不大会做此类物品，大有失传之势。主人讲此地过去妇人大多热衷于陶器制作。

制作陶器时，用一种叫"čaγan ebesü"的草，经过干燥后混入土中，再加牛粪搅拌即可得到黏土。然后把黏土倒在草席或树叶上，用手拧成细长的绳状物，重复旋转加高成中空的桶状物，修磨表面后经过烧制后便可完成。这种做法同古代陶器制作方法完全一样，其用法也无变化。我们获准得到了主人家的小火罐。

在这里还看到雕刻着花纹的大刷子，很稀奇。据蒙古族人讲这也是自己所做之物。后来，我们把途中采集之物品尽数交由东京帝国大学人类学研究室保存。

此地夏季做土窑，秋季则毁窑。因为随着气候转暖，牧草开始生长，家畜也进入盛产乳汁的季节，而土窑是为了熬制一年中人们的主要食物乳制品建的。

主妇59岁，非常敏捷，拥有一副即使长时间劳作也不感到疲惫的好身体。

今日在一处高冈发现被蒙古族人称作"高句丽"的遗迹，是用石头围成直径为3米的圆形石篱笆。在此处采集到的数个陶器碎片与在西拉木伦河附近拾到的相同。在其周围四五十步范围内还有用石头摆成的长方形或椭圆形石篱笆。这种遗迹随处可见，为非常古老的环状石篱笆，具有很高的研究价值。

5月22日。照例很早即出发了，行进20清里后有一个聚居点。这里生活比较贫困，没有食物，但人们还是给我们端出了满满一锅乳汁。我们照例拿出谢礼，他们收到后，非常高兴。

从此地出发四五十清里不见一座蒙古包，只有绿油油的原野一直伸向天边，作为内外蒙古界线的山脉也已清晰可见了。

　　旷野中开满各种不知名的紫色、黄色、白色、红色的鲜花。近看花儿虽然美丽，但都是小花且紧贴地面绽放。所以从远处只可见其颜色而不见其形状，想必是高山植物。我采集几种制作标本，赠给了女子高师的矢部博士，[①] 矢部先生说非常有助于他的研究。

---

　　① 矢部吉祯（1876—1931）：日本植物学家。毕业于东京大学，历任东京女子高等师范学校（今御茶水女子大学）教授、东京文理科大学（今东京教育大学）教授。

第八十二章 　 "高句丽" 遗址

这两天在雨水的滋润下牧草长得格外快,墨绿色染遍了原野和山脉。

今日出发之前,准备先去查看附近的"高句丽"遗址。无论走到哪里,蒙古族人都不了解自己的历史,而无一例外地称自己祖先的遗址为"高句丽"遗址。

此遗址也是用石头围起的石篱。形状为长方形,面积大约有 30 平方米。

今日于沿途沙漠坍陷处收集到很多陶器、石器,还有黑曜石镞之尾部,红色或青色的石制剃刀,铸铁遗留的铁屑、铁钉、图钉、铁锅碎片、扣环以及其他物品。

今日借宿之处的主人年仅 18 岁,新婚之妻 21 岁。两人都宽仙待于恬可爱,尽心地接待了我们。一个看似主人伯父的喇嘛,指挥着两位年轻人。此喇嘛也是厚道之人,不但周到地安排各类接待事宜,而且极其注重礼仪。傍晚,年轻的妻子用音色甜美的歌喉为我们演唱了蒙古族歌谣,在此地为客人献歌也是一种礼节。

晚上因疲劳无力提笔记录一日之见闻,不知不觉睡着了。连幸子也是放到哪里则会睡在哪里。

我们在主人手上购得两顶产于西乌珠穆沁的帽子。

这里极其注重礼节,无论赠予物品还是接受物品,其动作都格外高雅得体。

主人家有两位喇嘛,且都有妾。两位妾的装束不同于一般的已婚妇人。虽已人近中年,但都梳着未婚女性的发型,一根发辫垂在背后。也未穿已婚妇人才可穿的蒙古族式坎肩。连蒙古族人自己也称她们为姑娘,但她们的性格好似并不随和。

5 月 23 日。据说今日行走 3 清里便可离开西乌珠穆沁,进入外蒙古车臣汗部之领地。因事先听说有日本人未被获准进入此地,所以我们已作好充分的心理准备。

前行 3 清里见到有汉族人商号。我们本想进他们的帐篷购买小米以及面粉等物，但被告知无货。经过长谈，终于以 1 两钱购得 10 斤面粉。汉族人称谷子为小米。在此看到商人们最初所带之物已大多售出，行李里所剩无几，十五辆货车已装满牛马羊的毛皮。

我们一行终于来到外蒙古车臣汗部之地，到达当地官差台吉家。昨日已有西乌珠穆沁的官差先行到此，但台吉大人不在府上。问台吉现在何处，答曰："去了很远的一处艾勒，至今未归。"台吉妻子出来迎接我们，说："因现在有病在身，不能接待各位住宿于此。"我们说："那么请台吉出来一见。"妻答道："不知台吉去向。"我们便说："无论是谁都可以，请一人出来。"但这里的人都躲起来，不肯出来相见。我们就说："那么只好在你家等候台吉回来。"之后，我们随西乌珠穆沁陪同而来的梅林以及三四名牧人进入了台吉家。

第八十三章　外蒙古人之困

　　见此情景，台吉之妻便准备躲避出去。我们请她叫来这里的居民，但她总不肯去办理此事。这时，终于出来一位年迈的老者从中周旋。老者讲："我们既无马也无牛更无骆驼与车，且台吉外出不在，无法办理。"无论我们怎么说他都不肯准备车马等。不但如此，他还劝说道"你们照来路回去吧"。

　　夫君非常气愤地大声呵斥他。但无论怎样呵斥，他也只是不停地重复无马无牛无骆驼无车之事。此时陪同我们来此地的西乌珠穆沁官差道："车臣汗部其他各地也大都如此，继续前行恐怕有困难。不如放弃此路，从东乌珠穆沁进入外蒙古会比较顺利。"

　　夫君此时也别无他法，我们准备原路返回。此时我想，作为日本人千里迢迢终于来到此地，就这样打道回府实在遗憾。既然来到了此地，即使拍摄一些照片也可算作未虚此行。便先给台吉之妻，又给老者一一照了两三张相片。我还试着接近台吉妻子等人寒暄。并把所携带的五色彩带、砂糖、烟草等一一拿出，希望获得他们的信任。还给从后边出来的小孩子糖块等。同时询问台吉妻子："病在何处？我们携有医治从头到脚各处的药物，可以给您药。"经过如此讨得他们欢心，他们开始改变了态度，还给幸子拿出一大木碗乳汁，说道："请您喝奶。"

　　一直脸色严肃的老者，此时看到幸子高兴地喝乳汁的样子，也开始哄逗孩子，与刚才判若两人。由此，我感到车臣汗部的人绝不是不懂人情的顽固者。便对老者说道："如台吉之妻有病在身，请带我们去别人家如何？届时便请西乌珠穆沁的官差们回去。"老者便沉默地引领我们前往南边的一户人家。到达时，主人出来迎接寒暄，道"amarqan"（问候语，相当于路上可好），互致问候。但并未让我们进屋。我们大概明白其意，便厚礼答谢西乌珠穆沁之官差等人，请他们即刻回去。这时，主人不但带领我们进入家中，还一齐帮忙把行李搬进家门。

　　进到房中，我们便委托老者带台吉前来见面，老者快速地出去了。台吉这才终于出现在我们面前。

第八十四章　风俗的迥异

此时只剩我们一家三口，不知前方路途如何，实感担心。但是，只剩我们三人时，周围的人都带着善意对待我们，各方面都作了精心安排。

我们刚到此地时曾拿出护照给那位老者看，当时他称自己不识字，但现在却打开护照，逐字逐句地读了起来。并且说道："车马等物皆由我来筹备，您从西乌珠穆沁带来的白马也由我来牵引同行。"老人的态度完全不同于刚才，变得非常和善。不久还端出一大盆奶皮子，并且反复表示明日将牵马同行之意，对我们也有问必答。

蒙古族人所说的"无马""无牛""无骆驼""无车"等话好似口头禅一般。并且表示"无"一词的"baiqu ügei"之发音也有明显的变化，开始发出促音。外蒙古语言同当今的蒙古口语发音不同，接近文言发音。我们主要学习的是蒙古文言，所以来到外蒙古反倒觉得这里的蒙古语更加容易听懂。

此地距离西乌珠穆沁只有3清里，所以可以清楚地看到对面，但虽然仅有3清里的距离，可风俗习惯等却为之一变。乳类产量之大，绝不是西乌珠穆沁可以相比的。所以主要食用乳类，且同西乌珠穆沁相比并不特别缺少小米。

晚餐主人端出了用羊奶作的米饭，之外，无论早晚都有大量的羊乳饮用，直至餍足。这家的主人从牧场回来同我们一起用午餐。我们用大木碗喝了四五碗满满的奶茶，食用了压制得很厚的奶皮子。

主人家还有一个未满6个月的婴儿。因为母乳不够吃，便辅以骆驼奶。据蒙古族人讲，骆驼奶最接近人乳。婴儿的哺乳器则使用牛角，把牛角尖用白布包起好似乳头一样。婴儿吃奶时从牛角开口处灌入乳汁。此时婴儿母亲还会唱像摇篮曲一般的歌，我记录下曲谱。歌词极其简单，只是反复地哼唱"啊，哺，啊，哺……"曲调听着好像有些悲伤，有时又觉得很像在念经。

主人长靴上绣的花纹同西乌珠穆沁所见的榆树叶耳饰花纹一样，觉得好看便又画了素描。这种花纹与在辽代行宫捡到的翡翠耳饰花纹也一样。

此地人穿戴的鞋与帽子，完全不同于西乌珠穆沁。帽子为尖顶高帽，鞋则是鞋尖上翘可见其底部。

5 月 24 日。早晨喝完奶茶不久，备好的车便到了帐篷前。这车同以往见到的车完全不同，车轮极大，足有 5 尺高，到我肩膀处。车也很宽，我们三人可以宽松地并排坐在上边，并且铺着毛毡。此地马少而牛多，所以车也换成了牛车。按照以往的经验，牛车比马车、骆驼车都要舒适而安稳，而且特别适合于我们的调查工作。

行出 20 清里，我们用了午餐。主人、主妇都格外好客，周到地接待了我们。他们先端出奶茶，又拿出 ɣolir。此 ɣolir 为炒米碾碎后的面粉。主人把这种香喷喷的炒面端到我们面前，味道如同日本的炒面，非常香甜可口。听当地人讲，西藏的喇嘛也经常食用这种炒面。

蒙古语之"ɣolir"同日语粉面之"kona"① 的开头音很相似。

---

① kona：汉字为"粉"。

第八十五章　分配羊肉

　　来到这里，换了人与车马后继续前行，地貌也由此越发呈现出内陆特色。回头遥望西乌珠穆沁，坐在车上还能看到。草丛里躲藏着老鹰。蒙古语叫"toɣoday"，此发音也同日语鹰的发音"taka"很相似。这里的鸟不怕人，即使接近，它们也绝不会惊慌。蒙古族人无捕捉和食用鸟类的习惯，但居住在喀尔喀北部的索伦人则会食用鸟类、鱼类以及兽类。

　　我们还看到草丛中有幼鹰在嬉戏，便捉了一只准备精心养起来作为纪念，带回日本，可幸子却倍感恐惧。幼鹰虽小，但长有锋利的鸟喙，尖锐的爪子。因为没有装入笼内，便把它放在车上。幸子每当看到它便显出厌恶之色，藏到她看不到的地方，她也会搜出来，大哭不止，无奈，只得把幼鹰放回草地。

　　东行40清里，黄昏时来到qusutai艾勒。"qusu"为桦树，"tai"为"有"之意。此处即长有众多桦树之地。前面也提到过内蒙古发音中的"ti"，其与"tai"之区别为外蒙古发音更加具有文言文的特色。

　　在这里还可以看到黄昏时刻西乌珠穆沁蒙古族人赶着奔腾的马群，在草原上纵横驰骋的景象。

　　西乌珠穆沁蒙古族人从帽子到服饰同这边完全不同，所以即使不接近看，也很容易加以区别。车臣汗部蒙古族人的帽子要小一些，并带有尖顶。除了帽子有尖顶，还带有红色的边或者穗子。鞋子或长靴都有向上翘着的鞋尖。

　　妇人的服饰也完全不同，肩部高高地隆起，叫作"köböng dabaɣ-a"，还在腰带处缝有褶子，镶着缎带。

　　天气已经很热，当地的蒙古族人都已开始打赤脚。今日借宿处的主人也格外朴实，毫不做作地接待了我们。

　　晚餐主人端上了整头羊，并且给我们割下肩部的肉，羊肩肉最为柔软好吃。主人把肩肉切成小片加盐盛入小碟，还端出盛入碗中的肉汤。肉汤蒙古语叫"šölö"，是把整头羊放入大锅中经过长时间的熬煮而成的汤，非常好喝。并把吃剩下的肉，分给在座的官差、家人以及各位跟随而来的人。众人从腰间拿出小刀，左手拿着肉，右手拿刀割下一小块肉开始食用。未带刀者则直接用手抓着吃。年轻的女性也同样用手抓着肉吃。吃完肉还会用小刀的背部敲开骨头吸食骨髓。

蒙古族人格外喜欢喝肉汤。听到我对夫君说肉有些硬——"katai"① 时，蒙古族人便说这肉不硬，即"qataɣu ügei"。感到有些不可思议的是，蒙古语中的许多发音同日语极其相似，还可以很自然地互相通话。这是一种非常奇妙的现象。从喀喇沁出发后，每每遇到这样的词语我便记录在本子上，现在已经有几百句了。夫君曾把其中的一部分发表到《史学杂志》上。

据说今天行进了 80 清里。因明日还要出发，便早早休息了。

在这里看到皮制的长靴上绣有榆树叶形的花纹，其形状与庆洲城所捡翡翠耳饰的形状，与西乌珠穆沁人现在佩戴的银制耳饰的形状完全一样，实为有趣的现象。

---

① katai：日语，"硬"之意。

第八十六章　黑龙江道

5 月 25 日。今日天气晴朗，气候宜人，我们一早便出发，走在草地上。沿途欣赏着美丽的景色，看到有红色、白色的花盛开着，很像紫云英，思乡之情油然而生。此外还看到有马兰花。草地上的花大多花瓣小且紧贴着地皮。

这里的马不同于西乌珠穆沁，个头要小许多，但饲养了很多牛，而羊则多到不计其数，一般家庭都有至少五百只，多的有上千只。所以，人们大量地饮用羊乳、牛乳等，而且，一天饮食中十之八九是奶茶、奶皮等奶制品。

蔬菜则很少见到，但见有腌制的"mangγir"，即野山葱。刚开始吃它时感到并非特别可口，可是每日食用肉类与乳制品，不知何时开始感到其美味无比，所以在赶路时如遇到野山葱便会欢喜地采集，拂掉沙土。

今日在行出 30 清里处用了午餐。途中看到有很低的土墙，从西向东延伸而去。此土墙在过去也许很高大，但现在因为塌陷，只有两三尺高。我们沿着右边向东走去。当地人称此路为"kerem-ün ǰam"。沿着此路下去便可到达黑龙江道。

"kerem"为栅垒，"ǰam"为道路，"ün"为第二格。整个词可以译为栅垒之路，也可以夸张地称其为长城。沿黑龙江道走则可到达黑龙江。据蒙古族人讲此路修建于成吉思汗时代，但看样子好似还要稍早一些。

在"kerem-ün ǰam"路沿途拾到了石镞，当地人称此类石镞或铜箭为"tegri-ün sumu"，"tegri"意为天，"sumu"意为箭。人们尊称其为天之箭，可作护身符。此外还捡到陶器、石器等。此"kerem-ün ǰam"路一直延续到 50 清里外还未完，在途中还看到建于其上的类似瞭望台一样的突起物。

傍晚时来到一聚居点中的富户。主人把我们带到远离他们住处的，建于荒野中的另一处蒙古包内。我们对此举虽然并不介意，但随后有此处的台吉与村长等人前来，说"这里既无乳汁，也无食物"。还说因台吉年迈，明日不能跟随我们同行。这时，无论我们怎么说，他们都称无车也无牛马。夫君感到非常愤慨，呵斥他们一番后，台吉等大为恐惧，不但拿出乳汁，还宰一头羊，煮好送了过来。

这里的人大多质朴，可也有些顽固，但只要得到他们的信任，便会始终深信不疑，转眼间就好似变了个人似的诚恳相待、礼数周全，且并不怎么考虑报酬之事。总之，他们是一些性格纯朴而可爱的人，很像日本的乡下人。

5 月 26 日。今日继续向北行进。行走 30 清里后来到一聚居点，住在拥有很大的蒙古包的一户人家。照例有主妇出来接待我们，熬了奶茶，端出乳汁饭。同住的还有一位巡礼的喇嘛，他正在对着佛龛念经。

此地的蒙古族人信仰佛教，经常可以见他们在佛龛前念经，而且喇嘛中有很多稳健而有见识者，他们拥有较大的势力。

人们将煮好的羊肉端出来，会先敬奉佛祖，把羊头与羊尾奉于佛龛，之后才将其余的羊肉端到客人面前供其食用。

第八十七章　蒙古包式的喇嘛庙

用完午餐后继续向东北方向行进。走了约 10 清里，来到一处喇嘛庙，此庙为蒙古包式，有喇嘛 3 人。在庙的附近看到有些古怪的妇人，但其穿着又为未婚女性之装扮。她们进入我们休息之处，好似希望得到一些礼物。果然如此，她们讲道：“我们是既无家也无牛马羊的贫困人，请施舍。”看她们虽然装束像姑娘，但又都是一些上了年纪的人，难以判断其品行，便未拿出任何东西。这里的喇嘛极周到地接待了我们，晚餐时煮了整头羊。此时，有很多人聚集过来，餐后便将剩下的肉公平地分给了聚集而来的人们。

今夜借宿的是蒙古包式喇嘛庙，其内部结构非常合理而美观。天窗下支着四根柱子，地面被修整得平坦而坚硬，好似三合土一般。地面铺着毛毡，用骆驼毛绣制的花纹如同日本的青海波①花纹一样。蒙古包直径约有 4 米。

午后有雨。看到降雨人们都很高兴，因为雨水有利于牧草生长。

今日在沙漠中捡到好多陶器、石器。我还拾到两根骨制管玉②。这是至今从未见到过的稀罕之物，颇为得意。此外，铜盅以及烟管的吸嘴也不同。烟管吸嘴的吸口处张开且较深。蒙古族人称盅为“altan qunday-a”。“altan”为金，“qunday-a”为盅，此词即金盅之意。古时非常珍视金盅，常用于盛大的仪式。蒙古族歌谣中就有“金盅之歌”。这里的蒙古族人照例将其称为“高句丽”之物。

5 月 27 日。今日虽有雨但预计天不久就会放晴，便照常上路了。喇嘛庙的车格外精美，用毛毡搭建的顶棚在侧面还开有窗口，可随时掀起毛毡眺望远方，车里也宽敞而舒适。

雨过天晴，经过雨水洗礼的牧草泛着青翠油绿的光，迎着朝阳。旷野中开满各种不知名的花，散发着清香。处处盛开的黄色花朵格外引人注目，远远望去好

---

①　青海波：一种波浪形花纹，也会用于服装上。
②　管玉：古时的中空管状装饰物，一般直径为 5 毫米，长 3~5 厘米。可以串起作项链。

像地上铺满了金子一般。

在有沙地的地方开满了紫云英，而深紫色的马兰则随处可见。鲜花盛开之处，也长有野山葱。蒙古族人拔起野山葱会直接拿着吃，我们也学他们的样子拔着吃，其味道格外可口。

行出 30 清里，来到一处有郡王之宅的聚居点。听说此郡王为远近闻名的高贵之家，拥有极大势力。果然名不虚传，郡王品格出众，还亲自出来迎接我们。

郡王吩咐跟随而来的官差，要其通报车臣汗部喀尔喀中旗的工府衙门，新建一座蒙古包供客人休息，且各种招待事宜也需细致周密地办理才好。郡王家也有一个与幸子一样大的女孩，正拉着玩具骆驼车玩耍。看到幸子玩的已经旧了的皮球，就很稀奇地抱着不放。家人无奈便拿玩具骆驼车换了皮球。我们还得到郡王馈赠的羚羊皮披肩。此物为蒙古族人制作，做工非常精细。披肩上开有口袋可装东西。这里时常可以看到野生的羚羊群。

在郡王家放着一辆普通人不可乘坐的车子。听说除了郡王，其他人是不能上车的。毛毡的车棚垂下三块很大的黑布，一块垂在后方，两侧则各横挂一块。宛如日本的御所车①。

郡王家的小女孩初次看到幸子时，还来到近前行了贴面礼。待幸子出发时再次行了贴面礼，着实可爱。这里的人们见面行礼之时，要单膝跪地，双手合十。见到关系亲密者，还会行贴面礼，相互亲吻。

我们从这前行 10 清里，来到一座新婚夫妇的蒙古包借宿。男方 15 岁，女方 19 岁。这位年轻的妻子格外美丽而乖巧，总是害羞地低头，含着珊瑚头饰的一端。今日的吃食也是煮熟的一头整羊。所乘坐的车全部使用整块的松木制造，散发出松树的气味。想必是从黑龙江沿岸采伐而来。我们为这对年轻的夫妻拍了照片。

5 月 28 日。今日沿途 70 清里皆为沙漠，无一户人家。早上出发时，年轻的妻子担心我们路上没有食物，便让随从携带已经过冷却的熟肉。此地虽为沙漠，但另一边却长着绿草。再行 10 清里，终于远远地看到有一处蒙古包，大家这才得以休息。这户人家住着两位喇嘛，主人的女儿正在做饭。其中一位喇嘛重病在身。来到此地后，经常见到患有各种疾病的喇嘛。

这里的喇嘛大多住在别人家，比起主人、主妇都好似更有权力，指使着主人做这做那。由于在一般家庭都住有两三位喇嘛，因而他们的势力也越来越大。

---

① 御所车：日本平安时代显贵所乘用的带篷牛车。

第八十八章　车臣汗部之王府

我们经常看到此地的喇嘛坐在主人家佛龛前念经之情形，由此联想到喇嘛教是何等盛行。其宗旨为，蒙古族人无论做了什么坏事，只要在佛龛前祈祷宽恕，便会得到重生之机会，弃恶从善。

无论多大的孩子都至少会带有一粒念珠。人们赶路时只要有一丝闲暇，便会捻动佛珠念几句"阿弥陀佛"。喇嘛教在这里如此普及，这在内蒙古是未曾见识过的。今日我们在喇嘛家用了餐。

在此地也换了车，继续前行30清里，终于来到了车臣汗部喀尔喀中右旗之王府贝子衙门。这里果然按照郡王之吩咐准备了新蒙古包在等待着我们。我们便进到包中休息，以恢复体力。

今日委托衙门找来技艺高超的工匠，雕刻了牛、马、羊、骆驼以及蒙古包、箱子等物。工匠手艺极其精良，雕刻之物栩栩如生，全部为一刀雕①。

在衙门里，有五六位王族公子跟着一位先生在读书。他们看到我们后显得很高兴，都围了过来天真无邪地询问一些有趣的事情。这里的人书写蒙古字时，要用削尖了的细木片来写。

今天在途中丢了温度计。来到蒙古后，除了在翁牛特弄丢一只杯子，从未丢失过任何物品。在这样漫长的路途中，无论住在何处，行走于何方，都从未遇到过偷盗之事。而这两件东西也是我们不注意丢失在沙漠中的。

王爷前往北京觐见还未回来，协理与教书先生留守衙门。这两位年纪较大，而在家里用的人都是年轻力壮的青年。

在此地还看到了最为可爱而且纯真的蒙古族少女。她们一概不戴头饰耳饰，只把头发编成一根辫子梳于脑后。脸上也不涂脂抹粉，虽然开有两三个耳朵眼，但也只戴非常小的耳饰。

---

①　一刀雕：木雕手法之一，使用一把小刀，其雕刻质朴而生动。在日本，奈良的一刀雕非常著名。

今天晚饭也是整头煮熟的羊。我们已渐渐地习惯了吃羊肉，开始觉得羊肉美味无比。今日在途中也是靠新娘准备的羊肉饱腹的。原来因为不习惯羊肉的味道，即使用餐时上了一整只羊，也只食用三两片肉。

此车臣汗部贝子衙门住地皆为蒙古包，其中还有 20 米宽的豪华蒙古包五六座。

黄昏时，当家畜从野外回来时，人们会把众多的家畜圈进用车以及木板围成的牲畜圈里，每隔 100 米便用蒙古包把它们间隔开来。

第八十九章 "hira" 同 "pila"

5月28日。今日吃饭时上了一头煮熟的羊，盛在木盆里端来，不但把羊身和四肢摆放于木盆中，还放了羊头和羊尾。我们开始时不习惯见到羊头和羊尾，但现在已经完全接受。

这个木盆——或许应该称之为木盘，是用整块木头雕刻而成的，其直径约有1尺2寸。蒙古语叫"pila"（意为盘子），与日语的"皿"发音相似，古代日语也称"hira"，所以同"pila"极为接近。

蒙古族人还称一种上部长3尺、宽1尺，底部为船形的木雕盘为"tabisi"（意为托盘）。

当地妇人的发型为将头发从中间分到两边后再把头发编成长辫，使其顺着脸颊垂落，呈半圆形。还会使用银制的、镶有珊瑚的卡子卡在头发上。

5月29日。今日准备在王府休整一日，同时也等待委托王府雕刻的各类物件完工。

今日看到王族的少年在学习蒙古语和藏语。

我们整理行李，洗刷衣物用了一整天。幸子在蒙古包内玩耍，她把原本堆放在地炉旁准备做燃料的牛粪当玩具玩耍，或者对着蒙古包内长的草自娱自乐地玩着。包里铺地用的毛毡镶着两三寸宽的红色花边，毛毡制作的碗袋也镶有红边，看到这些比较稀奇，我便画了素描。

晚饭也是一整头羊。协理带着明日要跟随我们同行的官差以及兵卒等予以引见。协理问道："不知明日准备向哪个方向行进？"我们回答道："准备先看 buyir 湖①，然后沿喀尔喀河道前往东乌珠穆沁。"官差们皱着眉头说道："此全是沙漠之路，实难行走，几乎要走整整两日，路上既无人家也无水。你们为何要前往此处？"我们说既然如此，是否可以准备两日的食物与水上路？我们对此地不熟，全凭他来决定。他们虽询问了我们的意见，但又迟迟不肯照办。夫君见此，非常

---

① buyir 湖：贝尔湖。

愤怒，又大声地呵斥起来。官差见此很害怕，说道"就按您的意思办，我们做好充分的准备"，便退了出去。

因为明日一早就要出发，我们很早便收拾好东西休息了。

当地蒙古族人的发音接近文言文，把"ha"发作较重的"ka"。

5 月 30 日。衙门准备了一顶帐篷，一头羊，一桶水。还有各式锅、勺子、铲子等。我们继续向着北方行进。

走了不到 7 清里，看到一座很美的蒙古包，便进去用了午餐。这里也给我们上了羊肉。主人为台吉。第一夫人与第二夫人都在脸颊擦了红胭脂，看着有点像日本的面具。这儿的衙门，只有 6 位台吉的夫人被允许擦红色的胭脂，其他人则不可。

妇人们的帽子越来越小，帽顶也越来越尖。其形状有点像日本古代的"鸟帽子"①。帽子前沿用金丝线缝着很多花纹，特别好看。他们大多穿着丝绸服装，棉制外套的袖子也在上方，用黑色的天鹅绒、棉布条、彩带等缠绕四五段作装饰。服饰的镶边也用中式缎子或天鹅绒等绲边。富有人家自不用说，即使无一匹马的家庭，妇人们也都有分用丝绸的习惯。这家的台吉是一位年轻俊雅的官差，一家人都仪表出众。一个红的台吉在帽子后边垂有红色的缎带，第一夫人的帽子后边也垂有红色的缎带。

他们家有一个同幸子一般大的男孩子。正在吃我们曾经在大巴林见到过的白面果子。当地称这种果子为"dörbeljin"，即四角。我们为他们拍了照片。

出了此地，沿着大路继续向北行进。这条路分为黑龙江道、北京道、海拉尔道还有库仑（今乌兰巴托）道。沿着大路走了 50 清里都不见人影，虽然被称作大路但实为草原。以前并没有路，只是因为走的人多了，便自然地形成了路。路宽大约 20 米。

---

① 鸟帽子：一种黑漆帽子，奈良时代以来在日本民间得到普及。

第九十章　逐水草而居的贫困人家

　　我们在途中见到了一两个骑马的旅行者，还有逐水草而居的两队人马。其中一队在四五辆牛车上装着蒙古包，两头牛、三匹马、两头骆驼、五十只羊，以及其他各种生活用品，米柜、佛龛等，向北行进。其家境大概属于中下水平。牛马之数比较少是因为在去年雪灾中损失较多。另一队则毫无家畜，只是在两辆牛车上带着蒙古包以及少量的生活用品，是极其贫穷之家，他们大多居住于旺族富户家中，靠做佣工度日，可能准备移居到贝尔湖旁。据说，只要居住于贝尔湖旁，便可终年依靠捕鱼为生，贫寒之家也不至于忍饥挨饿。

　　因已逐渐接近贝尔湖，我们开始走下坡路了。途中看到有砖瓦散落。今日之蒙古族人已无一家使用砖瓦，夫君称此一定为辽金时代之物。途中还捡到一把仿制的石斧。

　　路上还看到有敖包，用枯木等堆积而成，因当地无石头。路人会不断地在上边添加树枝，用以祈祷一路平安。路边的敖包被称为 "ĉam-un oboɤ-a"。在距离 ĉam-un oboɤ-a 五六清里处发现有陶器、石器碎片。再行 10 清里经过一处叫 "oiraqan" 的地方，向东拐行至距离 mandul oboɤ-a 山冈 15 清里的一个聚居点，今夜便借宿于此。

　　傍晚用从衙门带来的羊肉做了饭，幸子现在也很喜欢吃羊肉了。当地的蒙古族人用餐后，也同内蒙古人一样，用舌头舔干净自己的木碗。这里是距贝尔湖最近的聚居点，同今早出发之处相比此地地势明显低了许多，我推测古时这里应该为湖泊。远近看到有不少蒙古包。在这里生活的人大多是依靠渔猎为生，生活用具也并不齐备。台吉骑马到处筹集才把一些必需的用品借齐。今夜因为我们借宿于此，房主便外出借宿，心中实感不忍。

　　我把主人家的罐子与勺子画了下来。蒙古语称勺子为 "sinaɤ-a"，同日语的 "siyaku" 发音很接近。看到在勺子把儿处雕有花纹，感到挺稀奇。

　　5 月 31 日。今日我们沿着贝尔湖向东南行进。贝尔湖由西北向东南呈椭圆形。我们向当地的蒙古族人了解了很多关于贝尔湖的事。

湖中盛产鲤鱼，现在已长到有两尺长，且贝尔湖中此类鱼多得不计其数。湖中还栖息着一种贝类，看其形状与珍珠贝一样，最大的如牡蛎一般。据蒙古族人讲，从前此贝壳中还有美丽的珍珠，我想必定为珍珠贝。因未亲眼看见，所以无法断定。

我们看到当地人同食用鱼类一样，也在食用贝类。还用树枝把大小不一的贝壳夹住，当作勺子用。

在此地搭帐篷住的大多为贫寒之家，不但无家畜，连狗也未养一条，仅依靠在贝尔湖捕鱼维持生计。据当地人讲，其中大多为从很远的地方移居而来的人。

第九十一章　盛开着水菖蒲的原野

　　今日一路走来多为平原地带。定睛眺望，映入眼帘的是在辽阔无垠的原野上生生不息的、无边无际的牧草，以及到处盛开的紫色的马兰花。草原的风景如诗如画，我们宛如行走在紫色的海洋中，不觉令人陶醉。

　　喀喇沁称兰花为"čakildaɣ"，这里则称"čakirm-a"。总之都是指马兰花。湖边土壤水分充足，所以牧草长势茂盛。连马兰花的花瓣也格外大，颜色也格外深。

　　湖边既生长着很多芦苇，也有全无芦苇之地。我们拍摄了贝尔湖的照片。贝尔湖水非常清澈，湖里的鱼清晰可见。湖面上盘旋飞舞着各种鸟儿。我们一路采集了很多贝类。蒙古族人一般是乘坐独木舟，使用弓或枪来猎鱼。这里不时地还可以看到被水鸟啄死的鱼被冲到岸边来。

　　行出50清里，到了一座较简陋的蒙古包，便在此用携带的羊肉做了午饭。

　　离此蒙古包不远，有一个叫作"čaɣan naɣur"的枯湖（白色之湖），湖水呈白色且散发出异样的气味。近前一看，此湖不但有水，还不断地向外冒着水泡。水泡到湖边上开始凝固，变成雪一样白色的固体。这与在前些时候所看到的一样，为碱湖。看到当地人用它来研磨金属器物，想必同苏打作用是一样的。

　　询问当地人如何捕鱼时，他们便在我的笔记本上画了用弓射鱼之图，以及乘坐独木舟用枪插鱼之图。

　　出了此地再向东行进20清里，便到达了巴尔虎人之地。此地虽为喀尔喀之地，但是有很多巴尔虎蒙古族人移居于此。附近就有7座巴尔虎蒙古族人的蒙古包，而且这些巴尔虎人都比喀尔喀人富有。

　　他们的风俗也是完全不同的。男子虽无明显的区别，但女性的服装没有喀尔喀服装袖子那般高高隆起，坎肩的样子也有了变化，还在腰部系有很结实的腰带。男子的服装也是在腰部用两重线衲着结实的棉布围腰，这看起来特别眼熟，就像日本的刺子①衲布缝法一样。头发的结法也完全不同。她们不像喀尔喀妇女

---

① 刺子：用多层的布衲的厚布，如柔道服。

露出脸颊垂下发辫，而是挡住脸颊垂下发辫，且使用很多银制的发卡，就好似在脸颊旁边展开了一把银扇子一样，说不定这种头饰更为沉重。

巴尔虎人性格尤为彪悍，脸色虽然大都呈红色，但衣服覆盖之下的皮肤却很白皙。妇人们也比其他各地之蒙古族女性健壮而能干，也更加活泼而淳朴。

今晚品尝了巴尔虎人做的面条以及鲤鱼。

第九十二章　彪悍的巴尔虎人

主人为我们做了一大锅面条，几乎吃不完。

巴尔虎人的性格实在是非常有趣。妇人不但行动如风，还兼具男子的果敢，且度量宽宏，更有不服输的勇气。生气时还很像江户人①，好像随时会卷起袖子大干一场似的，她们有很多可爱可敬之处。来到这里我们终于看到了很多同日本人相似的特性。

他们知书达理但绝不老实受欺，具有气宇轩昂之风度。

此地本为喀尔喀之领地，巴尔虎人后来移居于此。巴尔虎人归属于黑龙江将军衙署，受海拉尔都统管辖。因此不大接受喀尔喀官差之命。他们整体来说要比喀尔喀人富有。他们之中还有把家安在海拉尔，来此地经营畜牧业的。

从西乌珠穆沁经喀尔喀，再到巴尔虎，马匹的品种越来越好，越接近此地马匹则越善于奔跑。照例每年都有俄罗斯人、哥萨克人以及布里亚特蒙古人赶来此地购买牛马。据巴尔虎蒙古族人讲当时的市场价格为一匹马约 30 两银子，乳牛为 40 两银子起，公牛 35 两银子左右，一只羊约 3 两银子，山羊则为 1~2 两银子。

从这里到海拉尔骑马需要一日的路程。

我们也很想去海拉尔，但现在囊中只剩 5 两钱左右。我们的旅行一路有太多的不安，又实在太过大胆，到了这里更是勇气倍增。

但即使如此，现在也需要赶快前往汉族商人那里，因为手上所准备的谢礼已所剩无几。只要前方为蒙古之地便不需要钱两，所以我们一路极为安心。万幸的是，无论赠送蒙古族人什么礼物他们都表示很高兴，我们颇有欣慰感。

我们所携带的物品只要蒙古族人喜欢，在尽可能的情况下我们都赠予他们了。其中包括幸子的玩具，梅林赠予我们的棉衣等。一路下来，我们收集到的，供研究所用的各类物品越来越多，相反我们自己所携带的物品越来越少。

今日沿途都是巴尔虎人的居住地，筹集车马极为困难。因为巴尔虎人能找出

① 江户人：生于江户长于江户之人。常用于形容淡泊金钱或有朝气之人。

各种理由拒绝服从喀尔喀衙门之命。

　　夫君便教导喀尔喀官差道，"现在巴尔虎人所居住之地为喀尔喀领地，同时上缴税金于喀尔喀衙门。只要他们居住于喀尔喀领地，则必须遵照喀尔喀衙门之令行事才对。如拒不接受衙门之命，阻碍外国旅行者，给衙门带来麻烦，便应立即退出此地"等，并让他把此话说给巴尔虎人听。最终才勉强征集到了车马。

　　据说为了移居民众的事，巴尔虎的官差也居住于当地。另外，还有自己居住点的头人。今日借宿之处即为头人之家，在这家入口处门脸两侧镶有特殊的花纹。这种花纹当地人称为"ǰaq-a"。

　　这位头人 40 岁左右，身体健壮，为人极为稳重。他询问了我们有关旅行目的等各种问题，明白了我们的来意后，极为热情地招待了我们。这位头人度量大，且慷慨大方，令人敬佩，犹如江户人的头领一般。

　　在此地，我看到有人穿哥萨克古靴，还有用皮革把脚包住，再用绳子捆绑的鞋子，便画了素描。据夫君讲这种靴子同满洲人的鞋子很相像。

　　巴尔虎蒙古族人的帽子也与外蒙古的不同，我们拍摄了相片。这里的人坐法为左小腿竖起，扪起右小腿垫坐于下，两手各自置于两边的膝盖上。我在进入巴尔虎蒙古族人的居住地后，也采用这种非常舒适的坐法，这样坐，即便是长时间地保持坐姿也不会感到累。

　　一般的蒙古族人也大都采用这种坐姿。但如果有长者在座，这种坐法会被认为是失礼，因而会采取更加庄重的坐法。即同日本人一样的双膝跪地正坐法，不同之处为巴尔虎人会把双膝分开。

　　在这里见到的地炉全部为铁制，中间无缝，只开一个很大的口。其形状接近土窑。

　　巴尔虎蒙古族人所穿的袜子，袜口有用布镶着的彩色花边，非常漂亮。

第九十三章　索伦调查失败

6月1日。今日把我们的车换成了骆驼车，其他行李则全部驮在马背上，出发了。一路沿着蜿蜒曲折的贝尔湖畔行走，大约走了14清里后，终于踏进了沙漠地带。

今日，巴尔虎的骆驼车一路前行，马匹也毫无疲惫之态。忽然，一只车轮脱轴滚了出去，随行人也毫不费力地拾回，重新安装好，又驾车赶路。

就这样行进35清里，在巴尔虎人的蒙古包中喝茶稍事休息后，便再次更换车马继续前行。途中随处可见喷出的碱，我们便采集了一些。这一天，从进入喀尔喀后便一直跟随我们的宛如父亲一般的蒙古族人，骑着西乌珠穆沁王府赠予我们的白马不见了。巴尔虎人说道："喀尔喀人多有盗马者，他一定是骑着大人的白马走了。"蒙古族人有相互说坏话的毛病。但夫君道："他一定会回来的。"

又走了30清里，来到了 caɣan oboɣ-a 艾勒。此处位于贝尔湖北侧喀尔喀河南岸，沿此地向北走即可到达喀尔喀河。

喀尔喀河从东流经此地后汇入贝尔湖。在那有一座 "qaiq-a-yin süm-e" 寺庙，现有两百多位喇嘛。

今日准备借宿之处家境贫寒，勉强依靠在贝尔湖捕鱼为生。家中实无可供我们以及随行官差住宿的地方，我们便继续赶路来到喀尔喀河南岸。喀尔喀河宽约16米，河水清澈见底，两岸的杨树生长得非常茂盛，树叶泛着绿油油的光。

我们沿着喀尔喀河南岸向东行进。途中有丘陵低凹之处，随地散落着石器以及陶器。其中还有金属类之物。其他还有白色、褐色的陶器碎片。其时代比较近，与西拉木伦河流域之遗迹应为同类。

来到此地后，当地人不会称这些遗迹为"高句丽"遗址。看到石器、陶器等询问他们时，人们大多回答不上来，只是称其为古时人们所用之物。

今夜借宿于巴尔虎一户人家。šongqor tabun toluɣai 艾勒是一个格外富裕之地，据称拥有六百匹马、五百只羊、一百头牛。

来到巴尔虎后，我们感触最深的便是，当地人体格健壮，体型宽。头部与脸部都比较平，脸色发红，头发为褐色。同日本人非常接近。看着他们就像看到日本人一样。

主人的儿子今年刚满二十岁，淳朴而厚道，是一个非常乐观的年轻人。他同我们聊了很多有趣的事。夫君一直想进行索伦的调查。我们就此事询问了这位青年，据他讲向北渡过喀尔喀河，沿河对岸走不远即可看到索伦人。

索伦人不住蒙古包。他们的居所是把几根圆木竖起后，在顶部捆扎起来，再用布将其围上。据巴尔虎人讲他们的忭情不大好。

年轻人还答应明日带领我们前往索伦。

6 月 2 日。夫君为了前往索伦一早便做好了准备。但那个年轻人的弟弟，一位喇嘛来到我们跟前说道："兄长虽约定带领大家前往索伦，但是那里为黑龙江管辖之地，须另外持有护照才可前往。这里有巴尔虎的官差，应该先取得他的许可才行。"

可我们的签证只到外蒙古喀尔喀一地，如强行前往反而会引致麻烦，无奈，只得放弃索伦之行。我们还是抓紧时间，向东乌珠穆沁进发。

其后，夫君于 1919 年完成了索伦之行，弥补了这次遗憾。有关研究成果已编入《人类学人种学上所见之东北亚细亚》一书，由冈书院出版发行，敬请惠阅。

第九十四章　无首石佛与盐花

昨日我们把从各地拾到的石头、无首佛像、佛像之首等物品带入蒙古包。主妇一直在旁望着这些东西，表现出厌恶之色。待我们出了家门还未上车时，主妇便开始掀起蒙古包内的毛毡，叠起蒙古包的龙骨，撒咸盐辟邪。对这种做法我们感到颇为震惊，却借此看到了同日本一样的撒盐之风俗。

今日沿喀尔喀河下游走了 30 清里，来到了大佛寺。此大佛寺朝北坐落在喀尔喀河南岸，山冈中部巴尔虎的土地上。这座高达 4 丈的佛像是用石灰岩雕刻而成的，并非年代久远之物，据称为现任喀尔喀王之父在世时代的。此佛像不能与在 boru qotan 发现的观音佛像相提并论。

这里居住着喀尔喀蒙古族人。寺庙内有两三位喇嘛，在寺庙附近有三四座破旧的蒙古包。我们在此稍事休整，待车马准备妥当便又出发了。征用的还是巴尔虎人的马。看到沿途漫山遍野盛开着各色野花，便下车采了一些。其中一株金黄色的虞美人，引人注目。因此花清晨迎着朝阳开放，傍晚时分则又会面向夕阳，所以蒙古族人称其为 "lama quwar"，即向日葵之意。

附近还有勿忘我、野草莓、蒲公英以及其他各种不知名的美丽花草，伴着鲜花行走，使人忘却了旅途疲劳。有见识的喇嘛很自豪地讲起当地的三百余种草药，但是我们全无草药知识，感到非常遗憾。

今日在采集花草时看到远处有二三十头类似野鹿的动物，但个头略小，身轻如燕地在我们身边飞驰而过，看样子很像野羚羊。

沿东南方向行进 30 清里，来到一聚居点。在此地用了午餐，换了车马继续赶路。此地虽然为喀尔喀的土地，但并无多少喀尔喀人。特别是今日所乘之车马、换乘之车马均为巴尔虎人之物。从此地再行 15 清里来到了一个富户家中。

在途中即遇到这家的主人和两位喇嘛赶着三千多匹马出现在山冈上。据称这些巴尔虎人都是居住于海拉尔的蒙古族人。两位喇嘛穿着华美的绸衣，非常威武。如此众多的马在吃着草，打着响鼻，这是我们从未见到过的情景。一群马吃草的声音好似众多的蚕在同时吃桑叶，同时还有一股清新的草味钻进了鼻孔。

在这些马匹的臀部都有烙印，称"morin-u tamaɣ-a"。"mori"意为马，"tamaɣ-a"意为印章，此语可译为马印。有些马臀部还印着简单的文字。我们已见到了很多这种马印，即把各家规定之花纹，印在马的臀部。如果是从别处得到的马，则会在其原有的马印附近再印上自己的马印。牛的烙印则是在牛角上。

今日，主人在自己家的附近，特意为我们新搭建了一座蒙古包。崭新的毛毡又厚又结实，做工非常好。

今日走了80清里。晚餐极为丰富，主人热忱地招待了我们。

今日因赶路疲乏，晚上很早便休息了。

6月3日。昨日开始下的雨已经停了，绿草沐浴着雨露和阳光。我们一行沿着牧草丰美的旷野小道又上路了。昨日借宿之处的主人对我们关怀备至，亲自出来安排车马等诸事。

蒙古族人家的马不但可以根据马印加以区别，还可根据马尾来进行分辨。蒙古族人任马尾自由生长，长时会拖到地面。生长一年的马尾会在商人到来时被剪短，因马尾功用很多，还可用于买卖。

第九十五章　樱　草

今日沿途水源充足，看到有樱草成片地开放。中午时分换乘骆驼车，来到了衙门驻地。从此地继续行进，日暮时分，两边花草之色已不可分辨，夜空中，星星一闪一闪地，月牙挂在天边，四周变得静悄悄。我们一行人匆匆地赶路，不久，便看到一处床架式房屋。

来到这里后，时常感到天空中的星星形状与内蒙古的大有不同。在西北方向有一颗不知名的星星闪闪发光，异常醒目，我仰望良久。一路上几乎都是上坡路，路旁有很多柳树，也有很多水塘。夜半时分，寒气渐渐袭来，到达借宿之地时，已经走了约 80 清里。

当地也称蒙古包为"bömbögen ger"。

6 月 4 日。今早出发时换成了牛车。车轮如西乌珠穆沁的车轮一般，开始变小。出发时听到主人说无牛无车无食物等，同刚到喀尔喀时所听到的如出一辙。我们已听惯此话，所以既不慌张也无不安之感。未费很大的周折，借宿之处的主人同当地的头人便陪同我们一起出发了。

道路状况同昨日完全一样，都是上坡路。这里的土地也同样湿润而肥沃，所以又看到连成一片的樱草，风景格外宜人。

6 月 5 日。今天终于踏上了通往东乌珠穆沁之路。道路仍为上坡路，渐渐地到了高原地带。沿途没有人家，行出 20 清里，终于看到一处蒙古包。

主人为喇嘛，家有一位年轻的妹妹与一位正在做饭的老妇人。我们在此喝茶休息。现在正是产乳季节，无论到哪里都能看到有人在很大的铁锅里熬制奶酪与奶皮子。这里盛产品质优良的奶制品，虽说是在喝茶，但都在碗中加了奶酪或奶皮子。除了加奶酪与奶皮子之外，还会加黄油、炸果条与盐等。我们还把所携带的砂糖加入其中，饮用起来味道更加可口。

主人家虽然盛产乳类，但无米，只有茶喝。一日喝茶次数虽多达七八次，但仍很快便会有空腹之感。

继续赶路 15 清里，借宿于"bayan qongqor"。"bayan"为富有之意，"qongqor"

为洼地。远离此地的西边山上有一座寺庙，叫"大喇嘛寺"，在其周围有汉族商人在经商。

今夜，主人从别处征集了一只羊招待我们。

主人所穿的袜子为毛毡所制，露在靴子上方，约 2 寸长的袜口处镶有红色的布边。靴子外面，在脚后跟与脚趾处都用毛皮制作，并且用黑线刺绣。这种样式我们在其他地方从未见过。而在靴子里边也用黑线刺绣。来到这里经常见到这种刺绣，这也是日本人所喜好的样式，所以印象尤为深刻。

6 月 8 日。走出 35 清里看到了十日前在喀尔喀看过的 keren-ün ǰam 路（土墙之路），这次是由南向西北延伸。

由此地向西行 3 清里有一个湖，叫"börtö naɣur"湖。经过此地，地貌渐渐变成山岭，岩石上有美丽的小花儿迎风招展。这里的花草皆属于高山植物，我们采集了一些花草作标本。

我们一行人开始走进兴安岭。

第九十六章　旱獭之繁殖

　　由此行走 50 清里，始终不见一户人家，且往来行走者也极少。但是这里栖息着无数的动物，不时会看到某种动物挖洞的身影。蒙古族人叫它"tarbaɣa"，属于土拨鼠类，即旱獭。其外形像貂而大小则像猫。

　　旱獭挖洞时会把土堆在洞口，还经常立起身子好似在遥望远方。它看到人影便会飞快地钻进洞中躲藏起来。我们今天行走的 50 清里路途全部被旱獭挖成了小山状，凹凸不平。有旱獭之地是不能放牧的，因旱獭专挖草根吃，所以有旱獭之处牧草便会枯死。而有旱獭之地，也经常是小山围绕之阴暗处。

　　一行人终于到达 narin ɣool ail。主人为我们腾出了蒙古包，自己则在旁边搭建了帐篷。"narin"为细之意，"ɣool"为河，此词可译为"河艾勒"。

　　晚餐时主人为我们上了一整只羊。今夜风很大，或许有雨。

　　今日所见旱獭繁殖力极强，看其站立喳喳鸣叫的样子很是瘆人。旱獭集中活动之处是不适合人居住的，更不适于饲养家畜。

　　外蒙古有一处地名叫"tarbaɣatai"，是否因为当地有很多旱獭而被命名也未可知。今夜虽然已经就寝，但耳边总是传来旱獭讨厌的叫声，让人不得安稳入睡。

　　6 月 9 日。风还未止，天气骤然变冷。我们便取出已收藏起来的裘皮大衣披上，继续赶路。上坡 10 清里向东南拐弯之后，翻过山岭，横渡 narin ɣool 河。此河汇入 börtö naɣur 湖。

　　这里牧草茂盛，野花妖娆，呈现出一派生机勃勃的景象。不时还会看到野生的芍药，据蒙古族人讲，再过十天便会开花了。这里也可以看到水源丰富之处生长着很多樱草。

　　行出 2 清里，突然云雨翻滚，雷声轰鸣，不久，便下起了冰雹。与我们同行的官差各自拿出红色的外套穿上。

　　此地的花草因水分充足，其颜色格外艳丽。我们的车通过时，被压倒的花草散发出阵阵清香。

　　从此再行 10 清里，眼前逐渐变得开阔起来，开始看到各种家畜在吃草，还随处可见白色的蒙古包。我们借宿于为我们新搭建的一座蒙古包中。

风还在不停地刮着，雨虽然停了，但雷声还在不停地轰鸣。今日看到有两只仙鹤在水边嬉戏，在山中则有凶猛的老鹰躲在山崖上，真担心幸子会被它叼走。今日借宿之处叫"sir-a qosiɣun-u qongqol"，看其地形便可发现"qosiɣu"之地大多为地势险要之处。夜半时分，风雨呼啸而来。在蒙古包中听到雷声滚滚，而雨点打在蒙古包的毛毡上噼啪作响。

今天的晚餐主人也为我们上了一整只羊。

第九十七章　东乌珠穆沁的兵士

6 月 10 日。早上虽然有雨，但不久便放晴了，我们一行人向南走去。

沿路可见很多旱獭钻出洞口，吱吱地叫着。

蒙古族人食用旱獭的肉。跟随我们的蒙古族人带来的凶猛黄犬，一见到旱獭便猛冲过去，在旱獭还未来得及逃遁时便叼了回来。我们便带着黄犬捕获的猎物一同前行。

走了 30 清里，又有雷声轰鸣，好像要下雨。跟随我们的官差马上又拿出了红色的雨衣套在身上，近前看，雨衣是绯红色的呢绒。雷雨中又行了 5 清里，终于看到一处艾勒。

这里为一处大平原，土地肥沃，牧草丰美。有三四十座蒙古包。艾勒中的年轻人都当了兵士。他们骑着马，十人为一组从各处聚集而来。这些兵士无统一的服装，也无铁枪，但手中都握有弓箭。

我们进入蒙古包休息时，从东乌珠穆沁王府衙门来了两位台吉、一位书记员。今晚吃饭时也为我们上了一整头羊。

夜里，大雨倾盆，蒙古包的毛毡好像都要漏雨了。我们虽已躺下休息，但所铺的毛毡只有一层，湿气从地面渗上来，使人不能安稳入睡。从喀尔喀到西乌珠穆沁，蒙古包内是没有地板的，只是铺有很厚的毛毡。我们时常在毛毡上再铺两张羊皮睡觉，如不小心伸脚便会碰到草。但我们已经熟悉了这里的环境，枕边可摸到草反而会睡得安稳。

蒙古族人有专门捕捉旱獭或兔子时使用的类似飞镖式的工具，非常灵巧。小孩子会将其携带在腰间，在野外发现旱獭时，便会飞快地将其抛掷出去。

6 月 11 日。今日也有雨，好像已进入雨季了。我们把行李都用毛毡包好，所以没有被淋湿的危险。再行 20 清里时，雨渐渐停了，天也放晴了。

今日原本应该到达东乌珠穆沁王府衙门，但随行的官差说路途比较遥远，且一路上既无人家也无可饮用之水。其实如果沿着河边走，则沿途会有很多人家，路也比较好走，且无缺水之忧。可官差们好像很不喜欢走这条道，本应向东走的路却变成了向西南走。不论我们怎么说，官差只道："现在所行之路最为理想，其他各处全为山路，行进艰难。"这样，我们便在无路的山中行进良久，傍晚时借宿于 bayan ċa ɣan 艾勒。

第九十八章　相骨术

今日走了 50 清里，日暮时分来到借宿之地。今日的晚饭主人也为我们端出了一整只羊。

今早出发之前，看到借宿之处的主人在用骨头占卜。他把羊右肩骨平滑的一面放在熊熊燃烧着的牛粪火上，烧热后再使之冷却，便可看到骨头上的裂缝显现出来。然后再根据裂缝形状与自己现在所处的位置进行判断，并没有规定的上方或北方。

因主人家的一匹马昨夜走失，大家为此极为担心。今早便使用相骨术确定马走失的方向，再差遣年轻人前去寻找马匹。

蒙古族人家中走失家畜时大家担忧之神情，宛如家人走失一般。且未能寻到时便会经常把它挂在嘴边，念叨它走失的天数，放心不下。

无论饲养多少牛马，牧人们都可清楚地分辨出自己的家畜。即使放养数百匹马，牧人也可清楚地道出每一匹马的外形及脾气。

我们进入蒙古地区以来，经常看到在佛龛旁置有骨头。偶尔还会看到在蒙古包墙壁的龙骨架上挂有骨头。开始时并不知其作用，今日看到用骨头占卜时才终于明白。经询问得知所使用的是羊的右肩骨。

夫君便委托主人为我们占卜温度计丢失之地。主人便又拿出骨头烧了起来。根据骨头的裂缝告知是在东南方向。

6 月 12 日。我们一行已接近东乌珠穆沁王府了，所以今日出发较从容。从落脚处仅仅走了 10 清里便到达了王府驻地。王府中照例新建了一座蒙古包等待着我们的到来。据说王府贝子王年仅 13 岁。这里的协理、梅林等态度并非很友善。正如至今所走过的蒙古各地一样，一切事宜都不完善。所以自上而下礼仪不周之事自然时有发生。特别是此地拥有兵士，年轻人则全民为兵，所到之处，人们更加耀武扬威。比起蒙古其他各地，这里的人更加好战。

他们擅自骑着我们从蒙古各地王爷那里得到的马匹兜圈子，为官的看到了也不加以呵斥。大家都骑着马，虽无武器，但都扛着长约两米的木棍。在东乌珠穆沁所经之地，男子皆为兵士。

途中记载了几首东乌珠穆沁蒙古族民歌。今夜月色格外明亮。

这里的马匹个头都很矮小，兵士看起来也不威武。

6 月 13 日。今早得到东乌珠穆沁贝子王所赠之俊美的枣红马一匹。出发之前我们拍摄了衙门中人们摔跤的场面。

今天因出发得较晚，一行人向东南走了 13 清里便到了傍晚时分。随行的官差讲还可行进 30 清里，但我们决定今晚借宿于此。今日跟随我们到此的台吉、兵卒，外加今日借宿之处的喇嘛，他们合谋准备把我们从东乌珠穆沁贝子王处得到的枣红马盗走。夫君发现后非常愤怒，正准备呵斥他们时，官兵等人已经跑得无影无踪了。

我们凡是到了年幼王爷统领之地大多如此，风纪不正。

第九十九章　野花枕头

6 月 14 日。今日一早便出发了，因要踏上通向东扎鲁特之路，而路上既无人家也不知傍晚时分是否可以抵达目的地，所以便在准备帐篷的同时，又准备了饮用水、羊肉、茶、锅以及地炉等。

出发后，路面逐渐变为斜坡。翻过了两个山头便下马，扎起帐篷休息片刻。

跟随而来的官差等人，随即拾来牛粪生火煮茶、烤肉。年轻人唱起歌谣，又在比赛摔跤。

我们把幸子放到帐篷中的草地上，她高兴地玩耍起来。因天气格外好，幸子还不时地爬到帐篷外边，采摘花草。我们初次看到幸子可以自由地爬行了。

喝完茶，吃完肉，我们又继续赶路。天色渐晚，但还未到达目的地，不知不觉天色完全变黑，寒气袭来。随着月亮升起，夜色变得越来越深。

在这样的荒原上，我们不停地向着目的地前行。大概已经过了深夜 12 点，我们来到了东扎鲁特的 qur-a-yin ɣool 河畔。来到水源地，在此搭起了帐篷，准备在野外度过一宿。

野外露水较重，因睡在荒野中我们的衣服都湿了。躺在野花盛开的大地上睡觉，梦中还闻到了花草的清香。

6 月 15 日。在小鸟的欢叫声中睁开眼睛时，已是清晨了。昨日还以为是睡在了荒原，起身却看到对岸有很多蒙古包。

这里蒙古包的样子完全不同于东乌珠穆沁。清晨看到我们的帐篷，很多东扎鲁特人聚集过来。我看到这里妇人的服饰同翁牛特、巴林、阿鲁科尔沁等地的服饰完全相同。男子的也无很大区别，但是身上插着的长长烟袋管却不同于其他各地，颇具扎鲁特风格。靴子也变成布制的，没有人穿东乌珠穆沁或喀尔喀式样的皮制马靴。

今日我们在东扎鲁特官差带领下出发。沿 qur-a-yin ɣool 河畔聚居的艾勒也依河水之名，叫作 "qur-a-yin ɣool" 艾勒。这里人口比较密集，牛马众多，牧草长势也极为茂盛。

　　傍晚时分来到 qur-a-yin ɣool 河上游之艾勒，借宿一夜。当地人均拥有蒙古包 3～7 顶，但车非常少，一家只有 3～4 辆牛车。

　　当地人的毡包里铺设了地板，而不是直接在草地上铺毛毡。他们把毛毡铺在地板上席地而坐，住居也开始变为 ebesün ger。

　　西乌珠穆沁、喀尔喀以及巴尔虎等皆处高原地带，气候较温暖干燥。而从东乌珠穆沁至东扎鲁特一带则因为地处兴安岭山脉，湿气较重，气候有些阴冷。随着地热以及气候的变化，人们的性格也发生了变化。

　　当然，各地蒙古族人的性格也各不相同。

第百章　丰收的喜悦

现在正是家畜产乳的季节，每家每户都在忙着制作奶酪、黄油等食品。同乌珠穆沁、喀尔喀等地相比其做法又有不同。这里在煮奶时并不同时捞出奶皮子，而是把煮过的奶汁倒入桶中或者瓶中，只取最上层带有泡沫的部分。再将其捞出，装入布袋中吊起来，每日重复这种程序。当袋中的水分流干之后，便成为豆腐般的块状物，晒干后就成奶酪了。

他们还会把煮过的奶汁倒入桶中或瓶中，轻轻搅拌后再倒入马乳。主人告诉我们经过静置后上端为清汁，即马奶酒。不知此话是否可信，西乌珠穆沁之马奶酒最为上乘。这里制作奶酪时所使用的乳汁，包括骆驼、牛、马以及羊的。奶桶高4尺，细长形，可用长把的勺子从其上边插入，缓慢地搅拌。

把黄油放入容器中，再放入线芯点燃便可作油灯用。

今日跟随我们看护车马的一位蒙古族人戴的帽子很像日本古时的对角包头巾，便画了素描。这种帽子是在天热时戴的，据夫君讲这很像古墓中土偶头上所戴的帽子。

6月16日。今日向东南方向出发。道路依然为山路，昨日跟来的人说需要携带饮食之物，但今日并未做任何准备。

行出25清里，看到有西乌珠穆沁的盐商，来自图什业图①的人扎起的帐篷。我们来到他们的帐篷内喝了茶，吃了一些携带的奶酪后，便又上路了。一路全是山间小道，到处都有小溪流淌着，空气湿润。山坡上开满了不知名的黄色小花，一直延伸两三清里，宛如黄金之谷。还有美丽的樱草开放，格外醒目。牛车在花草中缓缓行进，如梦如诗，耳边则传来鸟儿精灵般的啼唱。

行进50清里到达 bulaɣ-un ɣool 艾勒，借宿于梅林家。主人、主妇礼数周全地接待了我们，并且端出一整只羊。

6月17日。主人一早便把车马准备妥当，加上两位官差、两位车夫，一行人

---

①　图什业图：内蒙古科右中旗之旧旗名。

沿河岸而上。先走山间小路，后又横穿了汗山山脉。沿途拾到陶器碎片两三片，其中还夹杂着玻璃碎片。夫君讲这是值得注意的现象。

沿河岸行走 15 清里，便到达兴安岭之山顶 aru-yin dabaɣ-a 岭。山顶的草丛中有黄色的花迎风摇曳，同样属于高山植物，我们采集了一些作标本。

继续前行便到达水源地。从这里开始，时而上时而下地沿山路行进 20 清里，到达 muruiljin dabaɣ-a 岭。这一带的岩石呈红色，宛如屏风一般耸立。所以蒙古族人称其为"ulaɣan qada"，即亦峰。翻过亦峰，终于到达了一处义勒。

从山顶流下来的溪水，在山麓处汇集而成的河，便是 bulaɣ-un ɣool 河（意为泉之河）。河畔有茂密的芍药花，皆为白色。

今晚借宿之处聚居有 30 多户人家，其中还看到有喀喇沁蒙古族人在做烟酒生意。据当地人讲，他们的酒中掺了很多水。

现在正是各地之 bayan sar-a（丰收之季节），到处充满收获的喜悦。气候温暖，正是牧草生长，树木抽枝，百鸟鸣唱之时。牛马羊挨过了严酷的冬寒，终于可以每日饱餐牧草，盛产乳汁。蒙古族人也开始忙于制作一年中的奶制品，每日都能品尝到鲜美的乳汁、奶酪、奶皮子、黄油以及乳酒。

第百一章　农　业

6月18日。以台吉和梅林为首，我们一行人向南进发，一路上坡15清里，又来到汗山支脉。两边长满茂密的榆树、桦树，还有类似杜鹃的植物。我们沿着山路不断前行。

此处山路极为险峻，一步不慎便会跌入万丈深渊。大家齐心协力终于到达山顶，看到山顶上还有一座敖包。蒙古族人纷纷往敖包上添加石头，祈祷路途平安。越过这座山后，见到一聚居点。

借宿之处的主人虽为官差，但听说我们要来便躲了出去，不肯露面。这些不知何故不肯接待我们的官人，好似都很胆小。

这里的年轻男子也都躲起来，不肯出来，照例都说着无马无牛无车。我们无法筹措车马，只有等待其他官差来此地接应。

喝茶等待时，不知不觉已到了黄昏，便只好借宿于此。主人始终都未露面。等了很久，终于从外边进来一位官差，晚饭也上了一整只羊。

这里，同牧业相比农业更加发达，所到之处都在开垦土地，耕种作物。人们的关心也从家畜转移到了庄稼上。

6月19日。翻过兴安岭来到此地，看到各处的人们都在务农。现在正是播种的时节。各家以喇嘛为首，大人小孩皆去耕地。一早人们便驾着牛车出发，上面装有帐篷、农具、茶水以及杯子等。

这里的人来到田边会先支起帐篷，烧水煮茶。大家一起饮用后，才扛起锄头下到田头。耕种方法为一人在前驾着套着四五头牛的犁，其他人则在后边扶犁前行。人们脚上穿着布鞋，并未挽起长长的衣襟。这种缓慢地驾犁耕种的情景，只有在蒙古地区才可看到。所耕之地宽2米，长有1清里。

开垦之地既有长形的，也有圆形或方形的。基本上是随着牛拉犁，不规整之处自然随地可见。耕地人往返一趟后，便早早走进帐篷休息，喝茶闲聊，或打盹小睡。一天中大部分时间在帐篷中度过，虽是耕种则迟迟不见有进展。而我们无论到哪家，主人都会说此时是农忙季节。

当地不见有妇人种地，在田头劳动的都是男子。土地开垦后待播种时，人们会在田头念经祈祷。我们所到之处人们都会询问今年雨量如何、这个月是否会下雨、庄稼长势如何等问题。

当地主要种植蒙古黍子，据说主要是供应从东西乌珠穆沁到外蒙古的蒙古族人以及居住于蒙古内地但不务农的汉族人，一两钱可购得五斗黍子。

今日从这里出发后，越过了一座 čilaɣun dabaɣ-a。"čilaɣun"为石头，"dabaɣ-a"为岭。又行5清里后，借宿了一聚居点。

蒙古族人有尊崇牧草的习俗。兴安岭以北之地虽荒芜，但人们也绝不会掘土挖地。这里的人同样也不喜好过度地翻地挖土。蒙古族人只耕种无牧草生长的土地，而绕过牧草茂密的地方。所以其耕地形状时而长、时而圆、时而方。由此深感蒙古族人是迫不得已才从事农耕的。

当地人称石头为"čilaɣun"，有时还称为"solaɣun"。

第百二章　嗜　酒

　　今日借宿之处为一年迈的官差家，他们招待我们极为细致周到。并说要赠给从日本来的大人马奶酒，便拿出装满马奶酒的 "bodong"，足有 3 升。如前所述，"bodong" 同古日语的 "hotogi" 意思一样，指家畜或猪。这里指用动物的皮囊制作的袋子，可装酒类、乳类或饮用水，至今仍被普遍地使用。"budungɣui" 则有愚昧之意。见主人拿出酒，跟随我们的官差便聚拢过来，不一会儿就把整袋酒都喝光了，但还意犹未尽。

　　沿途看到很多杏树枝头结满青杏。摘下来品尝觉得味道有些苦，据蒙古族人讲青杏可入药。随处还可见艳丽的芍药开着白色、红色的花。蒙古族人称其为 "mandaraw-a čečeg" 或 "müdan"。夫君讲汉语称其为牡丹，其词源或许来自朔北。

　　6 月 20 日。从 čilaɣun dabaɣan-u ail 出发时，借宿之处的主人也跟随我们同行。沿途虽为山路，但凡无岩石之地大都已被开垦种田。随处可见的帐篷中升起袅袅炊烟。人们在帐篷中或睡觉或喝茶或聊天，却不见有人在耕地。虽然总听到有人说生活艰难，但好似并未陷入窘迫之境。看到他们如此悠闲，感到这些人真是很单纯。

　　行至 25 清里，有一聚居点。沿途有一地名叫 "qasilɣ-a"（堤坝或栅栏），想必古时这里曾经架有桥梁，是人们必经之地。但现在已经不见有桥，只留下了这一地名。

　　途中官差们换了班。但我们的壮牛却被当地人换成弱牛，上坡时无论如何都不肯前行一步。官差们骑着马，为安排住宿等事宜，已先行。现在跟随我们的只有两人，而近旁住户又不肯借牛给我们。如此这般，正折腾时，终于有了替换的牛，我们才得以继续前行。

　　沿山路行进大约 5 清里后，天色暗了下来。车夫不知为何口中不时地念着经，还用火镰打火。火镰为蒙古族人辟邪之物。山与山的间距越来越近，道路也越来越陡峭。翻过这座山头，地势才会变得开阔而平缓。右边为东南与西北山脉交汇处，东南方可见有开阔的空地。左边为东西山脉交汇处，东北方可见有极为开阔的平原。此处正是左右山峰交汇之处。

　　因长年无人经过此地，沿途的榆树也无人砍伐，树枝横卧路中肆意地生长着。

第百三章　灵之说

即将到达山顶时，路边有一棵大榆树。树干粗到约三个人才可合抱。其枝干几乎垂到地面。当我们接近这棵大树时，突然感到有温暖的南风吹拂过来，好似有一只手在抚摸右脸。突然又感到有冷风直吹左面。这种被无形之手抚摸面颊的感觉很奇怪，甚至让人觉得有些恐怖。行进中时而热时而冷交替吹拂着的风，的确让人感到毛骨悚然，这真是一段奇异的路。

我们本想折下榆树枝以作向导之用，但刚伸出手，跟随在后的车夫立即脸色大变，慌张地阻止我们道："绝不可折断此树枝叶。"我们感到更加不可思议，赶紧住手，未折树枝。

就这样通过了榆树林，继续沿着"sain usun-u γool"（吉祥之水）河前行。所经之地，只要太阳下山气温便会骤然下降，但并未让人感到有丝毫寒意，并且从地势到气候都开始有了明显的变化。

据说在山麓西南方向有一条美丽的小河，但在星光之下无法看清。耳边只是不断地传来流水从高处落到低处的声音。夜渐渐地深了，无法看清周围的景物，只是感到山路在无限地向前延伸。

暖风吹拂中又不断地有寒意袭来，睡意也不时袭来。如此行进二三十清里后，终于听到有狗叫声远远地传来。

从很远处便可看见火光，是先行探路的官差点燃了篝火来迎接我们。幸子在途中肚子饿了想喝奶，但没有，便哭着睡着了，甚感可怜。

用过饭食，整理行李，就寝时已是凌晨3时。听当地人讲，在途中，我们遇到的那棵巨大的榆树后边，曾有个年轻的女子投"sain usun-u γool"河自尽。从此榆树上便有"sünesü"栖息之说。"sünesü"意为"人之灵魂"。据说那里经常可以听到女子抽泣声，其灵魂环绕于树头之上。或许因为此树非常高大，傍晚可见夕阳透过树枝，便有灵魂环绕之说。风吹过，时而热时而冷，想来也是地势所致。两山汇合之处，南边有暖风吹而北边有冷风吹，其交汇点正是长有榆树之地。仔细考虑一番便会明白其中的道理，但当时还是心惊胆战。

6月21日。主人、主妇等从早晨起来便避而不见，也未给我们准备任何早餐。只有一老媪在家。询问老媪，得到的回答是："未听有早茶之事。"来到此地，初次听到如此冷淡的回应。无奈拿出自己所携带的茶，吃黄油、奶酪等权当早餐，便出发了。我们已接近王府衙门。

沿途穿过一处杏树林，天气越来越热。接近王府衙门时，两边柳树、榆树枝繁叶茂，且树木越来越多。在其树荫下小憩片刻尤感舒适。

途中有一条美丽的小河潺潺流过，叫"noyan-u sɪbartaɪ ɣool"河。我们喝着清澈的河水，在榆树茂密的树荫下稍事休息。据称如遇大雨，此处河水便会溢出河道，流向王府的方向。平时清澈的河水，也是王爷饮用与沐浴的御用之水。

当我们到达，王府已有人前来迎接，跟随他们一起走了约25清里时，远远地已经可以看到山那边的王府了。王府周围树木参天，从缝隙间可望见衙门，还有几个蒙古包。我们今晚借宿于距离此地2清里处，东南方的"noyan süm-e"寺中。

人的灵魂叫"sünesü"，而"söni"为黑夜，在蒙古语中有很多词语结尾为"ü"，这类词大多具有特殊的含义。例如蒙古语中的鱼、线、血、骨、油、盐，以及榆树、杏树、松树等词结尾都为"ü"，我对结尾为"ü"的词格外感兴趣。

第百四章　西扎鲁特

6月22日。这个衙门的人皆不明事理，无一人来看我们所持有的外务部护照。

今早出发时，梅林、协理等人来到喇嘛庙，送来了一匹王爷赠送的彪悍神骏的枣红马。从此地到王府约50清里的路程，只需一日便可到达。跟随我们的官差终日饮马奶酒，不办正事。如我们呵斥他们，便回答说，此为蒙古族之礼节，丝毫不肯接受任何批评。

途经"nayan nil"（八十家艾勒之意）时大家喝茶休息，更换了车马。但这里的人总是牵来不好的牛，所以一日只赶了一点路便到深夜了。夜里毫无光亮，只能摸黑凭借狗的叫声来猜测人家之远近。等到终于看到了火光时，才知道我们已走近了人家。

官差们出来迎接，把我们送入今晚借宿的人家。这户人家的居所为 ebesün ger，这里住家的床板也逐渐变高了。纯蒙古族住居风格从这里开始消失。让主人上茶，主人称无砖茶。我们便说什么都行，于是，主人端出了黄油、奶酪等。对于纯蒙古族方式的先上奶茶招待客人之习俗，这里的人好像略感麻烦。由此可知这里的习俗有所变化，所饲养的家畜为猪。整体上说，这里已经非常汉化了。

在 ebesün ger 之外还建有很多平房，但无一是覆盖着毛毡的蒙古包。当地的 ebesün ger，在4月时会铺上草顶，而到了9月，则会撤掉草顶换上毛毡。这里会随着冬夏之季节变换着蒙古包顶的材质。

此地的灶也变化较大，其外形已经接近日本式的灶了。

6月23日。从东扎鲁特跟随我们而来的官差不知为何都回去了。这里的主人为台吉，所以就带着他上路了。

行出12清里，我们来到一位台吉家喝茶，他家附近的平房越来越多。

见到我们，附近的蒙古族人都聚拢过来，问我们是做何买卖的，还询问是否有玩具或画等物。我们回答说"我们不是商人"时，大家便散去。今日陪同我们的台吉米到此地后，便回去了。这里的主人也是台吉，便叫他先去王府报信。接着，我们又向西北行进 15 清里，到达了西扎鲁特王府。

如其他衙门一样，这里的官差无一人出来迎接我们。进入王府时，有一位梅林坐在上座。他叼着烟管说道："你们为何通过西扎鲁特之地？如有护照请出示。"其态度极为傲慢无礼。我们没有说一句话，立刻退出王府。这种无理的官差是没有多大用处的。我们是为了面见西扎鲁特贝子王才来到此地。于是又乘坐来时的车，继续赶路。

但刚才的梅林却追来，让我们停车，夫君对他的无礼之举非常气愤，大声地呵斥起来。梅林却道："贵国之礼与此处之礼不同。"夫君道："至今为止，我们已走过十余座王府，贵地之礼，在何处都未曾见过。"闻听此言，梅林终于磕头，赔礼认错。且频频邀请我们在王府住宿休息。但我们已经上路，今夜便借宿于附近的喇嘛庙。

晚餐为贝子王爷所赠送的 sigüsü。sigüsü 意为"整只羊"。到了傍晚，王府的人又送来了王妃给幸子的黄油、奶皮子、奶酪等。

今日在高冈上看到有石器、铁片以及白色的陶器碎片等，便采集了一些。听这儿的喇嘛讲，日俄战争时曾有很多俄国人路过此地，他们带着大量的武器迪过此地前往哈尔滨。为了搬运这些武器，他们曾征集很多蒙古族人，如不照他们的意思办，便会施以暴力，当地就有曾搬运武器前往哈尔滨的蒙古族人。

这里的官差视行蒙古族之重礼为烦琐，梅林等抽着烟管接待客人之举，至今从未见过。也初次听到使用"出示护照"等语言。但他们还是知礼者，看他们悔过之举便可明白其并非无礼妄为之徒。

第百五章　牛粪的特征

　　6 月 24 日。为了在西扎鲁特看 büge，便从王府叫官差带我们前往 "öɣorcoɣ" 艾勒。"büge" 是萨满教的巫师。

　　我们顺着来时的路向东南沿 tegri-yin ɣool 河行进，借宿于 qorbo 艾勒。台吉主人极为周到地接待了我们。"tegri-yin ɣool" 意为 "天河"。幸子同主人家的小孩一起在院子里玩得非常愉快。主人家有三个孩子，他们把沙子堆起，嘴里喊着："敖包！敖包！"这的确是信仰喇嘛教之蒙古族儿童的玩法。幸子很羡慕地看着他们跑来跑去，自己也想跑，但没走两三步便摔倒在地。幸子还拿院子里的牛粪当玩具玩，不知为何突然拿牛粪抛向刚才的三个男孩。我们都笑出声来。

　　因为近日比较干燥，主人家里的人背着背篓拿着耙子捡来很多干牛粪，然后堆积在帐篷外边。堆积如山的牛粪被风干后已无臭味，可以把牛粪混入黏土涂抹墙壁，其利用方法多种多样。

　　在直径 2 尺的地炉中，靠炉壁侧添加牛粪，中空处填入枯草，用火柴点燃枯草后牛粪便会熊熊地燃烧起来。火势会很旺，而牛粪燃尽后会散发出热气，温暖宜人。用干牛粪取暖，蒙古包即使房门紧闭，也不会有异味。

　　在内蒙古见到的火柴都是日本制的，但在兴安岭北部则都是俄国制的。为了点火，蒙古族人会在腰带后边带上打火石，走在山中险峻之处或通过令人恐惧之地时，可看到他们拿出打火石打火以辟邪。

　　据蒙古族人讲，日本的火柴，在一盒中总会有无火药头的，实在可惜。我们虽会随便地扔掉无火药头的火柴，但非常理解人们如此珍惜一小盒火柴的心情。而俄国制的火柴非常结实，没有这种无火药头的情况。可这里只有日本制的火柴。

　　从这里出发继续沿着 tegri-yin ɣool 河南行，沿途耕地越来越多，主要种植作物为蒙古黍子。

　　行进 15 清里，喝茶稍事休息后换车继续前行。今日天气非常炎热，因口渴喝了很多口 tegri-yin ɣool 的河水。

　　再行进 20 清里，来到一处建有平房之艾勒，我们被安排到其中最富有的一家借宿。台吉主人极为周全地接待了我们一行。台吉的母亲也出来同我们说了很多话，是一位非常和善的老人。主人拿出米和很久未吃到的咸菜等款待我们。

今夜，年轻的主人还拿出胡琴为我们唱蒙古族歌谣，以解路途之疲劳。

夜里非常闷热。我们虽很久未住过平房，但因不透风，再加上有蚊子骚扰，一夜未能安眠。

6月25日。今早出发前拍摄了主人骑马拉弓的照片，还拍了很多妇人以及小孩的照片。这里妇人的发式又不同于阿鲁科尔沁等地，是把头发从中分开后用红色的头绳扎起，再将扎起的头发从中分开扎起后盘起来，最后插上很大的银簪。我们也为这种发型拍摄了照片。

越过 "caɣan dabaɣ-a"（意为 "白色山岭"）时，tegri-yin ɣool 河水便钻入地下不见了。在这儿有很多这样的河，蒙古族人说这叫 "ɣajar-un dotur-a neilen-e"，意为地下河。它不知在何处还会冒出地面。在蒙古有很多这种时而流经地表、时而流入地下的河。

这里的山谷有两三清里长的土地长满榆树，足有两三千棵。看上去绿油油的好似人间仙境一般，林中还见有仙鹤飞舞。

一行人向东行进 10 清里，借宿于一处平房。同主人商定了看萨满教巫师一事后，入睡。

第百六章　萨满仪式

　　6 月 26 日。今日见到了巫师。在借宿主人的安排下，这里的官差前去迎请"büge kömün"。10 时左右，巫师终于来了。一位是年近 66 岁的老妇人，一位是 40 岁的男子。男子自称是老妇人的弟子。夫君先是询问了一些事情，但因顾忌旁边的官差等人，巫师未作详尽的回答，后来，其弟子出来告诉了我们一些实情。

　　巫师所信仰的神居于长白山，叫"ongɣod"①。神分为东、西两种，且各有名称。询问神之外观，两人面面相觑，不肯多言。我们多次询问后，两人拿出挂在脖子上护身用的小袋子，其中装有直径 3 寸，非常古老的一面小镜子，在其背面雕有菊花，中间穿绳。另有一个 7 公分长人鱼形物件，一个 5 公分长鱼形与鸟形物件。这些即为本尊。我一一画了素描。

　　此外还恭请了"ongɣod"经文，蒙古语读"nom"。并请他们用蒙古文写了下来。巫师请到 ongɣod 后，会驱除进入人体的恶灵，进而治愈疾病。

　　为了观看驱除恶灵的仪式，便请巫师展示过程。他们的服饰由红色棉布制作，外观犹如较大的围裙一般。穿戴时，先将其围在腰间，再把它上面所垂挂着的菱形布片窝回腰间扎起。菱形布上有彩线绣的各种图形，格外好看。在每一块菱形布上面都系有两个铃铛，腰间并排系有八面古镜。其中一面为海兽葡萄镜。他们头上戴有头圈，同样系有三股绳，并在绳上挂着铃铛。

　　仪式开始，他们左手拿鼓，右手持皮制的系有黑布的鼓槌。击鼓时鼓面向外，由外向内击打鼓面。随着鼓声的强弱，念经声也高低不同。首先拜四方，请神来，然后用脚打拍子，起舞，其节奏也越来越快。因他们身上挂着很多面小镜子，旁边又系有铃铛，所以会发出很大的声音。这样一直旋转下去，直到巫师倒下为止。

　　接着巫师会对着接受仪式人的头部吐唾沫。在整个仪式开始之前，会屠宰一只山羊，并且献酒，敬奉 ongɣod。巫师在食用完毕后才开始仪式。起舞时，巫师

---

　　①　"ongɣod"：为萨满教之神祇。

会用刀点击患者胸部，然后对其吹气，患者则会痊愈。

　　击鼓时系在鼓上的环与鼓共鸣，同时在腰间所系的物件相互撞击也会发出很大的声音。所念的经文比较单调，类似于俗谣。我们有幸能看到这一切。

　　观看仪式后，我们启程来到 oɣorča 艾勒，借宿于一牧民家。主人是一位喇嘛，非常善于演奏乐器。他说今夜要为我们解除路途之乏，送上奶酒，并演奏胡琴。

　　萨满教巫师所念之"nom"，即"经"，在日语古语中同样也读"nom"。日本人在做祈祷时与蒙古人一样使用"nom"一词。蒙古语中此词同样有祈祷之意，实在感到不可思议。

　　两位巫师念"nom"时，先道出两位巫师之名，经文大意为拜天地、敬四海，用以驱除各种病魔，凭借"ongɣod"之名镇压各路恶灵，加之击鼓以祛除病魔。

第百七章　阿鲁科尔沁的即兴诗人

6 月 27 日。今日要进入阿鲁科尔沁王府领地。因为路程非常遥远，一早便出发了。横渡 tegri-yin ɣool 河，西行 5 清里到达 noyan modu 艾勒。这里为我们扎鲁特行的最后一站。路边长着茂密的榆树林，牧草也繁茂，宛如铺上了一层绿色的地毯一般，让人感到格外清凉。沿途遇有一井，便在此处灌满一皮囊饮用水，同时也饮了牛马。

由此向前便不见一户人家，偶有一两个行路人。各色花朵已过了全盛期。天气很热，全无可乘凉之地，周围为两三尺高的杏树林。在灼热的阳光下，连牛都放慢了行走的步伐。看到驾车的车夫靠着车辕睡着了，我便下车折了节树枝来赶牛。车虽然在行进，但气温之高的确让人难以忍受。

终于下山，来到了阿鲁科尔沁的 bayan tal-a 艾勒，今晚借宿于梅林家。梅林外出不在，其子在家，这是一个拥有八座 ebesün ger 的富户。梅林儿子为阿鲁科尔沁王府之近侍，擅长胡琴演奏和蒙古族歌谣演唱。

晚上，梅林儿子设宴招待了我们。同他讲昨日拜访巫师之事时，他便逼真地模仿起巫师，拿出空油桶当鼓敲击，吟唱起来。此外，还模仿了戏剧、摔跤等所有我们感兴趣之事，让大家欣赏。

因我们千里迢迢来到这里，席上，他还为我们演唱歌谣以助兴。他拉着胡琴，把我们的经历用蒙古语巧妙地编成数来宝，即兴演唱起来。大意为：你们从遥远的东方翻山越岭数万里，在兴安岭山脉中攀登跋涉不辞辛苦，今日终于来到寒舍。这里虽然简陋，但主人热忱地欢迎各位，敬请安心休养。他的歌技极为高超，用词又非常精美，使人感动不已。至今为止，我们头一次遇到这样的奇才。虽然也遇到过抚琴歌唱者，但自己创作数来宝来演奏歌唱之人，他还是头一个。他所讲的蒙古语，听起来宛如日本万叶集中的用语，非常动听。

今日的晚饭也上了一整只羊。就寝时外边传来很大的风声，不一会儿即雷声大作，下起了倾盆大雨。大雨透过 ebesün ger 天窗的毛毡流了进来，使我们无法入眠。虽然也想叫主人过来，但无论多大的喊声都被雨声淹没了。我和夫君只好找未漏雨之处，在包内不停地挪动幸了，直到天亮。

第百八章 摔 跤

6 月 28 日。从西扎鲁特跟随而来的官差还　直陪着我们。今日我们横渡了从村中穿过的 bayantal-a-yin ɣool 河，走上前往王府衙门的西行之路。

行出 15 清里，喝茶稍事休息。本想更换牛车，但因村长避开不知去向未能换成。虽然正值晌午，天气炎热，但还是继续赶路，来到相隔 5 清里之 "qakir ɣool" 河。因昨日大雨，河面突然变宽。

据蒙古族人讲此河汇入西拉木伦河，但地图上的标志为汇入 "ǰiɣasutai naɣur" 湖。刚才渡过的 bayantal-a-yin ɣool 河，在此处汇入 qakir ɣool 河。我们在此流域拾到了古钱、陶器以及箭尾等。

从此往西全部为沙漠，牛车行进异常困难。行走 10 清里后来到一个艾勒。这里居住着一位非常富有的梅林。拥有十五六座蒙古包，其家具也格外气派。主人带我们来到他的客厅，虽然是 ebesün ger，但包内非常清洁，是一座漂亮的蒙古包。

6 月 29 日。今日一早便向西南出发了。临走时主人带来一包银子送给我们，说道："这是蒙古族之厚礼。"我们回答道："按照日本的习惯是无功不受禄的。"我们至今为止还从未从蒙古族人手上接过银子，虽感谢蒙古族之风俗，但心中感觉不妥，便告辞出发了。

我们向阿鲁科尔沁王府行进。途中有从王府来接应的官差到来，捧着土爷所送的哈达迎接我们。得到如此隆重而纯正的蒙古礼遇，这还是头一次。我们在官差的引导下进入王府。上次经过王府时态度傲慢的梅林等人，这次也都礼数周全地迎接我们。

王府为我们新建了一座蒙古包，供住宿。今夜又是风雨大作，好似已经迎来了雨季。

我们今日准备拍摄有关摔跤的照片，便委托了王府。王府特意为我们安排了王府摔跤手进行摔跤比赛，我们拍摄了很多照片。

阿鲁科尔沁是蒙古摔跤最为盛行之地。王府训练有 500 名摔跤手。这些摔跤手格外健壮，发达的肌肉清晰可见。但未见有人像日本的相扑手，这些人很接近东乌珠穆沁的摔跤手。

今日所见的摔跤比赛，比起其他各地更有周密细致之处。摔跤时张开双臂打开胯部，与日本的相扑无明显不同之处。摔跤时大家都穿长皮马靴等专业的服装。从摔跤服的样式来看，从前或许是使用虎皮制作的。皮马靴内侧有凸起之处，摔跤时可用此来互相磕绊。还会从内侧向外绊腿，有很多人不注意便会被摔倒。这种绊腿，类似于日本相扑的绊子，非常好看。也有同相扑截然不同之处。比如，用马靴使绊子等，其动作特别干净利索。

蒙古式摔跤没有摔跤台，就在广场中央进行，以摔倒对方为胜。而且要进行三轮，最后的胜者才是真正的最强者。

相较日本的相扑，蒙古式的摔跤更加自然、自由，感到这才是真正的摔跤。摔跤时手只可抓对方的肩膀，其他地方一概不可触摸。所以摔起来动作更加干净利落。

开始时会有"böke talbi"，即意味着摔跤开始之歌咏，由王府的乐师演唱。伴着歌声，摔跤手们便从东西两边，跳着鹰步上场。如果有王爷在座，摔跤手来到王爷面前时会面向王爷行跪地礼，然后开始竞技。

今夜王府的乐师来到我们下榻之处，演唱了包括摔跤歌在内的很多有趣的歌谣。我们尽可能地记下了歌谱。这里的歌谣分兴安岭以东、以北两地之歌谣，两类有很大的不同。

我们还请乐师演唱了几首著名的蒙古族歌曲。这位乐师名叫 ɤongɤar，五十多岁，头发斑白，是一位非常高雅的梅林。听说他是内蒙古著名的乐人之一，是一位音乐造诣很高的艺术家。

第百九章　醉　汉

7月1日。今日出发时得到了阿鲁科尔沁王爷所赠白马一匹。因各地王爷的馈赠，不知何时我们已经有五匹马了。一位蒙古族人骑着一匹，同时娴熟地牵引着其他四匹。白色、棕色、枣红色的马都那么健壮，它们齐头并进看起来很威武。

今日要先沿着来阿鲁科尔沁的原路回去。行至距王府10清里处，决定今晚借宿于此地。因为明日要走60清里全无人烟之地。

阿鲁科尔沁王府为我们安排了一位梅林同行。这位梅林，就是昨日的乐师 yongɣar。

今日借宿之处的主人虽为台吉，可我们到来时正值他喝醉酒，已不辨前后。他醉眼蒙眬，但很押韵地说道："这里无车也无牛，就是有好车也不出车。"还质问是谁领外国人擅自来到他家，并且大声地喊着这里无米也无肉。我们头一次看到蒙古族人醉得如此厉害，因其举动很可笑，便一直沉默着听他说话。如此过了一段时间，他的酒劲逐渐消退，便又开始给我们敬鼻烟，赔礼道歉，宛如小孩子一般，场面非常有趣。

来到这里，我们头一次喝到在加盐的热水中放入乳汁的饮料。因为习惯了味道甘美的蒙古奶茶，所以端着这种茶几乎无法下咽。或许连蒙古族人都不喝这种茶。主人也未给我们端来黄油、奶酪等。

7月2日。天好像会下雨，但我们还是出发了。走了不长时间，便开始下起了雨。蒙古族人看到下雨都会高兴地称其为好雨。因为地里已播种完毕，只等好雨从天而降了。蒙古族人讲去年阴历四月时虽然下了很多雨，但五月几乎滴雨未降。所以黍子没有收成，牧草也未长好，生活非常艰难。而今年牧草丰收，风调雨顺，所以，蒙古族人都很高兴。

今日之路程为60清里，沿路没有人家，只有许多在路两边生长的杏树。我们沿着山路行进，不断地上上下下走着。

行出15清里，来到了 odqon dabaɣ-a 岭。再行40清里，翻越了 oboɣ-a-tai dabaɣ-a（意为敖包山岭）。同行的蒙古族人都停了下来，在敖包边上念经，并且往敖包上加了石头。每当路过敖包，蒙古族人都会念经并且往敖包上添加石头，也有在敖包上添加树枝的。敖包多的地方，有 13 个，在蒙古族节日中，还有盛大的祭敖包日。

从这里向 ölǰei mören 河方向走为下坡路。再行四五清里，横渡 ölǰei mören 河后，借宿于一户富裕之家。

主人为喇嘛，极其周到地接待了我们。这里叫"ɣurban sumun-u ail"，人口众多。这个艾勒位于我们上次经过阿鲁科尔沁时借宿之地南边 10 清里处。

晚饭又上了一整只羊。行至此处，我们从日本带来的东西越来越少，可以回赠给蒙古族人的礼物也所剩无几，于是便开始赠送自己身上所用之物。

第百十章　能融化蜡烛的酷暑

7月3日。今日从 xurban sumun-u ail 出发，向西南行进。早晨虽然还是阴天，但到中午时分又热了起来。

我们在外蒙古时丢失了温度计，现在完全无法测量气温。我们装在帆布包中的蜡烛已经开始融化。原本用了一半，还剩6根蜡烛，现在已经粘在了一起，好像糯米年糕一般，足可想象天气是何等炎热。

今日走了40清里，同样为无人之地。沿途长满了杏树。

傍晚时分借宿于 qaɣda-yin ɣool 艾勒之台吉家。蒙古包中因漏雨湿漉漉的，充满了潮气。主人也同上次借宿之家一样，端出了加盐的热水。我们对此表示不满时，主人连连赔不是，并端出了真正的蒙古奶茶。这附近人的生活好似并不富裕。

今天的晚餐为一整只山羊。我们第一次吃山羊肉，同其他羊肉相比，山羊肉肉质较硬，没有其他羊肉可口，且膻味较重。主人同样是把肉盛入木盘端出来。

整只羊的盛法是有讲究的。下边摆放身体部分，两边放四肢，最上方中间放置头部。然后由主人或官差端来盛肉的木盘。而在此处却全无这种礼节，只说道："请吃羊肉。"全不见蒙古族人规范的礼仪。今夜也有雨。

7月4日。早上从 qaɣda-yin ɣool 艾勒出发，行走50清里。天空虽然阴云密布，但万幸并未下雨，且非常凉爽。沿途既没有高山，也没有丘陵，眼前是一望无际的高原和茂密的杏树林。从昨日开始沿途的杏树生长繁茂。途中拾到很多古瓦、陶器之碎片，以及石镞、古钱等。

今日也是向西南方向行进，来到了 borjin ail，借宿于一富裕人家。主人按照官差之吩咐，极其周到地接待了我们。昨日与今日借宿之处都有汉族商人在做买卖。他们全都住在平房中，房屋很气派。汉族商人说我们也可以借宿于他们那里，但因我们在做蒙古风俗调查，所以没进他们的家门。

傍晚时，突然下起大雨，幸子因不能出去看雨而放声大哭。近来只要我稍不留神，孩子便会跑去外边玩耍。今日也不知何时跑到外边和狗在一起玩耍。狗舔着幸子的手和脸。或许幸子已完全熏染了蒙古族人的气息，那狗舔了幸子一圈后，便倒在她旁边睡着了。幸子拿狗当玩具一般玩耍着，一会儿拉耳朵，一会儿抠鼻子，但是狗全然不介意地大睡着。蒙古族人看到后大为惊恐，喊着"小心被咬"，便飞奔到幸子旁边，而幸子却毫不在意地同凶猛的狗嬉戏。

近来幸子开始牙牙学语了。

傍晚，房中虫子很多，未能安稳入睡。

事后听说那只褐色的狗为远近闻名的猛犬，心中不觉一惊。

第百十一章　再渡西拉木伦河，重归乌丹城

7月5日。雨停了，天空分外晴朗，万里无云。雨后透着些些凉意，驱除了酷暑的炙热。

行出75清里，道路开始变为下坡路。继续行进10清里，便可看到南边流淌着的西拉木伦河了。我们来到距西拉木伦河5清里的 boru qotan 艾勒。这里散落着大量的瓦、石器、陶器碎片等，与在辽行宫所拾之物完全一样。此外，在沙漠中除石器、陶器外，还捡到玉饰。附近的遗址被湮没在沙漠中，在其周围有黑色的凝固硬土。据夫君讲，此处为当时东胡人燃火居住之处。

再行5清里便完全走出西拉木伦河流域了。因昨日大雨，一时间西拉木伦河水猛涨，翻腾起黄色的泥沙，奔流而去。

村里的年轻人以及官差都集合于渡口，准备送我们去对岸。先由五位年轻人试探河水之深浅再把车上行李垫高，以防行李被打湿。过河时，每辆车都配置3头壮牛，车前车后还安排了4位年轻人来保护。村长以及官差等人都骑着马，大声地吆喝着指挥。由于水流湍急，飞奔而来的河水向车冲来，抬头看时，混浊的河水已淹到了马肚子那么深。

今日所过的河，河面宽1清里，在众人合力帮助之下，我们终于安全地到达对岸。可帮我们过河的人衣服全湿了。

夫君因在过河前带着官差先去看"高句丽遗址"以及碑文了，所以，他们是随后骑马渡河的。

幸子今日也坐在车上。看到眼前壮观的场面，她高兴得手舞足蹈，并且同大家一样大声地喊叫。

过河后又向西南行进5清里，借宿于 borjin 艾勒。我们被带到新建的 ebesünger 住宿，并且得到了极为周到的接待。今日晚饭也为我们上了一整只羊。

这里所使用的皮囊非常有趣，皮毛是向外翻的。我们便画了素描，并作记录。

7月6日。今日准备前往东翁牛特王府，一早便做好了出发准备。但沿途全为沙地，牛车无法顺利前行。不得已路上又重新更换了牛，由三头牛拉一辆车。

天气虽并不炎热，但沙漠之旅却异常艰辛。在沙漠中发现了很多石器时代的物品，我们又采集了很多有价值的东西。

再行 15 清里，来到 ing-un ail 喝茶小憩。主人虽然是东翁牛特王府官差，但称家中无炒米与黄油，未拿出任何食物。随行的官差只能拿出昨日的羊肉，大家吃完便又上路了。

在此地，从阿鲁科尔沁跟随而来的官差要同东翁牛特的官差换班。不久，他们便带着一位东翁牛特的官差进来。在这位官差的带领下，傍晚时，我们借宿于 bayan qujir 艾勒。今日行程为 50 清里。

途中，路过东翁牛特王府时，我们向王爷敬献了哈达。王府的官差想邀请我们在王府休息一夜，但因已接近乌丹城，便婉言谢绝了王府的好意，继续赶路。傍晚 5 时许，来到了曾经住过一夜的汉族人家借宿。

我们今日拿出仅有的 5 两银子，购置了一些物品。在途中，只要蒙古族人喜欢，我们便把身上所带之物送出去。包括幸子的友禅绸羊绒棉袄。除了大量的采集品之外，只留下了一些生活必需品。我们从赤峰出发后一次也没洗澡、洗头。衣物上沾满了污垢，内衣破了洞，身上也生了虱子。

第百十二章　卖 马

　　7 月 7 日至 9 日，我们一直借宿于此处。此时我们已经身无分文，只有 5 匹马，且在汉族人家中饲养，每日饲料花费极大，还需要有专人看护。无奈之下便委托曾经关照过我们的颜大人帮忙卖掉马匹。颜大人痛快地答应下来，以武衙门的名义购买了马匹。因五匹马都是骏马，武衙门很中意，便高价买走了。原本想把骏马带回日本留作纪念，捐赠出去。今日无奈卖掉，心中深感遗憾。同时，也多谢颜大人之厚意，使我们了却了一桩心事。

　　当时，我们从这出发时，城中的人都异常担心。今天看到我们平安归来，便都赶来看望我们，如同久别重逢一般。此时感到这里也有让人留恋之处，看到人们并无恶意的脸，也甚感高兴。

　　7 月 10 日。今日我们赶着两辆马车离开了乌丹城。还在乌丹城时，有一位略了解蒙古地区的马夫经常过来，表示可以护送我们去赤峰。因他曾经为我们带过路，这次便还委托他来驾车。另外还有一位武衙门的护卫。今夜借宿于满子沟。

　　7 月 11 日。早上从满子沟出发，沿着以前曾经走过的道路返回。傍晚时借宿于陈家店一户人家。沿途之详情因以前曾有过记载，这里便省略，不一一重复。

　　7 月 12 日。今日从陈家店出发，回到了赤峰。途中，从乌丹城跟随我们而来的护卫先行一步来到衙门，报告了我们将要到来之事。看到我们进城，街上的人们都高兴地喊着："鸟居大人回来了！"赤峰，对于我们来说也可称为第二故乡。此时我们感到非常安心，好像已经回到了日本一样。我们先来到武衙门，同尚大人见了面。尚大人为了欢迎我们平安归来，置备了丰盛的晚餐。

　　因在赤峰还有未完成的调查，我们决定在赤峰小住几日。同时也可整理随身之物品。因此，从 7 月 12 日至 8 月 22 日，我们一直暂居于赤峰，并调查了附近所有遗址。赤峰的确是一个非常舒适的地方，这里的人们又都很热情。

第百十三章　赤峰之调查

　　赤峰为蒙古语的汉译，蒙古族人称之为 "ulaɣan qada"。如前所述，此处是因为有赤色的岩石耸立于英金河对岸而被命名的。当地虽然还保留着蒙古语名称，但无一蒙古族人居住于此。定居在此的汉族人大都来自直隶、山东、山西等地，于乾隆年间移居至此。在这之前居住于此的都是蒙古族人，过着自己的生活。

　　赤峰现在已是这些汉族人的城市，商业繁盛，居住方便。

　　在赤峰的街上鳞次栉比地排列着商铺，经营着各种商品、杂货、谷物等。远近的交易价格皆受赤峰市场价左右。漫步于赤峰的街上会发现，这里所出售的商品都是面向蒙古族人的。

　　在收获季节便会有大量的小米、大豆、高粱等农作物从周边各地集中于此，大量的毛皮则从蒙古地区运到这里。

　　当地所使用的燃料主要为煤炭，赤峰以东50清里的地方出产煤炭。每日拉着煤炭的马车络绎不绝地进入城内。无钱购买煤炭者则使用高粱秆等取暖。

　　城北建有天主教教堂。我们本想去拜访神父，但因我们并非教徒便作罢了。神父为比利时人，这里的人也不清楚信徒有多少。

　　美丽的英金河流经这里，我们在河畔进行了古迹调查。每逢高地便会发现有古代遗迹。出土物品主要为陶器、石器等。其中石斧、石镞、石刀等尤为引人注目。同至今搜集到的物品相比，可确认此为石器时代之物。

　　攀登英金河南岸的敖包山时，在8清里高的山巅上发现了非常有研究价值的出土石器等。在如此高的地方拾到陶器等实属罕见，但联想到兴安岭山顶之各种古迹，便不觉得特别意外。在此地，夫君请教了车马店老板孙玉堂，并做了很多极有意义的调查。特别值得一提的是距此30清里的东边，保留有完整的旧城遗址。

　　当地人称其为海树沟，据我们推测为蒙古语 "qailasun ɣool" 之音译。"qailasun" 为榆树，"ɣool" 为河。从地势来看，可以推测这里曾经有一条河，在其两岸曾长有茂盛的榆树。

　　问当地人časi① 是什么时，当地人答"časutai"，即城堡。蒙古语"času"同日语、朝鲜语（包括满洲以及通古斯语）中的"sashi"相似，而且同阿依努语中的"časi"发音更为接近，这是一个极为有趣的语言现象。"tai"意味着有某物，此语可以翻译为"有城堡之地"。

　　城堡是利用天然的丘陵建造的，占地 4 平方清里，高 3 米，在其外围挖有两道沟壑。东面全部被沟壑包围，西边则为断崖。城堡位于敖包山东面 8 清里处。离英金河 30 清里，在此可以望见河对岸之平顶山。

　　我们在城堡内外搜集了很多物品。全部为陶器、石器之碎片，石斧、石刀、石镞等。另外还有制作石器的原材料。这些材料必将对石器时代的研究有推动作用。

　　在此地我们还发现了铜制手镯的残片、美丽的铜丝装饰品、大石臼等。这些全都是东胡时代的物品，此城堡也是同时代的遗迹。

---

① časi：日语，汉语为堡垒，要塞。

第百十四章　重返北京

8月21日。今日便要离开此地重返北京。早上8时许，我们带着两辆车、一名骑马的护卫出发了。沿着锡伯河行进35清里，来到了土城子。但现在这里已全部都被开垦成了耕地，不见土城之影。再行40清里，来到杨家营子用了午餐。

从杨家营子出发行走75清里，到达小塔子。此时遭遇雷阵雨，我们冒雨来到了小梁子借宿。今日从赤峰出发到此地，大约行进了80清里。

沿途虽然还有蒙古地名但已经全无蒙古族人居住了，居民全部都是汉族人。

8月23日。早上6时从小梁子出发，翻越小梁子岭。再行35清里，便来到了公爷府，用了午餐后出发，不久便到达喀喇沁王府。此时正值王府举办那达慕大会，在锡伯河岸设置了戏台，举行赛马、摔跤比赛等各种娱乐活动。当时王爷正在观看那达慕，而我们又急于赶路，便委托王府之人代为递上名片，离开了喀喇沁。今夜借宿于上瓦房。在喀喇沁同当地人分别时，他们眼含热泪，目送着缓缓离去的我们。

8月24日。一早便从上瓦房出发。晚上借宿于茅荆坝，行程为100清里。

8月25日。借宿于两家子。

8月26日。今日从两家子出发，翻越松树岭来到了热河，在此借宿一宿。松树岭名副其实地长满了松树，环境格外秀丽。

8月27日。因为马非常疲惫，而马夫也深感身体不适，我们便决定在热河停留一日。热河为从北京北上途中最热闹的城镇，商铺中摆放着很多当地名产，如精致的木块拼花工艺品。

8月28日。今日天黑时出发，翻越广仁岭来到了滦平县。在此用了午餐，傍晚时分到达三道梁，借宿于此。

热河为喀喇沁与北京之间的要害。因地处山中，夏季格外凉爽。康熙皇帝之避暑行宫便设在此，实为一景色宜人之地。

8月29日。清晨因为降雨，无法继续赶路。过了中午雨势稍弱，便在午餐后出发了。越过鞍子岭，行至青山岭时，因下雨道路异常泥泞，人畜无法行走，便改道 30 清里，迂回前往多伦诺尔，到达安匠屯住宿一夜。鞍子岭、青山岭等阴山山脉山石嶙峋，所到之处全部都是石山。

8 月 30 日。今日一早便从安匠屯出发。行走 10 清里后，到达十八磐岭。此地正开山凿路，道路极难行走，经过此地便开始攀登古北口了。在此下车，参观万里长城，傍晚时分到达南天门，住宿于此。

出南天门，便完全走出了阴山山脉。

8 月 31 日。今日出了南天门，路过密云县，住宿于人蓓山庄。

从密云县遥望北方，可以清楚地看到阴山山脉从西向东连绵不断地横亘于大地之上。从前秦始皇所筑万里长城，对于北方民族来说意义非同一般。

9 月 1 日。夜里突然下雨，一直持续到早上。我们冒雨上路，来到牛栏山用了午饭。之后继续行进在泥泞的道路上，傍晚，终于到达北京近郊孙河。

在前往喀喇沁时，服部博士与其夫人曾经教过我们汉语，在此准备尝试说一下。但是我所说的"给我喝茶"发音很不标准，对方无论如何都无法理解句意。

在整个行程中，凡同衙门等进行交涉时，全都是用我所知道的几句汉语来沟通的。至今回想起来真是不可思议。

9 月 2 日。中午约 12 时到达北京，立即前往服部博士之宅邸。

9 月 3 日。服部博士与夫人，对于我们能平安归来甚感宽慰，并带领我们前往日本领事馆等地。今晚，服部博士在宅邸为我们举行了晚餐会。晚会上还邀请了北京大学的学者等人，我们汇报了蒙古调查之行。晚会持续到很晚才结束。

9 月 4 日。明日要再度经过张家口，进入蒙古。所以便把至今为止收集到的物品包装好，整装待发。

第百十五章　前往张家口

今日上午 10 时许，我们同从赤峰跟随而来的两位车夫以及一位护卫一起出了北京城的西门，取道张家口。出发前，博上夫人为我们准备了很多美味的寿司便当。

因为连日下雨，道路被毁，无法沿大道前行。我们便转到旁边的小路继续行进。没想到这里也被雨水摧毁，半截车轮陷入泥泞无法前行。大家协力推拉，终于来到了 20 清里之外的西拉木伦河，今晚便借宿于此。

走出北京城 1 清里时，看到有一墙壁被毁的土城，应为元代的建筑。夫君讲在墙壁处可以看到有高塔的遗迹。但因为道路泥泞，无法前往调查，甚感遗憾。我们在当地看到很多满洲人。在西拉木伦河岸边，看到有很多大理石建造的宏伟石桥。

今日的费用为：西瓜 3 钱，枣 1 钱，线香 1 钱，住宿费 82 钱，茶费 20 钱，掌柜 20 钱，苹果 4 钱，合计 1 元 31 钱。

9 月 6 日。因为连日跋涉，我们睡得非常沉，丝毫未察觉天已大亮。起床时，客栈主人已经在准备早餐了。今日的道路虽然还有泥泞，但比起昨天已好走多了。我们依然避开泥泞的大道，走小路。随着地势的渐渐升高，道路上积水也越来越少。

走着走着，又遇到了最难走的地方，马腿陷入泥坑，我们进退维谷。不得已叫来过路的行人帮忙，好不容易才通过这段路。但是不久，马车又被卡在一下陷之处，不得动弹。如此这般艰难地行进了 20 清里，终于到达沙河镇。

在沙河镇入口处有一石桥，桥边有一座大理石碑。上书此桥为朝崇桥，字体为明代文字。这座石桥宽 20 多米，长近 300 米。桥面所铺石头全部宽 1 米、厚达 2 尺，是一座非常宏伟的石拱桥。我感觉今日之清国人是无法建造这种桥的。

我们一行人在沙河镇用了午餐后，沿着沙河岸边行进。道路越来越好走，不久便到达 20 清里之外的昌平县。我们借宿于城西门一客栈。城中随处可见石狮了，都是明代的。县城入口处有一小石桥，其构造同适才所见之朝崇桥完全一样。碑文记载此桥名为永安桥。

今日晚餐为羊肉饭菜。

今日费用为：烧饼 6 钱，推车费 25 钱，午饭 35 钱，月兔画 3 钱，苹果 1 钱，葡萄 6 钱，枣 1 钱，昌平住宿费 40 钱，茶费 20 钱，掌柜 20 钱，线香 1 钱，合计 1 元 52 钱。

9 月 7 日。从昨晚开始下起了瓢泼大雨，直到今天。一行人无法成行，便停留在客栈。傍晚时分开始刮风，雨也渐渐停了下来。明日因为要攀登阴山山脉，便雇来两匹骡马。

从此地出发有一日之路程，便可到达明十三陵。但考虑到费用等问题，这次放弃了参观明十三陵，日后回到北京，再搭乘前往南口的汽车去也为时不晚。于是踏上前往蒙古之路。

下雨天，幸子便在房中安静地看服部博士家男孩给的漫画书。

今日费用为：午饭 33 钱，男佣 5 钱，线香 1 钱，水果 8 钱，纸 3 钱，住宿费 60 钱，晚餐 33 钱，厨子 15 钱，合计 1 元 60 钱。

第百十六章　骑骡马翻越阴山山脉

9月8日。今日准备骑骡马翻越阴山山脉，而我是首次骑骡马。骡马与马不同，骑时位置并非正中，而要稍微靠前。因骡马个头较矮，高个的人骑着会感到别扭，其实骑着还是格外舒服的。我骑着骡马把幸子抱在前面，幸子则兴奋得不停地喊叫，在唱歌一般。骡马真是一温顺而可爱的动物。日本也应多饲养骡马，既可用于运输也可提供给儿童用于郊游等活动。骡马一匹的价格为5两，是马的价格的十分之一，且较易饲养。只是骡马的叫声比较特别，但如果习惯了便不会感到不舒服。

据说到达南口只需20清里，且道路比较好走。但随着上坡，路上的石子逐渐增多。如果乘车或许会不断地磕碰到狭小的车棚上，骑骡马则会感到很舒适。因骡马格外适合在碎石路骑行，其纤细的腿灵巧地攀登着山路，一次也未打滑。

不久，我们被眼前一座东西走向的高山挡住了去路，看样子好似阴山山脉。从山梁上呼啸而来的山风格外强劲，好似秋天一般寒冷。

从北京有火车经过南口通向前方车站，每日走一个来回。到北京游玩的客人大多乘坐此趟列车。由此可去明十三陵、张家口以及万里长城。

我们准备骑骡马进城时，遇到了一些外国人。他们都乘轿子或者由四个人抬着的椅子，极尽奢华。他们都是来游明十三陵、万里长城或居庸关的。我们在路上遇到日本人会感到非常高兴，即使不认识也想互致问候。

进入南口街道，可以看到山梁的岩石裸露在街面上，河水也变成了溪流。我们在此地汉族人经营的客栈用了午餐。途中看到一日本人乘坐马车匆匆地赶往北京城。

出了客栈，向距南口15清里的居庸关前行。居庸关关门顶棚以及墙壁上有用汉文、藏文、蒙古文、梵文、维吾尔语雕刻的经文。在关门左右两边雕刻有大理石的佛像，至今保存完整，且雕刻技术精湛，面部神态栩栩如生。

沿着城壁有一小镇，我们经过此地向八达岭进发。山路越来越陡峭，山谷也越来越嶙峋，出现在眼前的是险峻的山峰。骡马一步一步谨慎地向上攀登，我们骑在上边甚感安心。

走到一座很大的山谷时，由于连日的雨水，河水猛涨，有半个车轮深。两边等待渡河的车辆排起了长队。一支搬运苹果的商队过河时，领头的一匹马在水中失足滑倒，车上的苹果全部被河水冲走。我们因得到官差的帮助，所以顺利地渡过了这条河。

山谷一侧正在铺设铁道，不时地可以看到有机车在试运行。每当火车机车发出有力的轰鸣声时，荤子便会异常惊恐。不只是荤子，连从赤峰跟随我们而来的护卫以及车夫也都会受到惊吓。

沿途看到三位外国妇人，两三个男人，其中有一个日本人。接近八达岭时又看到有四五个日本人骑马下山，我们互相回头观望彼此良久。在此可以看到长城城墙，还有雕刻在岩石上的佛像。夫君讲此佛像为元代的。

午后四时许到达分山道，今夜便宿于此。此处也在铺设铁道，有很多工人集中于此。

今夜月光如水。跟随我们的车夫因吃了过多的柿子，生病了。我拿出携带的整肠药给他，晚上借裘皮大衣给他御寒。

第百十七章　农舍赏月

　　9 月 9 日。早上询问护卫车夫身体是否恢复，答道不甚好。天亮了，但二人还沉睡未醒。我们埋怨他们不择饮食，并说道："如因自己的不慎导致生病而在此地停留，我们不付此日之佣金。"闻听此言，车夫走了出来，开始装车，做出发之准备。观察他们，病情并非特别严重，只因连日赶路劳顿，想要滑头在此休息一日罢了。

　　埋怨二人之后又出发了。来到怀来县时，发现当地河水猛涨，没至成人肚脐处，且河底为沼泽地。在河中，由大小两艘渡船往返运送来往的人和马车。可两边各有二三十辆车轿在等待渡河，而一艘渡船一次只可搬运两辆车马，且往来一次约为三十分钟。

　　两岸甚至有从昨日便一直在此的等待者。我们先乘小船渡往对岸，委托官差监督办理行李等物。在对岸等待大约 4 个小时后，我们的行李才被搬运过来。从此地行走 2 清里来到了怀来县城。途中，因车夫不小心，导致我们所乘马车翻倒在路边。这段路的确凹凸不平，途中也看到有其他马车翻倒，但也是车夫不小心所致。此车夫自赤峰一路跟随而来，索取佣金也比其他人要多。此外我们每日相处都相当用心，还经常多给他一些酒钱等，但他却丝毫未感觉到。无论在哪个国家，这种阶层之人大都如此。

　　渡河后有一段沼泽地，可以看到当中有各种贝类，其中有同贝尔湖畔生长的贝类完全相同的，插于泥泞之中。同时还看到很多陶器以及动物的骨骸。夫君讲这便是古贝塚之遗迹。这里四周皆为高山环绕，海拔高于北京五六百米。可以推测此沼泽之地在太古时期曾经是湖泊。

　　今日在入住怀来县客栈时，看到塚本博士一行正在前往山西的途中。双方极其偶然地相遇于此地。塚本博士带着一名翻译，准备奔赴 30 清里之外的目的地。在同我们闲聊时博士发现，自己所支出的住宿费用是我们的两倍，不禁苦笑起来。塚本博士比我们早一日从北京出发。

　　今夜也是月光如水。铁道还未铺设到此地，但很气派的车站已经建起了。

今日费用为：住宿费 50 钱，男佣 6 钱，渡船 60 钱，水果 16 钱，合计 1 元 32 钱。

9 月 10 日。早上 5 时许从怀来县出发，道路平坦，便于行走。途中见到有运输羊毛的骆驼百余头，其个头较东蒙地区的骆驼要高大许多。

今日随处可见有土城遗址。在路边每隔两三百米便建有一烽火台。再行 50 清里便来到了沙城，用了午餐。这里也建有土城，其地基为水泥，上部则使用砖头。

从此地再行 20 清里来到新保安时，车夫又开始患病，一行人在此停住。

今日为中秋节，到了晚上，每家每户都在准备赏月娱乐。夜里不巧有雨，无法看到中秋的满月。我们也甚感遗憾地进入梦乡，耳边不时传来阵阵雨声。

看当地人过中秋节，大家在院子当中放一张桌子，桌上摆放直径一尺见方的月饼。此外还有西瓜、葡萄、苹果、月兔画。在一个装满高粱与黑豆的罐中，插着珠宝形的线香，在桌子两旁燃着红色的蜡烛。

今日因车夫生病，只行进了 70 清里。我们给了车夫药品让他静养，希望他很快康复。

今日费用为：午饭 50 钱，葡萄 5 钱，糕点 4 钱，住宿费 1 元，掌柜 20 钱，合计 1 元 79 钱。

第百十八章　张家口之兴盛

9 月 11 日。今日天气格外晴朗，气温则开始下降。虽然已经换上了冬天的衣物，但还是感到寒冷，便拿出裘皮大衣穿在身上。

看到车夫带病驾车甚为可怜，便让护卫来驾车，我们骑马，叫车夫在车上睡觉。途中见到一处被称为明朝遗址之城堡，长度约有一清里。看到城中有较大的大理石碑等，可大多已经被毁坏，有些还半埋于土中。虽然石碑有一半被埋于土中，但还是可以看出究竟是属于明代还是属于元代的。我们对存留最为完整的一处遗址进行了查看。地基为周长 80 米的正方形，井口在南部。在中间又建有十米见方的正方形高台。远看好似土台，近看随处可见有砖露出。入口处立有一石碑。上书"黑风口墩　万历三十六年九月吉日立"等字样。

从此再前行 20 清里到达了鸡鸣山。山中富含石炭，人们在各处挖掘。挖出的炭装在驴车上运往宣化府以及其他地方。

从鸡鸣山至上花园有 30 清里，全为盘山路，在此花费不少时间。下午 2 时许到达上花园，用了午餐。再行 30 清里，傍晚时分到达宣化府。

今日费用为：午饭 50 钱，茶费 10 钱，葡萄 8 钱，苹果 2 钱，糕点 8 钱，掌柜 20 钱，厨师 15 钱，男佣 10 钱，乞丐 1 钱，合计 1 元 24 钱。

9 月 12 日。今日因车夫身体并未痊愈，便慢慢地收拾行李，上午 10 时许才出发。这里是知府衙门驻地，所以街道比较整备，商业也很繁荣。其中蒙古族人的交易尤为引人注目，有很多经营毛皮的店铺。入城时看到有两三重城门，城郭也很气派，随处还见有城堡。

行出 40 清里，看到路边小山上有很多品质极其优良的大理石。沿途还看到很多坟茔。坟茔前建有石门，立有石人、石马、石狮子等。大理石碑上刻有满洲字及汉字。

今日很早便到了张家口，住宿于城下客栈。听说这里有日本人经营的商号及三井洋行等。当我们看到所到之处都张贴着三井洋行漂亮的广告时，心中非常高兴。

这里商业繁荣，还有很多俄国人经营的很气派的杂货店。在汉族人的商号中也看到摆放着不少日本货。听说在这里还有英、美、法国人居住。在城外有很多回族人的小摊，在做着蒙古族人的生意。日本来此做生意者大多为药商，所以有很多人询问我们是否做药材买卖。

同古北口比较，张家口的气氛是完全不同的。现在这里正在铺设铁路，将来定会发展成为繁华城市。现在从内、外蒙古聚集到这里的毛皮等商品数量，绝对不是赤峰可以比的。而且不论是从北京前往长城或从长城前往蒙古地区，都比古北口要方便许多。特别是从古北口到喀喇沁及赤峰，道路全部为山路，行走较为不便。从张家口北上的路全部都在高原上。这里便也成了古时兵家必争之地，想到这些，眼前好似已看到有数万铁骑在冲锋陷阵。

今日费用为：地图 1 元，宣化府住宿费 1 元，午饭 80 钱，晚饭 46 钱，张家口住宿费 40 钱，男佣 20 钱，兵卒 30 钱，酒钱 2 元，合计 6 元 16 钱。

第百十九章　进入蒙古地区

9月13日。今早离开张家口，沿着谷河行进。路上的行人与昨日在张家口附近所见的完全不同，全无绅士风度。还看到很多从蒙古地区而来，运输牛皮、羊皮的牛车。

从踏上前往 sibartai 的路开始，路途渐渐变为上坡。从山上刮来的山风把寒冷传遍全身。我们在土城子的客栈用了午餐。今日用餐之处与昨日的客栈一样，都是很简陋的房子。屋中只铺了一张用高粱秆编制的席子，我们一时不知道坐在哪里才好。墙壁上胡乱涂写着蒙文、汉字以及罗马字。顶棚上、地板上都积满了灰尘。估计从这里开始，后面的客栈大多如此。但从墙壁上的涂鸦可看出，即便是这样简陋的房子也有很多人借宿于此。

出了这家客栈，便开始攀登元宝山的陡坡。我下马抱着幸子登上了一千九百米高的山顶。从这里可以俯视我们所走过的山山水水。遥望前方，只见一望无际的高原，好似一直延伸到天边。山顶开满了野菊花，空气中飘着野花的香味，看着眼前的一切，使人忘却了路途疲劳。

运载各种毛皮前往张家口的车足有五六十辆，络绎不绝地行进在路上。这种车辆在翻越山岭时，一不小心便会翻车。

今日住宿于从山上下来后又走了一千四百米所见到的客栈，其脏乱程度无法用语言来表述。夜晚，月光从破了的窗户照进来，寒风袭人。从张家口一带开始，人们的发音也有了变化。

今日费用为：饭费31钱，面包11钱，杀虫散15钱，热水4钱，住宿以及饭费30钱，兵卒30钱，水果20钱，合计1元41钱。

9月14日。客栈的铃声传至耳边时，才睁开眼睛。今天起床时感到非常寒冷。幸子从中午开始一直睡在裘皮大衣中，便抱着她上车，迎着晨曦上路了。走了10清里，天色已经大亮，但是月亮还挂在天边。远处传来骆驼、牛、马的声音，打破了黎明的寂静。

接近 sibartai 时，远远地可以看见三四座蒙古包。我们在这个小镇用了午餐。

傍晚时分来到板申儿住宿。今日行程为 90 清里。

高原上秋色渐浓，耕种的马铃薯、莜麦、胡麻、谷物等大多已经收割完毕。可以看到很多牛和马，而羊则比较少见。汉族人家中养着猪，但数量不多。这里居住着 40 多户汉族人，是一个不大的小镇。镇上有杂货店，还出售水果以及肉类。我进杂货店买了白纸，一张为 3 厘钱。这里还有烧饼以及糖果。

在店中有一位很像汉族人的蒙古族人。我用汉语问他是蒙古族人吗？他回答道：“不是，我是汉族人，但居住在这。”但从他的发音以及容貌来看，意无疑问是蒙古族人。我感到有些不快，便用蒙古语对他说道：“我这两年都生活在蒙古各地，是蒙古族人还是汉族人一看便知。而且无论何处的蒙古族人都心地善良，从不说谎。”闻听此言，他大吃一惊，面红耳赤地看着我。这附近的蒙古族人大都可以讲汉语，不愿意被人称为蒙古族人。这点与喀喇沁一带很像，是“irgen boljai”的表现。如果在蒙古内地，这样问话，被问的人则定会生气地回答：“我不是汉族人，是蒙古族人。”

在蒙古族人中，经常使用一个词，叫“irgen boljai”。“irgen”为汉族人，“bol jai”有变成之意，可以译为“变成汉族人”。还有一词叫“irgen-tai”，意为“汉式”。

这里为察哈尔领地，很早便归属于清廷，属于八旗，不同于蒙古的其他建制。

第百二十章　农业之地

9月15日。黎明时从客栈出发向东北行进，道路也越来越平坦。途经灯笼树等地，在距客栈5清里处的一农户家用了午餐。这里的农户大都存有面粉，他们为我们做了面条与烙饼等。生活水平下等之家经常食用荞面，一般家庭则食用小米。盛产马铃薯的地方，也会在粥中添加马铃薯。

继续前行，看到有蒙古族人家正在收获马铃薯。午饭后，向东北方向行进20清里后，突然下起了大雨。无奈，便在路边的农户家借宿一宿。

今日非常冷。农户家里有羊肉、马铃薯、葱以及白菜等。我们发现当地汉族人讲话时，发音同蒙古族人很相像。

今日费用为：午饭40钱，兵卒30钱，住宿及饭费40钱，合计1元10钱。

9月16日。天蒙蒙亮时，我们又出发了。气温骤然下降，已经降霜了，从马鼻子里冒出了白色的哈气。随着太阳冉冉升起，草丛中的冰霜融化成一颗颗晶莹的露珠，反射着太阳的光芒。空气变得非常清新，使人感到神清气爽。

今日借宿于50清里外的黑土洼客栈。沿途人烟稀少，农耕之地也渐渐减少。

客栈称无肉无蔬菜无鸡蛋，只有面粉。无奈，便叫了烙饼当晚餐。

这里的马可以自由地吃野外的草，所以客栈并未储备马料。此处给客人准备了饮用热水，看到借宿于此的客人，大都就着热水吃自带的饼。

从蒙古族人的家里总会传出熟悉的味道，那便是家畜的气味。我们长期在蒙古各地停留，因自己身上沾满这种气味，反而没有什么感觉了。

傍晚时分渡过山丹河。我们认为这是上都河之误称，这里经常有这种误读、误称的现象。今晚宿于距离山丹河2清里的客栈。虽然只有一间房，但房间相当大，只是房内脏乱不堪，庭院已经变为臭水沟了。但这家客栈的主人待人很好，格外细心地照顾我们。当地没有肉类，只有白菜，晚餐便请他用我们从北京带来的大米煮了饭，吃自己携带的罐装肉以及蔬菜。

　　这个客栈，有一梯子直通屋顶。仔细观察，原来是给猫准备的梯子，估计是屋顶上有很多老鼠。抬头时，看到被老鼠污染的屋顶非常脏。夜里有很多虱子和臭虫。

　　从张家口出来到这里为止，一路上城堡非常多。几乎每走一清里即有一处城堡，且几乎全都是明代的，可以想象当时汉族人同蒙古族人战争的激烈程度。

　　今日费用为：饭费 12 钱，兵卒 30 钱，苹果 2 钱，晚饭 40 钱，合计 84 钱。

第百二十一章　进入牧业地区

9 月 17 日。天还未亮，我们又出发了。沿途已经是广袤的草原，再不见一处农田。不时，还可以看到蒙古族人骑马追逐着马群。远处山冈上有白色的家畜在移动，那便是羊群。

今日途中也横渡了一条河。看到有数十辆牛车将不知从何处拉来的松树枕木运往张家口方向。这些松树或许是在西拉木伦河上游砍伐的。

中午用餐时，偶然遇到一位蒙古族青年，便用好久未讲的蒙古语同他聊了起来。据他讲 "ulaɣan qotan"，即红城，位于东北方距此地 7 清里，再向左拐 4 清里处。在这里的客栈，看到管家腰间挂着的钥匙上有一枚王莽钱。询问他在何处得到此钱时，他称是在经棚古城拾到的。我们向他购买了这枚古币。

在距离此地七八清里处，看到一土城。走近看，是一座四方形土城，其形式完全不同于 boru qotan 等地所见到的土城。在城中拾到一枚大观通宝，但是未发现砖瓦以及陶器等物。

傍晚时分，在接近 qabčiɣur 艾勒时（蒙古语 "qabčiɣur" 意为夹子），突然雷声大作，大雨夹杂着冰雹下了起来。这里也只有面粉，蔬菜则为腌制的白菜。

今日行走了 80 清里。住宿客栈的管家，也在腰间挂着很多古币。据他讲是在这附近捡到的，我们也向他购买了这些古币。

今日费用为：午饭 14 钱，兵勇 30 钱，古币 10 钱，晚饭 30 钱，古币 20 钱，合计 1 元 4 钱。

9 月 18 日。到达这里两三日之前，大清国的银圆以及铜钱便不大通用。在这里中间有孔的钱反而大受欢迎，这使我们感到很不方便。途中，我们不管对方是否接受，都用银圆做交易。但现在，无论我们怎么解释银圆为大清国的货币，都完全不管用。即使到钱庄进行兑换，只用银圆也是不给兑换的。银子尚可，但银圆完全不予兑换。价钱为一银圆换有孔钱一吊七百三。至于十钱或者二十钱等是不予兑换的。一银圆则兑换一吊有孔钱。铜钱七个称作一百，铜钱一个兑换七文钱，一百钱为四十九文。如上所述，不胜烦琐。

今日前往多伦诺尔，黎明时我们便出发了。现在气温约为 12 摄氏度，道路则是碎石沙漠路。行进 30 清里后在一个叫边墙的地方用了午餐。这里的客栈与昨日的建造完全相同，全部住满了兵士。

这里的客栈，好的房间锁着，待客用的房间却满是灰尘，连清扫也不做，且屋内连一个像样的拉门都没有。这种客栈是从来无肉无蔬菜无鸡蛋的，只有面粉。所以我们今晚的晚餐也是膙白草加烙饼。

用完午餐，我们一行人沿着上都河又踏上了前往多伦诺尔之路。沿途可见蒙古族人的帐篷，三五个散落于大路边。牛马也渐渐多了起来，成群结队地在草地上移动着。而牧马人挥动着套马杆追逐嘶鸣奔腾的马群，场面非常壮观。

在这里有数十个古时所建的土墙遗迹，占地二三十平方清里，呈四角形或圆形。这些或许是城堡遗迹，其门向南，同今日蒙古族人的住居方向一致。

从此向东北行进 30 清里，路过一地名为茶店，道路变得愈来愈难行走。翻越三四座沙山后，终于远远地看到多伦诺尔的影子了。我们在这里的沙漠中拾到了很多陶器、石器、铁甲等，同在翁牛特以及巴林所拾到的完全相同。此外，我还拾到一个经过加工的美丽的玛瑙石，夫君讲这同样也是石器时代的。此外还看到几处古墓。途中还见到汉族人的棺木，可见其中腐朽之白骨。

途中还见到同其他沙漠地区完全一样的、人畜曾经居住过的黑色焦土。在这种地方必定会有很多土石器以及骨骼等。

今日终于到了多伦诺尔，住宿于衙门附近的客栈。这里设有邮局，我便抓紧时间邮寄了十几封信。

多伦诺尔意为"七个湖"，现在已经不见湖影。但从前在此地一定有过七个湖泊。这里是典型的大陆性气候，格外寒冷。而且天气变化快，时而刮风，时而雨云翻滚。眼看着雨过天晴了，突然又开始下起冰雹。今日行程为 90 清里。

今日费用为：午饭 20 钱，兵勇 30 钱，换岗兵勇的酒钱 2 元，掌柜 20 钱，面包 10 钱，合计 2 元 80 钱。

第百二十二章　多伦诺尔的商业

　　9月19日。今日准备在多伦诺尔停留一天。昨晚开始下雨，今天拂晓时变成了大雪。天空灰蒙蒙的，只有那猛烈的寒风在不停地刮着。

　　我们为了参观城内风光，便乘马车上街了，但是城内道路状况非常恶劣，在污水淹没的路面上，马车几度险些翻倒。看到乘车比较危险，我们便下车步行，好不容易才来到商铺的屋檐下。

　　这里的房子大多是使用土和石头建造的，还看到已经倾斜的房屋。在店铺中出售的商品，几乎都是自家制作的针对蒙古地区的用品，比赤峰的物品还要齐全。比如卖茶壶的，会在店铺中摆满同样的茶壶。卖木碗的则摆满一屋子自制的木碗。制作奶制品所用木桶等也同样如此。这里的店铺规模完全不同于赤峰，尤其是经营毛皮的非常多，而且这里的毛皮价格要比赤峰便宜。我们用一元五十钱购买了四张山羊皮，用它铺床可以御寒。事后听说，如果是汉族人来购买同样的物品，还可再便宜五十钱。

　　当地还设有邮局，邮件五日便可到达北京。这里有很多回族人，很多客栈的客人都是回族人。

　　在北面三清里处坐落着一喇嘛寺，有五十多名喇嘛在此修行。庙宇内外的建筑非常气派，其造型兼具藏族风格。

　　据说在这里照样不用银圆与铜钱，但是支付酬金时，人们依然很喜欢接受银圆、铜钱，实在是百思不得其解。前几日也同样遇到说要用有孔钱的事，但是支付他们银圆时也都沉默着接了过去。这里的人算账时，店主会使用一种四角形的盒子以及好似江户时代用的计算器。在盒子的方格中把一文钱整齐地排列好，便可计算其数量了。各地之孔钱大小不一，有极大、大、中、小、极小五种规格。在这里只用极大的有孔钱，八十个有孔钱被称为一百，而一千七百三十个为一两。而且这种比例也因钱庄不同而有变化。一元有换一千一百个的，也有换一千五百个的。

　　在邮局里则不用小钱，而且急于退还这样的非通用货币。在此洋圆大受欢迎，一元可兑换铜钱一百二三十，一钱可购买百余枚邮票。一元兑换十钱银圆则可得十二三枚。这种非通用货币全部都被用于同蒙古族人的贸易当中。向蒙古族人收钱时要通用货币，而找钱给蒙古族人时则使用非通用货币。

今日费用为：山羊皮四张 6 元，兵士 50 钱，餐费 40 钱，邮票 1 元，偶人 30 钱，掌柜 40 钱，住宿 1 元 20 钱，纸 20 钱，合计 10 元。

9 月 20 日。原木计划今早 5 时许从多伦诺尔出发，并把此事报告了衙门，但过了 6 时也未见衙门派来护卫之兵士。因为我们住宿之客栈距离衙门很近，便把行李等物品全部装上车，驱车来到衙门院内。但此时，官差正在睡梦中还未起床。我们敲窗叫起他，谴责兵士至今未到之事。闻听此言，官差连衣服的纽扣都未来得及扣住，便飞身上马疾驰而去。7 时稍过，护卫终于聚齐，8 时许离开此地，又踏上了旅途。

第百二十三章　调查上都城

　　我们一路向东北方向行进，渡过上都河来到了喇嘛庙。庙宇分左右两处。寺庙前广阔的原野上生长着茂密的、绿油油的小草。草叶上的露珠晶莹透明，在朝阳的照耀下闪闪发光。虽然感到有些寒冷，但在这儿却感到寺庙之庄严肃穆，有一种超脱众生的神圣的感觉。庙宇前的草坪上不见牛马的踪影。

　　我们向左边的寺庙走去。这座庙建筑风格雄伟壮观，中间的高楼呈褐色。寺内有喇嘛五十余人，据他们讲多伦诺尔的商人是最大的施主之一。这里虽然地处沙漠地带，但是喇嘛庙周围是赤色的土地，在其后边可以看到有三两座蒙古包。登上寺庙背后之高岗环顾四周，也不见有一户人家。只见在草地上搭有两三个三角形的帐篷。

　　离开这里继续赶路，渐渐感到有些饥饿，但是道路两边无一处人家。询问途中遇到的汉族人时，告知前方约12清里处才有人家。

　　途中又遇到一位骑马的喇嘛，他告诉我们"道路还很遥远，到上都城还需80清里"。听到蒙古族人经常讲的"道路遥远"一词，我们并未感到吃惊。因为其实际所指大约是我们感觉中"遥远"一词的一半路程或者更少。

　　果然从多伦诺尔出发不到40清里，便遇到第一处蒙古族人的艾勒，"šangda-yin ɤool-un ail"。"šangda"意为上都，"ɤool"意为河，此语可译为上都河艾勒。这里是察哈尔蒙古地区的领地，有十四五座蒙古包。在这个艾勒中，还搭建着精巧的帐篷，同至今所见到过的又有不同。我们拍摄了照片留作资料。

　　这户人家极为周到地接待了我们，端出奶茶。在此小憩片刻再次出发，因不甚了解前方路途，便雇用了一个人来给我们引路。

　　横渡上都河后，沿着高原草地向西北行进。半途中，引路人便回去了。我们自己摸索着前行一段，不久就远远地看到了上都城城墙。在这里又拍摄了很多照片。

　　黄昏时分来到了上都城脚下的一个蒙古族人家，今晚便借宿于此。今日之行程为70清里。费用如下：茶费30钱，住宿60钱，合计90钱。

9 月 21 日。今日无风，感觉比昨日要暖和，但是温度计显示为 4 摄氏度。上都城坐落在 jaɤu nayan süm-e。"jaɤu" 是 "一百" 之意，"nayan" 意为 "八十"，"süm-e" 意为 "庙"，此语可译为百八十庙。

我们乘坐马车进入城内。内城是用砖垒砌而成的，南边的城墙上有一气派的拱形门。内城中央有一占地约 1 平方清里的用砖垒砌的四方形高台。在城中以及周围有很多住居的遗迹。地上散落着青色、黄色的瓦片、古币以及陶瓷碎片。

现在，城中有汉族人修建的小喇嘛庙。外城都已荒废，野草丛生。城墙破坏程度严重，几乎无法辨认。粗看，城墙最厚处有二三十步，城的拱门以及几处墙壁还可辨认。

中间高台已被湮没于泥土之中，杂草丛生，连一块瓦也看不到。牛马在此随意走动，悠然地吃着草。

曾经送迎了无数勇士的拱门，现在已经半埋入土中。著名的元朝遗址，今日几乎成了一座废墟。

附近的蒙古族人称这个遗址为从前元朝皇帝所造之物，看到眼前的一切，甚感可惜。

告别此地，继续向东南方向行进 40 清里来到了白城。白城地处西南要道，占地约有 1 平方清里，是一座全部由石头垒砌而成的城池。中央可见有高台，其他则不见有住居的痕迹。高台朝南，东西各开有一城门。

第百二十四章　被误认为马贼

看完白城后来到附近的蒙古族人家，这里居住着二三十户蒙古族人。看到我们到来，有人慌忙从蒙古包中跑出来，策马急驰而去。到近处一看，主人、主妇以及孩子们都已避开，不知去向了。或许适才看到我们过来，加上恐惧汉族人之兵士，将我们误认为马贼了。

我进屋后，询问留守的人："这里的主人以及主妇都去何处了？"看到我们，留守的人笑着答道："以为是马贼来了，大家都跑到邻村去了。"我们接着说道："这些汉族兵士以及车夫都是好人，不用害怕。"听到此言，留守人立刻策马急驰而去。不一会，美丽的村长夫人回来了，说丈夫在几日前外出尚未归来。

附近有在北京以及多伦诺尔来往的商人所搭建的帐篷，用作商铺。这些汉族人来到我们借宿之处，我们便向他们购买了炒米以及肉类等食物，其价格也极其便宜。

晚上做了羊肉饭，但跟随我们来的兵士以及车夫等人因不习惯羊肉饭的味道而未能吃下。

今日费用为：茶3钱，古币10钱，购物50钱，住宿30钱，合计93钱。

9月22日。从多伦诺尔跟随而来的两名兵士与车夫，非常不愿意前往达赉诺尔。因为从白城向止北方走，便进入蒙古族人居住地，沿途无一汉族人。看他们的样子，与其说不愿意进入蒙古族人家，不如说是恐惧来到蒙古之地域。而汉族人不习惯吃蒙古族的饭，也是其中一个原因。

今日一直都在向东北方向行进。我们看过地图，大致明白方向。但是今日的道路却一直伸向东北方向，感到有些不可思议。行出40清里便用了午餐。看到我们的马匹已经疲惫不堪，便在此地又重新换用了马匹。

再行10清里，道路开始向东拐，确切地说我们是向东南方向行进。看到旁边有大路，便问车夫为何不走大路。他们答道，前方有沙漠，马车会陷进去，难以行走。所以现在绕道而行。我们认为此话全无道理，可他们完全不听我们的指挥，一路向南从东面绕着远道。

行进 15 清里时，天已经完全黑了下来。我们在星光映照的夜空下，继续前行。不知走了多远，大概两个小时后，终于来到了一处聚居点。询问这里距早上的艾勒有多远，回答为 30 清里。便知今日绕道行走了约 60 清里，且距我们的目的地还有 30 清里。

车夫拿到佣金后，好像逃走一般，沿着只有 30 清里的近道回去了。他们是在欺负我们不知道路，回想起来就十分生气。

所幸这里距离西拉木伦河上游非常近，便决定先前往经棚考察达赉诺尔。

今夜在此地雇用了一位叫"bayar"的孤儿做仆人。他在这里做割草烧火的伙计，是克什克腾蒙古族人，会讲汉语。

途中看到在沙丘间潮湿的地方生长着野蔷薇等植物。还看到了秋日的红叶，心中不觉想起了故国的秋天。

今日费用为：午饭 20 钱，马夫 50 钱，住宿 40 钱，伙夫 5 钱，合计 1 元 15 钱。

第百二十五章　前往西拉木伦河的上游

9 月 23 日。今日让从多伦诺尔跟随而来的兵士回去了。早上起来看到各处都上霜了，而气温却比昨日还高一些，甚至可以脱下裘皮人衣，这或许是向东走的缘故。

今日也重新换了马匹，道路同昨日完全一样，还是沙路。这里有 50 清里路途为完全无人地带，脚下是茫茫的草地，山上长满了桦树与松树。感觉这里的土地非常肥沃。

行出 70 清里，到达一非常简陋的客栈，客栈主人的房间兼做仓库，而客房中既无拉门也无可以铺的席子，人在里边，好像进入了一个鸟笼子一般。

我们昨晚雇用的仆人进来，为我们准备晚饭，煮了饭与白菜汤。我们又开了肉罐头，就着腌白菜用完了晚餐。今晚的床特别暖和，得以很舒服地睡上一觉。

今日费用为：午饭 30 钱，住宿 25 钱，租马 70 钱，合计 1 元 25 钱。

9 月 24 日。路途中时而是沙漠，时而是山谷，我们逐渐进入了沙漠腹地。所幸今日终于到达了西拉木伦河上游。在沙山中长有枫树以及松树，落叶松已经被染成了黄色或深红色，深谷中的景色非常美丽。这里人烟稀少，行走二三十清里才勉强可以看到有一客栈。这里的住户全部都在务农。

西拉木伦上游河水清澈，宛如一条玉带蜿蜒流向远方。一个个山谷间都有如此清澈而美丽的小河在流淌着，无数的小溪汇合成西拉木伦河之源头。

今日住宿于 100 清里外一家很大的客栈，但是这里只有两间房子，我们住了其中一间。傍晚时分从各地到达这里的旅客有二十多人，住了另一间。这些房客大都是汉族人，其中还有公然吸食鸦片的。在这种偏僻的客栈，经常可以见到吸食鸦片者。还看到有五六个兵士在其中，他们也在吸食鸦片。异样的气味在空中弥漫。我们出来制止，他们却答道，如不吸将会得病。看着他们都像是打短工的，但一点也不粗鲁，都很老实本分。

　　店里到很晚还在不停地算账。一吊、两吊、三吊……格外嘈杂。幸子听到如此喧哗，毫无睡意。到了凌晨 2 时许，他们才停止喧哗。因为这里的炕烧得太热，加上虱子的骚扰，我一宿未能合眼。

　　今日费用为：租马 40 钱，午饭 15 钱，住宿 1 元，马费 20 钱，合计 1 元 75 钱。

第百二十六章　到达经棚

9 月 25 日。今日也是一路不断地攀登着沙山，行进 40 清里时用了午餐。这个客栈的主人自称是喀喇沁中旗人，生活很富裕。

路上可见汉族人的坟茔，看到棺木。还不时看到被暴露于外的白骨。

无数小溪汇集而成的西拉木伦河，河面在此逐渐变宽了。今日行程为 60 清里。住宿处为克什克腾王府，这里也是克什克腾领地。听说到去年为止，克什克腾的王妃还居住于此。这是一座方圆几里内不可比拟的豪华建筑，客人们宿于入口处，下女们曾经居住的房间。我们下榻之处，有一位七十余岁的老妇人带着十五岁的孙子。我们让仆人用自己带来的米和肉做了饭。事后听说这里的管家和房屋的主人，听说有外国人要来，都避开了。

这里的克什克腾蒙古族人半数以上都很会讲汉语，就像察哈尔蒙古族人所讲的 "irgen boljai" 一样，严重汉化。他们的风俗、服饰等无一是蒙古式的。实难分辨某人到底是蒙古族人还是汉族人。

今日费用为：午饭 15 钱，住宿 20 钱，合计 35 钱。

9 月 26 日。今天沿着西拉木伦河的上游行走 20 清里，来到一客栈。客栈的管家已经逃走，不知去向。无奈，又继续行走 17 清里，终于到了经棚。

我们在此换了马车。经棚是一个令人充满好奇之地，我们还未进城，就已经有很多人出来看热闹了。住进客栈后，来参观我们的人更多。

衙门派了两位手持皮鞭的护卫做我们的警卫。不久，衙门的官员大人也骑马来访。这个地方是汉族人居住地，各种设备比较完善，人也都很质朴。

傍晚时分，刮起了北风，沙尘飞扬。经棚四周全都是山，无论前往何处都必须翻山越岭。这里比乌丹城要小，人口为 1 万。商业依然是以面向蒙古族人的生意为主，此外，还经营着很多蒙古族妇人所用之物。路上看到有很多克什克腾蒙古族人。货币主要使用小钱，有孔钱十个为一钱，一百个为二钱，十钱为五百。肉一斤为七百钱。

今日费用为：马车 10 钱，男仆 10 钱，兵士 80 钱，点心 44 钱，酒钱 25 钱，住宿 1 元 20 钱，马费 25 钱，合计 3 元 14 钱。

第百二十七章　从龙王城遥望达赍诺尔

9 月 27 日。今日开始向西行进，沿着 doloɣan oboɣ-a 河（七敖包河）逆流而上。此河位于经棚南边，是从距此地 60 清里的巴林流到此地的，东南走向，最终注入西拉木伦河。

行出二三十清里，在客栈用了午餐。一行人又继续向西行进，沿途全是沙漠，不见人家。偶尔看到沙漠北边有五六处蒙古包。

马车一路向西行进，直到黄昏时分也未看到有人家。继续前行两个小时，终于听到了狗叫声，我们来到了 dalai süm-e 庙（达赍庙）。这是一个较小的寺庙，有五六十位喇嘛。

今日费用为：兵士 60 钱，引路 20 钱，住宿 20 钱，午饭 20 钱，喇嘛 10 钱，合计 1 元 30 钱。

9 月 28 日。早上从达赍庙出发，一路向西行进，一位喇嘛跟随而来为我们带路。沿途还是沙漠，行走了五六十清里也不见有一户人家。眼前只有一望无际的原野伸向远方，甚至没有发现一只动物。途中只遇到了几位喇嘛驾着一辆牛车，从西乌珠穆沁拉盐归来。

继续前行 50 清里，来到了 darqan sum-e（达尔汗庙）。这里的房屋，全部用白土涂抹成白色。看到有蒙古族妇人、少女、男人以及一些做马匹生意的汉族商人。寺庙建筑是耕的，有很多喇嘛住在这里修行。见到我们，他们都围过来看热闹。这里的妇人、少女的服饰与克什克腾、巴林以及乌珠穆沁蒙古族人的都不同。其风俗好似在他们之间，非常新奇。我们立即给她们拍摄了照片，她们很高兴，竞相过来拍照。

从这里继续西行，全都是沙漠，车马行走越来越难。傍晚时分突然下起了雨，一行人正走在湖边，顿时感到一阵寒意传遍全身。天黑时还是没看到有人家，全靠向导为我们引路。不知过了多久，终于到达了 quɣur-un ɣool 艾勒，借宿于一户蒙古族人家。

今晚一直雨声不停。湿漉漉的空气飘荡在空中，使人感到甚为寂寞。在这里也拾到了同其他地方完全一样的陶器。

今日费用为：兵士 60 钱，喇嘛 25 钱，酒钱 15 钱，合计 1 元。

9 月 29 日。早上寒风阵阵，气温为 6 摄氏度。我们前往这里的土城考察。这个土城占地约为 2 平方清里，是一个极大的土城。城高 2 米，城内保留着很多高台以及住居的遗迹。还见有石狮子、石碑的基石以及美丽的陶器碎片。另外还有柱形的基石。中央高台处的遗迹清晰可见，有数十块洁白的大理石基石。还看到有同 boro qotan 城完全一样的雕花台。此外还有两块大理石的碑文，几个很大的石臼。站在高台上可以眺望东北方向的达赉诺尔湖。

看达赉诺尔湖周边的地势，可以推测古时这里应该是一个很大的湖泊。现在则变成了很多小湖，今日所见的湖即是其中之一。

达赉诺尔湖南北长，东西窄。据当地人讲，两个人同时从湖的两边分别出发，一日可以相遇 6 次。

第百二十八章　达赉诺尔湖的黎明

9 月 30 日。从湖面上传来喇嘛庙的钟声，打破了黎明的沉寂。这是　处很大的喇嘛庙，修行的喇嘛有五六百人。昨日庙里腾出了非常整洁的一室供我们住宿。"nirba"（尼尔巴）喇嘛①出来，极为周到地接待了我们。庙中负责接待客人的喇嘛为"nirba"喇嘛。这里距离达赉庙 9 清里，我们在此拾到了很多陶器、瓷器的碎片，此外还见到铁锅的碎片。

今日午饭后，在行进途中，看到路边有松树林，其中还有两三棵巨大的松树，可以想象这里曾经长有茂密的松林。今日走了 70 清里，来到一户农家借宿。

10 月 1 日。今日我们又向经棚出发了，上午时分便来到了目的地。途中路过 doloɣan oboɣ-a-yin ɣool 时，看到有汉族移居至此开垦田地。在被他们翻起的泥土中看到很多陶器、石器，我们便一一收集起来。这些与我们至今所收集的完全相同，都是石器时代的物品。

10 月 2 日。今天在经棚停留一日。这里位于兴安岭以西，属于西拉木伦河上游。经棚别称"biraɣu qotan"，由此可见，这里也曾有过一座土城，据夫君讲应该是辽金时代的。

我们看到在这里可以使用俄国的银圆，在找钱时，我们收到了 12 枚。城中居民形形色色，但是有教养的绅士较少，无赖模样的人却常见。

今日给车夫付钱后，他立即掉头回去了，他们非常不愿意前往较遥远的地方。我们　时无法从此地出发，加上幸子生病，便决定暂时在此停留。

前些日子我们所雇用的克什克腾仆人，也在得到佣金后回去了，并且还准备带走我们的提包。尽管把提包追了回来，但没有想到他会偷窃我们的物品。

10 月 3 日。今早车夫也回去了。我们乘坐衙门准备的马车终于又踏上了旅途。途中听他讲只送我们到白家营子，而非早已约好的赤峰。如果是这样，我们是不能乘坐这辆车的。因为中途几乎雇不到车，所以又返回经棚。

又开始同衙门作各种交涉。最终他们虽然答应送到赤峰，但我们心中却深感不安。今晚又在经棚度过一夜。

---

①　"nirba"（尼尔巴）喇嘛：为庙中的管家喇嘛。

第百二十九章　从经棚至白家营子

    10 月 4 日。下午，车夫终于来了。此外还有三人跟随而来，声称要一同送我们到赤峰。因途中并不需要这么多人，我们便说除了车夫外只需要一人，其他人请回去。但他们还是跟随而来，好似事前说好了一般。

    出了经棚向东行进 5 清里，来到了一个路口。又走了 20 清里找到一处落脚点。途中看到一个务农的克什克腾蒙古族人艾勒。此山即为兴安岭的一部分，我们现在正在向东越过这座山。这里即为巴林与克什克腾的界线。

    经棚位于兴安岭以西，是克什克腾蒙古族人的物资供应地。但是从巴林到此则需要翻山越岭，非常不便，所以他们大都前往赤峰进行交易。而且这里的物价，尤其是谷物的价格，大都是根据赤峰的市场价来定的。

    10 月 5 日。客栈的主人说今日的路途为险峻的山路，所以在两匹马之外，又加了一匹马来拉车。今日行走了 20 清里，全无人家，也无农田。走出 20 清里，接近西拉木伦河源头时，遇到了有十数条狼的狼群。它们听到我们的声音后，静悄悄地朝北面的山上逃跑了。只剩一条狼，支起耳朵，蹲在山腰上，注视着我们的行动。蒙古族人很远就看到了狼的身影，大声地呼喊着。车夫讲先是有数条，后又有十数条狼跑过。看到我们一家三人，外加车夫等五人，狼并未追赶过来。毫无疑问，在兴安岭山中至今还有狼。我们在喀喇沁时就经常听说后山有狼，冬天会出来叼走小孩以及家畜。我们也曾在赤峰的山中，近距离地看到过两三条狼。还听说，在下大雨，发洪水时，有狼溺死，被冲到赤峰的街上。

    继续行走 20 清里，来到了桥头营子。在这里向南横渡西拉木伦河后，用了午餐。换了马匹后，从此地再向东行进 20 清里，来到了白家营子。白家营子位于白家河北岸，今晚便宿于此。

第百三十章　在土城子受害

10 月 6 日。今日二匹马并驾齐驱，继续沿着西拉木伦河岸行进。途中横渡白家河，道路依然为沙漠。东行 15 清里，连绵的沙丘终于隐去，沿途可以看到很多人家。这里的农业相当发达，人们现在正忙着收割小米与蒙古黍子。

从这里改为由两匹马驾车，再行 15 清里，到了土城子。这里已经形成了一个小镇，有四百余户人家，街上出售各种杂货。据说在这里有通往赤峰的近道，可以不经乌丹城，在两日内到达。这里所有的日常生活用品都来自赤峰。

到达土城子时，恰好是中午。有多位汉族人拥到我们下榻之处，拉开门，径自进入室内，他们的行为已妨碍到我们自己的工作。看到他们太过粗鲁，夫君便质问他们是何许人也。他们反而怒气冲天，蜂拥而来抢下夫君的帽子，扔到了客栈窗前的牛马粪堆上。不但如此，还围过来动了手。我也在阻止对方时造成右手中指骨折。这是至今为止从未受过的委屈，我们呼叫随从制止他们时，从经棚跟随而来的车夫等人反而庇护他们，让动粗者逃之夭夭。我们对这种不法的行为感到非常愤怒，便来到土城子衙门。但衙门大门紧闭不予受理。后来他们讲定要捉拿这些人归案，并说已向某处派遣了十人，另一处二十人，还有一处派遣了三十人等大话。但是我们听说，在这种地方常备兵力至多不过十三人。

傍晚时分，当地的官差用铁链捆着不法者来到我们下榻处。但我们仔细一看，却发现此人并非同我们动手之人，随即喊道："动手者并非此人。"但是官差讲："哪里都不见不法之人，无奈便捉了此人前来。"我们闻言大吃一惊，衙门之无法比庶民更甚。官差声称要看我们的护照，我们便拿出护照递与他。也不知他是否看懂，只是嘟囔了几句，便手忙脚乱地打道回府了。

10 月 7 日。今日也未能捉到动手者。我们来到衙门，看到大门依然紧闭，没人受理我们的交涉要求。最终虽看到了事情经过的陈述书，但所记载事项全然不符合事实。完全没有记录弄脏帽子，以及导致手指受伤之事。只是记着兵士前往何处捕捉犯人，而犯人又在何处被捉等。越发使人无法理解。后来虽然说要改写陈述书的内容，但也未见到。今天不得已又在此地停留了一日。

10月8日。我们到此地所乘马车是从经棚衙门雇用的，到赤峰为止，一日两元，已经把钱付给了经棚衙门，并且有衙门出具的收据。但是到达土城子后，车夫讲要在此地领钱回去。我们便告诉他已经付钱给衙门了，他应回去找衙门要钱。但是车夫不同意，并且讲如拿不到钱便不回去。这里的衙门虽然已经同经棚交接了任务，但未给予我们任何照顾，无奈，我们自己雇了三匹马。今日也因未能拿到陈述书，又在此地停留一日。我们给日本公使馆写了一封信，封在给尚大人的信中，委托从经棚跟随而来的兵士发送。据兵士讲如明日从此地出发，因距离赤峰百四五十清里，所以第二日午时便可到达目的地。

第百三十一章　　爸爸，去那里！

10月9日。早上委托兵士前往赤峰送信。今日衙门送来了10月6日事件经过陈述书，所写内容全部都是对他们有利之词。我们再次退回陈述书，今日便又无任何回音，空等一日。傍晚时分，衙门有官差来称："本府为小地方衙门，无官印。"并且说暴徒已被捕获，是杀是剐任大人处置，如此，便可不必出具陈述书了。且本府现在无会书写之人，写字的秀才正在教堂做祷告，今日无法拿出陈述书。他如此说完便起身回去了。

10月10日。今日还是未拿来陈述书。为确认明日是否可以出具陈述书以便我们尽快起路，我们派人前往衙门。使者回来报告说："因为今夜街上要表演皮影戏，衙门现在无人。"真可谓太平天下。

幸子原来只是在笔记本上胡乱画着玩，现在已经会画圆圈了。最近也开始说一些简单的词儿，比如爸爸、妈妈、奶奶等。且每日早上起床后会立即用手指着窗外，说："爸爸，去那里！"她虽然还是幼儿，但是已经懂得了旅途的乐趣。

10月11日。今天衙门终于拿着陈述书来到我们下榻处，但是上面没有盖衙门的公章。他们无论如何都不肯在上面加盖公章。无奈，只得让官差画押，摁了手印。

同时又押解来一个犯人，并且披枷带锁。我们为聚集众人拍摄了照片。官差问我们如何处置犯人。我们答道："我们只要陈述书，其他事宜不在我们权限范围之内，请官府定夺。"官差又说："此犯人上有一老母，请大人慈悲放过他吧。"而犯人却看着围观者发笑，毫无悲哀之色。我们便说道："此类事情并非我们所能定夺的，还请官府查办为好。"

这时，一位从经棚跟随而来的人上前说道："请付我们六人酬金。"原本是三个人跟随而来，现在却变成了六人。仔细一看，其中三人我们至今从未见过，看其面貌便可知是无赖之流。他们六人一直在此大吃大喝，声称是我们的同行者。虽然给他们出示了盖着官府大印的付费凭据单，他们仍然声称不知此事。到土城子为止，我们每日都付给随从人员佣金，不参与他们的其他日常起居。他们声称从昨日开始便因为无钱，未吃任何食物。还要我们付给他们住宿费九两钱。此外声称另有六人的伙食费五两钱。一两相当于一元五六十钱。其实这里的饮食费用大概只是他们所说的一半。

衙门的官差们对此视而不见，并且好似有意怂恿他们肆意取闹。车夫也声称还欠马料费三两钱。无奈，我们把这些费用全部付清，准备明日干干净净地离开此地。

第百三十二章　乡下客栈的特点

10 月 12 日。我们已经做好了出发的准备，但是护卫未到，已雇好的车夫也未按时前来，不论如何催促，也无任何回音。

在我们漫长的旅途中，从未有一地像土城子这般使我们感到为难。如果衙门可以给予我们一些关照，原本是不会有这些麻烦的。其他各地的衙门都给予我们很多照顾，唯有土城子例外。不论何时前往衙门都只见其大门紧闭，称官差外出不在。所以无论何事都要拖很长时间。

衙门的人虽然不坏，但好似昏庸寡断。所以在这里才会聚集着如此之多的浪荡之徒。

一般清国的乡下客栈，由于在当地长期经营，从厨师到管家都是非常友善的，无论小费多少，都会给予极为细心的服务。因此，住宿于汉族人的客栈从未感到过不快。相反，北京附近的日本旅馆，即使看到有客人进来也会装作未看到，使人倍感不愉快。与清国乡下客栈的温厚相比，实感他们人情浅薄。

大约在 1907 年，在北京的日本旅馆住宿一晚的费用为六七元钱，价格昂贵。清贫的学者们如要居住于此，定会把研究经费的大部分都奉献给旅馆。所以当时路过北京的学者都感慨地说，原本想在北京多停留几日，但稍作停留，便会拿到数百元的缴费单，大家住宿于此都感到忐忑不安。如小费给少了，有时便会莫须有地承担其他客人的费用。他们比起清国小店，各个方面都差了很多。清国的客栈一般都有很大的庭院，客房都是单间，且无论车夫抑或官差一律等同对待，住宿费也完全相同。

而且在清国客栈从未发生过物品丢失之事，大家极为质朴，从不耍滑头，从无要茶钱或小费之说。日本人到清国时，往往逞一时之威风拿出一大把小费，对方反而会感到不可思议。依日本内地的习惯，认为只要多付钱，便可显示自己的地位，实属滑稽可笑。

另外清国客栈还附带两餐，非常便利，而且早晨无论多早都会给客人准备热水。日本的客栈虽然也附带两餐，但早餐只是简单的茶与一片面包。或许认为早上没有大吃大喝的必要。

清国乡下的饮食，有时虽然看着并不是很干净但美味无比，用面粉烙出的松软大饼，可以用来做卷饼，包蔬菜或肉类，我们所到之处都会点此烙饼来食用。

在蒙古地区虽然无法吃到这些汉族饭菜，但是每晚都有整只羊吃。或许因为我们的饮食以乳类以及肉类为主，幸子的手脚都很纤细。万幸的是，我们一家三口人这次出行，至今未患任何疾病，真可谓上苍保佑。

今日费用为：酒钱40钱，兵士二人40钱，官家10钱，经棚之六人七日费用6两，合计6两90钱。

第百三十三章　土城子出发之际偶得石狮

10 月 13 日。我们如此这般在土城子虚度了一周。这里即使有衙门也形同虚设，我们在此一直小心翼翼直到离开为止。每日只得尽量外出，在官差以及兵士的陪同下于附近各处考察。

在考察九龙庙时，看到夫君很有兴致地长时间凝视着石狮子，官差说道："大人如对此感兴趣带走便是。"我们再三感谢，领受了这座石狮子。石狮子很小，高只有 5 寸，且外形非常精巧。原本应该有一对，但因年代久远现在已不知另一座在何处。夫君称其为辽代之物。

10 月 14 日。今早终于离开此地，继续上路了。因马夫未到，便委托衙门代为雇用了两匹马，外加两名护卫。因我们在当地备受关注，离开此地时便有很多人出来目送我们离去。

在即将离开土城子时，遇到从经棚跟随而来曾领取双重报酬之车夫。他称希望送我们到赤峰。问其缘由，车夫答道："唯恐回经棚后，不得向官府交差。"因我们已雇好马车，并且已上路，便回绝了他。

有一条小河缓缓地流经土城子。城外为广袤的田野，种植着农作物。行出 5 清里时，到达老爷庙，这里也有土城遗迹。在此地稍做调查后，继续赶路。不久，便来到了巴林、克什克腾以及西翁牛特之交界处。多伦诺尔以及赤峰的行政管辖领域也从此地划分。

道路逐渐变为上坡，途中见到赤峰县衙门驻扎在当地的分支机构，因无特别紧要之事办理，便继续赶路。行出 10 清里，就来到了最高处，由此开始是下坡路。行出 15 清里时，拾到了一些陶器等，与至今所见陶器为同类，也是石器时代之遗物。

又行 10 清里，来到小河子，借宿于一富裕人家，主人极为周到地接待了我们。到此地后，便叫车夫回去了。

今日费用为：住宿 50 钱，纸张 10 钱，兵士二人 60 钱，酒钱 20 钱，面包 10 钱，马匹 1 元，合计 2 元 50 钱。

第百三十四章　沙漠遗址拾得东胡指环

10月15日。今日很早便离开小河子，乘坐主人漂亮的马车离开了此地。一路沿西拉木伦河南岸前行，到达了东翁牛特领地。此时不禁想起3月途经此地时，有民家牛车被河水冲翻一事。途中又见到很多黑焦土的遗址，在其近旁又拾到很多出土物品。

我还在黑色的焦土中拾到一枚乌黑发亮的指环，戒面上还镶嵌着玉石。拿给夫君看，他称此指环的确为东胡人所用之物，心中倍感高兴。指环呈赤铜色，戒面上镶嵌之石为青色的硝子玉。指环制作精巧，戒面做工与现在镶嵌玉石之技完全不同。凝视着这枚指环，任想象飞驰，眼前好似看到英勇强悍的东胡人。

最不可思议的是，这枚指环戴在我的手指上，既不松也不紧，大小正合适。所以直到回国，我一直把它戴在手上。现在存放于东京帝国大学人类学研究室。

夫君讲，此指环是从汉族流入东胡之物，可见当时东亚民族已开始使用指环，所用材料也可称是最为古老的材料。

这里虽为西拉木伦河南岸，但同时也是东翁牛特的领地，巴林称其地为"qar-a modo"。"qar-a"为黑色之意，"modo"意为树木，此句意为树木繁盛之地。但现在已经看不到一棵树。

继续行走20清里，来到了曾经路过的潢水石桥，即巴林桥。石桥两边已荒芜，据说这里曾经有一土城，现在还隐约可见其双重土墙建筑。

第百三十五章　横渡巴林桥

　　来到此地后，不禁再次想起那位汉族少年之父连同牛车被河水卷走一事。今日再看此处，从翁牛特一端至中间小岛已无一滴河水。河床显露于外，人们可畅通无阻地通过此地。而当时却正是在此地发生了事故。我们先到达中间小岛，来到庙里。附近还有一敖包。在中间小岛至巴林一端建有拱桥，桥旁立有一石碑。上面用蒙古文以及汉文书写着"咸丰六年岁次丙辰中秋月"。

　　在石拱桥下，河水湍急。在桥的另一头也立有一六角石碑。因年代太过久远，上面所写之字大多已被磨掉，只模糊可见刻有"龙墩界"三字。据夫君之言，此石拱桥建于明代之前。

　　过桥后，看到有一座巴林衙门的蒙古包，以及另外一座民家的蒙古包。我们便进入民家，一一厚谢从土城子跟随而来的陪同者，之后，便请他们回去了。

　　再次踏上巴林的土地，我们可以安心地继续旅行了。进入蒙古包后，遇到了一位眼熟的蒙古族人，彼此为再次的相逢高兴不已。此人就是半年前横渡西拉木伦河时，抱幸子骑马过河的蒙古族人，他曾经是喇嘛，后到俄罗斯去了。我们互相询问近况，宛如久别重逢的故人一般，充满了重逢的喜悦。他是翁牛特的蒙古族人，为修缮铁炮奔走于各地。

　　因巴林桥近旁无人家，所以便从翁牛特雇用了马车以便继续明日之旅。今夜可以安心入睡了。

　　今日费用为：住宿1元，兵士、车夫1元60钱，合计2元60钱。

　　10月16日。马车很早便来了，我们请一位巴林王府的兵士做向导，又踏上了旅途。不久道路从平地逐渐变为上坡路，走到了山中。两边生长着茂密的斛树与杏树，在最高处则照例有敖包。站在这里，西拉木伦河流域以及东翁牛特之景象一览无遗，尽收眼底。下了山，便进入了查干木伦河流域，这里除了有喇嘛庙外，蒙古包散落各处。傍晚时分，来到距离巴林桥80清里之地，横渡查干木伦河后，到达了大板。

　　上次途经巴林时，只是远远地眺望着大板而过。今日来到此地，发现这里极
繁华，除了有很大的喇嘛庙外，大巴林王府的官差也驻扎在此。此外，还有很多
汉族人在此做各种生意。大板的建筑大都为平房，外观气派非凡。查干木伦河沿
岸为水土丰饶之地，将来的发展必定不可估量。

第百三十六章　在大板偶遇天主教徒

到达此地后，前来围观我们的众妇人当中，有三个人与众不同。她们既不同于汉族人也不同于蒙古族人，外表格外清洁整齐，连头发都是洗后扎起来的，与其他蒙古族妇女的发型也完全不同。她们面色柔和，眼神中充满了智慧。她们微笑着来到我们面前，拿出脖子上挂着的圣玛丽亚徽章给我们看。见到此物，我们立刻明白她们是天主教徒。我虽然不是天主教徒，但曾在入蒙古前一年执教于横滨的红兰女学校。每日就教义请教该校的信徒，并且旁听每日之弥撒，所以见到圣母像备感亲切，我便拿出十字架给她们看。她们看到十字架也非常高兴。我趁机询问她们是否为蒙古族人，她们答曰："我们不是中国人。"

的确，今日在途中曾经看到左边有一座高大的建筑，既非王府也非喇嘛庙。现在终于明白那是天主教堂。其实我正在考虑这个问题，如可以顺利地结束调查工作，回去后希望加入天主教会。即使现在尚未入教，每日在辛苦地赶路的同时，几乎无一日不在向主祈祷。前些日子，逗留于赤峰时便在考虑这件事情。

在查干木伦河流域，也有很多蒙古族人所谓的"高句丽"遗址。由此可知查干木伦河流域两岸曾经的富饶。正如在前边多次说过的那样，无论是土城遗址，抑或城池之遗址，全部都被蒙古族人称作"高句丽"遗址。来到此地后，终于考证其大都为辽、金时代之遗址。

10 月 17 日。马午迟迟未到。幕久心俱俱，11 时许乐于到来。我们开始放马驰骋于广漠的旷野上，心旷神怡。在这里，完全无马车颠簸或者磕头碰脑之忧虑。

今日从大板跟随而来的蒙古族人，很圆滑机敏。具有生活在大板这一拥有众多汉族人之地的蒙古族人的特点。他很看重钱财。但转念一想，迫于生计这也是理所当然的。

傍晚时分，借宿于一富裕人家，主人格外周到地接待了我们。晚餐上了一整只羊，我们已很久未感受过这种温暖了，今夜心情格外愉快。

10 月 18 日。今日从小巴林王府前经过。不久，翻越了一座山岭，在此又看到一敖包。中午 12 时许，到达 "usun yeke"（意为多水之地）艾勒，大家喝茶稍事休息。半年前经过此地时，曾经关照过我们的众人前来相见，高兴地说幸子长大了。大家纷纷询问我们至今所走之路途，回答中提到曾经去了巴尔虎时，众人惊讶不已，异口同声地说道"ɣajar qola"（意为路途遥远）。

从刚才有敖包的山上流出一条河，叫巴音郭勒河。河水滋润着两岸，所以这里土地也格外富饶。我们继续沿着巴音郭勒河，向东北方行进。这条路，全都是岩石路面，行车格外艰难。在山中景色秀丽之处，还看到一座喇嘛庙。

路两边生长着茂密的杏树林。根据气压表显示，杏树生长于兴安岭山中五百米至五百五十米高处，是丛生树种。

不久便下了山，来到平原。这里流淌着从辽上京方向奔流而至的乌力吉木伦河，在其岸边还发现了一座土城。方圆约 4 清里，城墙高约 5 尺。在其附近看到一座利用高台建起的城池，可见有彩色的瓦片散落在地。据当地人讲，在这里还可拾到很多古币。夫君讲这个土城和辽上京是同时代之物。

调查完此地后，继续沿乌力吉木伦河前行。

途中见一蒙古包，走上前却发现包内无人。无奈，只得继续寻找其他蒙古包借宿。

今日费用为：住宿 50 钱，茶钱 30 钱，合计 80 钱。

第百三十七章　踏上曾经走过的路

10 月 19 日。今日行走于杏树林中，一路向阿鲁科尔沁王府方向进发。傍晚时分，终于接近了王府，借宿于王府附近一汉族商人家。因为到达时已经是深夜，所以起初主人拒绝我们入住。所幸王府派人前来说明情况，主人才安心开门，接待了我们。

今日费用为：茶钱 30 钱，车 3 元，兵士 1 元 50 钱，住宿 1 元，合计 5 元 80 钱。

10 月 20 日。今日继续沿着西拉木伦河岸行进。王府派了一名梅林与一名台吉与我们同行。因急于赶路，便未前往王府见阿鲁科尔沁王爷。

行出 30 清里时，来到一富裕人家，饮茶稍事休息。主人出来接待了我们，在其腰间挂着一枚五铢泉。因为有河水滋润着两岸，所以当地土地肥沃，人们也相当富裕。这里的住居还是 ebesün ger，但是现在因为天气变冷，已经开始把包顶换为毛毡。

当地的蒙古族人过着半农半牧式的生活，这里盛产蒙古米。同时牧业也极为发达，肉制品以及乳制品都极丰富。在北部兴安岭山中的阿鲁科尔沁领地，牧业极为发达，所到之处随地可见骏马良驹。

继续行进 10 清里，到达一艾勒，傍晚便借宿于此。晚餐时，主人端出了一整只羊。在其腰间挂有三枚古币：一枚小泉直一，一枚天启通宝，一枚崇宁通宝。

今日费用为：住宿 1 元，茶钱 50 钱，车 1 元，合计 2 元 50 钱。

10 月 21 日。今早走出借宿之处，只见外边洁净的沙地上有很多车马新轧的痕迹。而人们则称既无马也无车，对此，我们早已听习惯了。便继续乘坐从巴林坐来的车赶路。看到我们上路了，蒙古族人便若无其事地牵着车马从沙漠的这边或那边走了出来，各自回家。虽然感到有些可气，但是这种做法极其滑稽，我们不禁笑出声来。

我们渡过欧木伦河后沿着山路继续行进。此河河岸狭窄，但水量很大。走到六七清里外，看到西边有一座喇嘛庙。再向南行进 8 清里便可看到有三四座蒙古包。继续前行，不久便来到了 qundaraɣ ail，喝茶小憩一番。

我们在此地换了马，继续行进，来到建在东边山上的 toɣoto-yin süm-e 寺庙。沿着山路再向东南走 15 清里后，便来到了一望无际的草原。

第百三十八章　告别西拉木伦河流域

到达此地后，等于完全告别了西拉木伦河流域，进入东部戈壁地带。此时此刻，向北眺望，只见山峦重叠、巍峨耸立。向南眺望，广袤的沙漠一望无际。从此地向东南行进，便进入了无一户人家也无一棵树木的荒漠地带，只有牧草生生不息。不久来到cino-a-yin usun 河边。"cino-a"意为"狼"，"usun"意为"水"，此语可翻译为"狼之河"。传说早时经常有狼到此河边来饮水，所以便得此名。据说如无人引路擅自渡河非常危险，便请 qundaray ail 的年轻人来为我们带路。此河即为流经巴林订卜京遗址之乌力吉木伦河，到此地后更名为"cino-a-yin usun"河。

河宽约 2 清里，在河中央长有水草。河道上既有水流湍急之处，也有形成水洼的缓流。渡河后，看到对岸有两三座蒙古包。据说他们是从喀喇沁迁移到此地的蒙古族贫困人家，王府只分给他们不大的一块劣质的牧草地。远近的确别无其他人家，放眼望去茫茫旷野，别无一物。我们取道向东南行进，看到有一颗流星在天空划过，使人倍感寂寞。傍晚时分，终于远远地看到有火光，便向着这团火光前进。去到近前，看到在蒙古包外有牛粪熊熊燃烧着。这是为夜晚行路者点燃的指路之火，宛如狼烟一般。傍晚行路时经常会见到这种火，是为了给夜行者引路。

在投宿的人家，主人欢迎我们，端出了丰富的食物。这小儿勒为此带之中唯一的聚居点，有七八家住户，叫"caidam"艾勒。我们在此买到了一枚五铢泉。

10 月 22 日。今日刮起了猛烈的北风，或许这便是朔风吧。朔风所带来的完全是冬季的寒冷。官差们都换上了裘皮大衣，我们也把裘皮大衣拿出放在近旁。这期间，早晚温差极大，中午还穿着单衣，到了傍晚则需更换裘皮大衣。这便是典型的大陆性气候。特别是在兴安岭山中，这种温差变化更为明显。

继续向东南行进 15 清里，来到了 moltur ail。这里聚居着七八户人家。我们在此地也发现了东胡遗迹，拾到很多陶器以及石器。

我们来到这里的富裕人家。只见其门外有一只大雁在来回踱步，便询问主人。主人告知这是自家饲养的大雁。入蒙后，我们首次看到饲养大雁的蒙古族人。

主人给我们端出蒙古茶以及烙饼，这里的所有食物都是蒙汉折中的。

从这里出发前往东南方，再次来到西拉木伦河岸。根据我们三渡此河的经验，这里的水流缓慢，河宽只有百米左右，两岸柳树丛生。询问当地居民，他们告知西拉木伦河在此分为数支分流，所以水势渐弱，而其干流水势则非常湍急。

第百三十九章　调查老哈河流域

　　渡过西拉木伦河后向东南行进 2 清里，便来到了一个艾勒。此聚居点也位于沙漠之中，只有五六户居民。由此向前便是老哈河。横渡老哈河极其危险，需要做充分的准备。所以虽然时间尚早，但我们还是决定今晚暂宿于此。近来，天气越来越寒冷。

　　主人极尽周到地接待了我们。据主人讲，这里位于我们曾经调查萨满教之西扎鲁特的北方，相距七八十清里。

　　10 月 23 日。今早非常寒冷。但今天必须渡过老哈河，所以很早便离开此地，踏上了旅途。依然沿着沙漠向东南行进，这里的牧草已经长至一人高了。在牧草丛中，可以看到夹杂有柳树。途中见到一两间汉族人的小屋。据蒙古族人讲，因这里土地极为贫瘠，便未改作牧场，也未耕种。但不知何时便有汉族人来到这里，开始耕地种田了。他们砍伐树木，除掉牧草，坚定地开垦着这里的土地，我佩服至极。这里的土地已经在他们手中变成了农田，再经多年的苦心经营，将来必定会成为像在翁牛特所见到的田地一样。

　　途中见到一大片牧草被烧焦的黑色土地。询问缘由，回答说汉族人中的耕作者会挑选有风的日子，放火点燃被割掉牧草的草原，再进行耕种。

　　继续行走 15 清里，来到了老哈河边。河面宽度约有 3 清里，水势极猛。湍急的河水打着漩涡奔流向前，不时地还可以看到有很大的树木顺水漂下，其两岸则全部都是沙漠地带。

　　蒙古族人先探试水深，看情况比横渡西拉木伦河要困难许多。他们讲需要有来自奈曼的带路者，所以我们便停车在岸边等待。

　　眼前的老哈河比西拉木伦河要深，河面也宽得多，在雨季是绝对无法过河的。此岸还是阿鲁科尔沁的土地，但彼岸已经是奈曼了。也可以说是以老哈河为界限，划分了两地。

　　终于，从对岸的奈曼方向有带路者前来，我们立即过河。水没至马腹，水流异常湍急，在河中有好几次险些翻车，最终还是安全地到达了对岸。

　　在寒冷的河水中，蒙古族人裸露着上身帮我们推车，毫无畏惧之色。

第百四十章　到达奈曼

大家一起上岸，便看到奈曼蒙古族人的聚居地。其住居皆为平房，大约有十五六户人家，看其风俗与翁牛特蒙古族人极为相似。

我们来到当地梅林家，喝了午茶。主人格外通情达理，很周到地接待了我们。我们在这里拍摄了照片，测量了人们的身高等，便又继续上路了。一行人向东南行进，途中采集了很多陶器、石器以及陶瓷的碎片等。这些物品与西拉木伦河沿岸之物属于同一种类。由此可见，在老哈河沿岸曾经有蒙古族人生活过。

从梅林家出发，行进 20 清里，看到有一小水池，在其岸边也收集到很多出土之物。由此，我们继续向南边进发。沙漠越来越难走，感到两匹马拉车很吃力，便又加了一匹马。继续行进 20 清里，来到 moltur ail。这里有很多耕地，柳树、榆树已成林。

这里有平房二十余间，我们来到梅林家。开始时对方称主人外出不在，祖母有病在身等，道出种种理由拒绝我们入住。对此，我们已经习惯，便径直进入屋内。

梅林家格外宽敞整洁。进到房中一看，不但祖母并未生病，主人也在屋中。听到我们讲蒙古语，主妇也迎了出来。主人不仅准备了丰盛的晚餐，还陪同我们说话直到深夜。

今日费用为：带路者 60 钱，马 50 钱，茶 50 钱，住宿 1 元，合计 2 元 60 钱。

10 月 24 日。今天一早便启程，继续向西南方向行进。途中也拾到些出土物品。这里有森林一般茂密的柳树以及榆树，且皆为古木。在树林中，坐落着"tusalaɣci-yin süm-a"等两三座喇嘛庙。

在沙漠中行进 40 清里后，来到了一处艾勒。此时开始降雨，我们便来到一平房喝中午茶，稍事休息。主人拾来很多柳枝，为我们生火取暖。

走出此地，我们沿着一条河的河岸继续行进。这条河，水流虽然湍急，但河面并不很宽。据说其源头就在奈曼王府附近。此河流向我们行进的西南方向，最终并未汇入老哈河，而是消失于沙漠之中。

　　沿途依然看到有很多古老的柳树以及榆树，而沙漠却茫茫不见尽头，车辆行进也极其艰难。今晚借宿于 20 清里外的 oroitai-yin ail。

　　沿途的沙地不同于西拉木伦河流域，这里非常湿润。

　　今日费用为：茶 50 钱，住宿 1 元，合计 1 元 50 钱。

　　10 月 25 日。一早便离开了 oroitai-yin ail，继续赶路。途中发现沙地逐渐变为土地。由此继续行进 20 清里，到达了奈曼王府。王府安排我们借宿于附近一富裕人家后，从阿鲁科尔沁护送我们来的官差等人便打道回府了。

第百四十一章　雁南飞

　　这里上地富饶，且皆被开垦利用。住居为平房，大都散布在王府周围。沿途看到有砍伐树木、拓荒耕地之举。这里的树木长得郁郁葱葱，皆因其拥有上好的水源。在王府西侧有 darqan dalai 湖。从北方飞来，准备飞往南方过冬的无数只鸟儿在湖边栖息着。其中还有大雁、野鸭、灰鹤等。鸟类的迁徙，一般会在两三天内全部飞走。

　　与至今所到蒙古地区相比，这里不仅农业发达，牧业也保持着一定规模。但同产量很大的谷物与蔬菜相比，牧业产量较少。今天吃到了很久未沾嘴的新鲜蔬菜，感到非常可口。

　　奈曼的兵士同其他地方的不同，每人都携带一把枪。其他各地虽然也都有一定数量的兵器，但并不携枪而行。这里兵士的数量虽不是很多，但都可配枪而行。喀喇沁王府也同样把武器分发到了兵士手上。

　　今日有一位在王府帮佣的年轻人携带一把短枪来找我，希望我们可以购买此枪。我们便告知他："我们也各自携带着一把六连发的手枪，但在蒙古内地完全无用，正在考虑卖掉此枪。"闻听此言，年轻人不高兴地退了出去。

　　今日费用为：阿鲁科尔沁官差二人6元，车2元，小孩的费用50钱，向导30钱，住宿2元，合计10元80钱。

　　10月26日。今日一早便一路踏霜向西行进。奈曼王府派出兵士二人、车夫一人陪同我们。早上闻听从 darqan dalai 湖边传来纷杂的声音。仔细一看，是昨日停留于湖边的数千只水鸟展翅飞翔，准备飞往南方。我们在3月时，曾经看到这些候鸟从南方飞回来，现在又见到它们向南方迁徙，心中感慨万千。

　　走了10清里，道路又开始变为沙路。途中来到一处艾勒，喝茶休息。主人非常热心，不但告诉了我们很多有关古迹风俗之事，还亲自为我们带路。

第百四十二章　强盗之巢

　　我们继续向西行进，映入眼帘的是浩瀚无垠的茫茫原野。沿途看到一间荒废了的平房。据当地人讲，五六年前，这里曾经有过一个强盗团伙，有十五六人。这里便是他们的贼窝。他们经常威胁路人，入户抢劫，还不时有杀人事件发生。当时，几乎无一人敢走这条路。

　　几年前，奈曼王府缉拿了这些强盗，从此这里才得以安宁。听到如此可怕之事，身上不觉冒出了冷汗。

　　走了 20 清里，来到 čaɣdur-un naɣur 湖边。此湖占地约十平方清里，湖边栖息着无数的大雁以及野鸭。听到人声，受惊的大雁便成群地飞起，排成整齐的"人"字形队向南方飞去。我们路过时，看到湖中还有无数的大雁。

　　我们沿着湖边向西行进，途中看到灰色的陶器碎片。据蒙古族人讲，此湖也最终消失于沙漠之中。再走 25 清里，有一座同名的喇嘛庙。再行 10 清里，来到另一座喇嘛庙，今夜便借宿于此。

　　今日猛烈的东南风卷起沙尘暴，使人难以继续赶路。并且在傍晚时分，气温骤降，异常寒冷。今夜借宿的喇嘛庙设备齐全，非常清洁。床铺也很温暖、舒适，使人心情愉快。今晚的晚餐也格外丰盛。

　　附近有一座土城，好似辽代遗迹。在喇嘛庙前的高岗处，我们又拾到了陶器的碎片。

　　今日费用为：茶 50 钱，住宿 1 元，合计 1 元 50 钱。

　　10 月 27 日。自昨晚开始刮的风至今还很强劲。8 时许出发，继续向西南行进。沿途依然是连绵不断的沙漠，不见一户人家。行出 20 清里，遇到一处艾勒，便喝了午茶，稍事休息。之后，又踏上旅途，继续行进。途中有一个湖，在其岸边拾到东胡人的陶器以及石器碎片。最后来到了 qar-a usun 村。"qar-a"意为"黑"，"usun"意为"水"，可译为"黑水村"。名字虽然还是蒙古语，但现在已经没有一位蒙古族人居住于此了。

第百四十三章　成功的汉族人

现在居住在 qar-a usun 村的都是汉族人。他们经营农业或牧业，现在都已经成为富裕人家，都拥有像城堡一般的住宅，家中有众多佣人。他们原来也同适才在老哈河岸边看到的人家一样，都是白手起家的。他们有着坚强的意志，做什么事都会成功。这点的确值得学习。

这里的住户，开始时无论如何都不同意接待我们，但最终还是同意我们借宿于此。在汉族人家，开始时总会遭拒，但是只要同意你入住，他们便会极为周到地招待客人。

10 月 28 日。早上从 qar-a usun 村出发，继续向西南行进。从这里，可以看到在西边流淌的老哈河水。

这时，从我们出发的方向突然看到，有一位汉族人急匆匆地跑来。问其缘由，答道："昨日有盗马贼潜入，盗走了一匹马，应该是向此方向逃跑了。"跟随我们来的兵士急忙察看周围的沙地，果然发现有新的足迹。兵士给失主指明方向后，他便照此急速追去。照此看来，这里的盗马贼并未销声匿迹。

在丘陵上，我们拾到很多铁渣。夫君推测这里从前有人从事过锻造业。此外还有铁器之碎片，石器碎片，陶器把手，雕有花纹的赤色陶器以及褐色的陶器碎片等。比较老哈河流域与西拉木伦河流域的物品，便会发现既有同一种类的物品也有不同种类的，但都属于东胡时期的物品。在这里，我们有幸得以实施了非常有意义的调查。

就这样，一路边行走，边进行调查，不久，便到了 5 清里外的一座喇嘛庙，老哈河就从寺庙高岗下流过。在此选择视角开阔之处，拍摄了一张老哈河的照片。

我们在这个寺庙喝茶小憩后，又继续上路，继续进行调查工作。途中可见制作石斧之痕迹，我们便收集了一些碎屑做研究。

第百四十四章　受阻于老哈河

辞别喇嘛庙后，行走 6 清里，便来到了老哈河岸边。本想立即过河，但现在河水涨势凶猛，必须另寻河水浅的地方渡河。为此，我们一路沿着老哈河，走了将近 10 清里，但未能找到可安全渡河之处。继续顺流而下 10 清里，发现河面反而越来越宽了。无奈，便派遣一名兵士先行探路，我们把车停在河岸等待消息。但等待多时也不见人回来，或许他在前边的人家家里喝茶也未可知。便立即让另一名兵士骑马下河，就地探查河水深浅，我们紧随其后，赶车过河。开始时，河水浅，我们顺利地来到河中央。但是从这开始，河底有明显的坡度变化，变得越来越深，河水也开始渗进车中。不知道是因为恐惧河水，还是无法负荷重物，无论怎么赶，马都举步不前。如此下去河水便会灌进车内，车夫见状便跳入河中，从前边使劲拉马前行，大家这才勉强渡河上岸。由于长时间浸泡在冰冷的水中，一上岸，车夫的脸色便开始发青，浑身哆嗦起来。我很吃惊，赶快拿出宝丹让他服用，同时让其他官差以及兵士拾来柴薪，点燃让车夫取暖。但车夫并未到火堆旁边取暖，而是沿着沙滩奔跑起来。这样过了一段时间，车夫的脸色终于恢复过来，并且不再战栗，才来到火边取暖。我拿出裘皮大衣让车夫穿上，并且借了兵士的马，让他骑马先行，到前边的人家家里取暖休息。然后让兵士驾着我们的车马，继续赶路。河岸这边的村庄为蒙古族人、汉族人杂居地带，都从事农业。这里的土地都已被开垦耕种。

第百四十五章　进入敖汉

在这个村，无人肯为我们带路。横渡老哈河时，也无人前来帮忙。我们向西北行进了 15 清里，来到了敖汉王府。敖汉王府的东邻为奈曼，两地是以老哈河为界的，敖汉四周都是沙丘。敖汉王爷在北京滞留时，遭逆臣杀害，所以现在王府处于无主状态。其内部管理极其混乱，对于远道而来的客人也极不负责任。王府称因现在无王爷，不能接待我们。但是，在王府外边我们无法找到借宿之处，便硬是进了王府。

根据王府官差所言，在王位继承人问题上，府内的大臣纠纷不断。我们向王府的官差交代了明日的车马之事，便在此休息了。

今日费用为：租车 2 元，兵士 2 人共 2 元，水中带路者 1 元，敖汉住宿 2 元，男佣 1 元，合计 8 元。

10 月 29 日。今天一早便做好了出发的准备。但是，昨日委托的车马，直到中午还未到。下午 3 时许，车马才到齐。虽然已经很晚了，但是连同两名兵士，我们还是上路了。

这次是沿着老哈河右岸向西南行进。一行人走了不到 10 清里，便已经到了黄昏时分。沿途皆为沙漠，放眼望去，无可借宿的人家。我们只有不停地向西南行进。行出 40 清里，遇到了一个很大的聚居点，但我们并未借宿于此。继续在茫茫的夜色中前行，深夜时分终于来到了一个村落。这个村子的名称叫哈拉道口，归属于敖汉。据称，这里距离王府 50 清里。我们来到这个村子的造酒作坊，今夜便借宿于此。主人唤来仆人为我们生火暖炕，并且准备了面条做晚餐，使人感到万分欣慰。

今夜借宿于这里唯一的富裕人家，家中有众多的佣人。其住房宛如城堡一般。

第百四十六章　重回令人眷恋的赤峰

10 月 30 日。今日便可回到令人眷恋的赤峰。我们一早便同主人告辞，请两位兵士带路，踏上了重返赤峰的路。外出时，感到气候寒冷，只见道路两旁的水塘都已经结了冰。

沿途丘陵呈赤色，其间有一条小河流淌着汇入老哈河。道路两旁全都是汉族人的村庄，土地都已经被开垦成农田。在这条小河的左岸，可以看到有连绵的群山，耸立在远方。

行出 20 清里，来到了五十家子村，这个村是老哈河岸边较大的村落。我们同样在造酒作坊的主人家落脚。此处虽然比起哈拉道口村的造酒作坊要小一些，但是同样用着很多下人。主人是一位极开朗的人，不但同我们聊了很多，还带我们参观了酿造高粱酒的作坊。我们在此用了午餐，又继续赶路了。

临走时，遇到来自西乌珠穆沁的蒙古族人。他们都是喇嘛，是在赤峰买盐后，顺道在归途中来此买酒的。遇到他们时我们的眷恋之情油然而生，便一同聊了很久，一一道别后正式出发了。

今天离开了老哈河流域，开始沿着英金河走，沿途都是汉族人的村庄以及农田。距离今早出发地 40 清里时，渡过英金河回到了赤峰。

到达赤峰时，天色已经很晚了。我们立即前往衙门拜访尚大人，但大人恰巧外出不在。其手下士官迎了出来，陪我们说话。据他讲，尚大人接到我们的来信后，极为担心，便亲自驾车带着其他食品等，去了土城子。尚大人到达时，适逢我们离开土城子。听此言，我们大为感动，尚大人实乃热忱之人。赤峰的尚大人、乌丹城的颜大人等为人极为厚道，令我们至今难忘。

听说途中丢下我们径自回赤峰的车夫，回去后，被官府打了一百大鞭，甚感可怜。他为人很好，只是没有勇气前往蒙古内地才逃回赤峰的。绝未到非惩罚不可的地步，心中甚感不忍。

我们在士官的带领下寻找客栈，可都满员了。最后终于找到一家客栈，得以住下。

10 月 31 日。今天决定在赤峰停留一天，向各处发送了很多信件。街上的人闻听我们已重返赤峰，都来走访。

傍晚时，我们做好了明日出发的准备，雇好车马后便休息了。

第百四十七章　前往朝阳

11月1日。今天一早便准备好车辆，向东南方向的朝阳进发了。行出35清里时，小憩片刻，又继续行走15清里，来到了老哈河边。这里的河面非常宽，有一渡船在往返。沿着河的南岸又行走了35清里。从此地继续行走25清里，傍晚时分，便又来到了qar-a usun村。今日所行走的110清里土地为西翁牛特之领地，沿途全都是汉族人的村庄，土地已被开垦，耕种农田。

11月2日。早上离开qar-a usun村，行至40清里外的蒙民营子用了午餐。沿途全都是赤土地，地势也逐渐变高。我们在途中的高地拾到了陶器及其碎片。陶器碎片中有被打磨成圆形的，使我不由得想起了小时候把瓦片磨圆作玩具的情景。

离开此地不久，便看到了一座很大的土城。此城建在高台的斜坡上，地势极险要。城底有一条河流，汇入60清里之外的老哈河。

土城的城墙已经塌陷，无法测定其高度，但是，仍保留有两米高的残垣，占地方圆2清里。我们在城内进行调查，收集到了陶器碎片、破了的石臼等，这都很有研究价值。这些东西是契丹时的物品，还有一些物品显示出技术上的进步。在这里也看到有把瓷器打磨成圆形的玩具。

我们离开土城后，来到了海山皋。今夜住宿于此。

11月3日。今日需要翻山越岭，所以，一早便离开了海山皋。我们翻越此山时，遇到了十五六位蒙古族人。在他们的帮助下，我们顺利地翻过了这座山。这些蒙古族人开始时自称汉族人。但是在听到我们用流利的蒙古语讲话时，他们又惊又喜，随即告诉我们自己是喀喇沁中旗的蒙古族人。我们在下山时一路交谈，说到了很多有趣之事。我们在山下的驾马台村用了午饭后又继续行进。不久，便来到了老哈河上游。在这里有喀喇沁中旗的十三敖包。

我们在老哈河上游所拾到的陶器碎片，与在赤峰附近英金河岸边所拾之物完全相同。原本还想在老哈河上游再多做一些调查工作，最终还是决定向朝阳行进了。

不久开始攀登西清沟梁，登上山顶后，发现有一座小庙。有块石碑上刻有"于元朝之元统三年翻越此梁"等字样。下山后，来到了 10 清里外的马迷水村，这里已经属于朝阳县管辖地域。

翻越西清沟梁后，便离开了老哈河，来到了凌河流域。凌河流经朝阳，最终汇入渤海湾。马迷水村无客栈，无奈，我们便借宿于一汉族富庶人家。

今日费用为：茶 20 钱，餐费 82 钱，店钱 50 钱，梨 10 钱，糖 16 钱，合计 1 元 78 钱。

第百四十八章　朝阳及其周边调查

11月4日。沿着西清沟行走15清里，来到了土城子村。据说，西清沟最终会注入大凌河，那么西清沟岭就应该是凌河的分水岭。

土城子村很大，近旁都是汉族人耕种的整齐的土地。在村中，名副其实，有一座土城。城中，只有北边和东边的城墙还保留至今，但是无法判断其高度以及厚度。城内土地已经被开垦耕种，所以无法拾到任何物品。

出了此地，沿着高台继续前行，所到之处，拾到了很多陶器、石器的碎片以及骨器等。这些物品对于大凌河流域的民族研究具有极为重要的意义。

中午时分，来到了35清里外的金色饭店用了午餐。之后，又继续向东行进。不久，看到前方出现了一座石头山。远远地还可以看到，山上建有两座古塔。山脚下，坐落着远近闻名的朝阳街。

出了黄金店，道路变得越来越平坦。在10清里处，我们拾到了陶器碎片。与午餐时所拾之物完全一样。在开垦土地的过程中，被捡出并丢到路边的瓦片等，都是元朝时期的。

继续行走25清里，我们终于来到了朝阳街。这里是热闹的街市，今夜便投宿于此处的客栈。看到日头尚高，我们便立即着手对古塔以及其他各类的调查。

建于朝阳街西边的古塔，其式样与在蒙古各地所见的古塔完全不同。塔的外壁早细雕琢，分为南塔与北塔。另外，还有一座古塔耸立在朝阳街前边的的山上。这三处古塔被统称为三座塔。夫君称三座塔建于唐代。这里为土默特管辖之地，蒙古族人称此三塔为"ɣurban subury-a"。但是，现在这里已无一名蒙古族人居住。为了管理当地的汉族人，设置了朝阳县，受热河管辖。在当地驻扎着屯兵。据称这里人口有两万余，商业比较发达。在朝阳街的一端，有一座喇嘛庙，庙内有土默特之喇嘛。

今日费用为：兵士50钱，茶10钱，住宿30钱，合计90钱。

11月5日。我们一早便从朝阳出发，走了15清里，渡过了大凌河。此时水势汹涌，过往行人皆依靠渡船才能到对岸。我们沿着河岸行进了30清里，在张家营子看到有座已遭破坏的古塔。这里沿途景色非常宜人。再行进 10 清里，中午时分，来到了牤牛营子用午餐。从这里开始为大凌河之支流，在道路左边有一座喇嘛庙。途中又看到一座遭到破坏的古塔。再行 30 清里，来到了巴图营子。这里为汉族人的一个小商业街，有五六十间店铺。此外，还看到一座很大的喇嘛庙。

在途中，我们遇到了一位土默特的喇嘛及其母亲。他们讲，此行是要前往北京，要为现在逗留于北京的大喇嘛上供。他们还讲道："害怕乘坐途经锦州的火车，希望与大人同行。"

沿着河岸继续东行，途中不时地会拾到陶器碎片，与西拉木伦河流域所拾物完全相同。另外，山上还随处可见烽火台。夫君讲这里原来肯定筑有长城。

第百四十九章　患病徘徊于生死的边缘

天色终于完全黑了下来，我们在夜色中驾车疾行。此时，由于空腹再加上寒冷，我开始感到肚子隐隐作痛。走着走着，疼痛逐渐加剧，夜半时分到达住宿地时，剧烈的腹痛排山倒海般袭来。所携带的药物，已经全部分发给了蒙古族人以及汉族人。我不愿让夫君及孩子看到自己忍受痛苦的样子，再加上这里又有很多汉族人，便来到后边高高堆起的高粱垛子后，强忍痛苦。今夜月色依旧皎洁，月光裹住了我。在孤寂中，我已做好了死的准备，只是孩子们尚幼小，使我牵肠挂肚。我突然想到向主祈祷："乞求主保佑我安渡此劫。"说完，不由地俯地恸哭起来。并且暗下决心，如可安渡此关，必将举家入教，用以报答主之圣恩。

躺在高粱堆中，我浑身沾满了汗水与泪水，能做的只有仰望天空，拼命地做祈祷。不知过了多久，突然感到有强烈的寒意袭来，便迅速回到室内，拿出所有可以盖的东西盖在身上，然后躺下休息。夫君则一直守候在一旁。幸子惊恐地看着眼前的一切，紧紧依偎在夫君的怀中。朦胧中，眼前出现了留在故乡的孩子以及双亲、兄弟姐妹的面孔。睁开眼睛时，却看到夫君两眼噙满泪水，此时，自己也泪如泉涌。

不知何时，渐渐有了温暖的感觉，耳边传来嘈杂的人声，睁眼一看，已经到了早上。人们匆匆地在做出发前的准备。

夫君则抱着幸子茫然地坐在冰冷的炕上，看到我神清气爽地坐了起来，大君吃惊地问道："要去哪里？"

幸子高兴地扑了过来，抱住了我的胳膊，想到昨晚之事宛如做梦一般，只有含泪感谢我主。我就这样奇迹般地好了起来。在清晨的阳光中又同夫君一起踏上了旅途。同宿于此的其他旅客，对我的状况感到极不可思议，都出来目送我们远去。

第百五十章　从锦州至北京

沿小凌河向南行进 20 清里，至钱家台时，小凌河的水势变得异常汹涌。渡过此河后，继续行走 20 清里，我们来到杖子店，用了午餐。在此村的河边立有两座碑石。上书于嘉庆年间，在河沟架一石桥，但现在已不见其踪影。在这里，夫君还拾到了一把石斧。

环顾四周，发现我们已经离开了山岭地带，地势变得越来越平坦而宽广。经过了几座村庄后，终于来到了锦州城。看到这里的繁华景象，我们大家都很吃惊，宛如乡下人来到大都市一般。

今日入住距离停车场很近的一处客栈，屋内清洁而整齐。客栈主人是位非常风趣的人，他告诉我们曾经有哪些日本人来此住宿。这里已经完全进入了文明社会，无任何让人感到不方便之处。从这里的人眼中可以看到智慧之光，这点同时也使人感到有些不可思议。

11 月 7 日。今日决定在锦州停留一日，用以在城内参观，调查古塔。这里的城墙东西长六百米，南北长九百米。南门叫永安门，北门叫镇北门。当地人口超过五万。蒙古各地的皮货集中于此地后，将被统一运往天津。

在城内西部有一座十三层的八角塔，塔旁有一寺庙叫大广济寺。寺内碑石上书唐朝大广济寺为十三层三十九尺之方塔。后遭破坏。重修于明朝嘉庆十一年云云。另外还立有一古碑，但已无法辨认上面所书之字了。夫君看了古塔后称其建于辽或金时。

看完古塔，拍摄照片，购物后，便回到了客栈。

11 月 8 日。今日终于可以乘坐火车了。这趟车明日正好可以到达北京。

11 月 9 日。沿途主要车站为锦州、山海关、天津。万里长城始于山海关，位于燕山东段与渤海之间的狭长地带，是明长城东部第一座关口。这趟火车绕道天津，于上午到达了北京。

　　我们此时太过疲倦，如直奔服部博士宅邸必定会使博士大吃一惊，便叫车停在了当时北京唯一的日本旅馆"扶桑馆"门前。看到我们精疲力竭地从车上拿下脏兮兮的行李，进入扶桑馆大厅，那些围着圆形茶几读报纸的四五个店员，瞭了我们一眼，便又掉过头去了。

　　在蒙古各地都受到欢迎的我们，一下子没有明白其中的含义。

　　我们在蒙古地区度过了一年的时光，居住于蒙古族人中间，无形中已经完全变成蒙古族人了。现在衣衫褴褛，大概脸色已经被太阳晒得黑黝黝的，只有眼睛还在闪着光亮吧。看到我们的行李，店员们也大吃一惊吧。沾满尘土的袋子，破了的包裹，这些行李看着如乞丐一般。或许未被告知"闲人免进"而被拒之门外，已经是很幸运了。

　　看到我们一直站在大厅中央，有一个店员便无奈地走了过来，问道："阁下贵姓？"夫君答道："从蒙古地区归来的鸟居。"闻听此言，经理才走了出来，请我们入座。在这里，我们得以沐浴，食用了日本菜。最后钻入柔软的绢丝被褥中，伸直双脚时，完全忘记了所有的艰辛，安然入睡了。

　　我们一家三人在此住了一周，结账时被告知花费金额将近三百元，不禁大吃一惊。但是现在想起来也并非特别昂贵。后来听说，服部博士曾经专程打电话到扶桑馆，希望特别给予鸟居博士住宿之优惠价格。所以我们是以非常优惠的价格入住的。

　　在1908年前后，住宿一夜的费用为六七元，当时这个价格被认为非常昂贵。

　　购买船票后，还有数日空闲时间。由于收到了服部博士热忱的邀请，虽然明知会给博士增添麻烦，但还是前往博士宅邸暂居了数日。我每日从早晨开始一直到晚上都忙于整理行李，打包物品，而夫君则照旧每日购买书籍，读书度日。

　　幸子已经可以蹒跚而行了，脚上蹬着小巴林王妃所赠的小靴子，身上穿着清国的衣服，在庭院中来回玩耍，不断地上下攀着石阶。由于我忙于捆扎行李，便委托夫君照看幸子。但是，夫君看书入迷后便忘记了幸子的存在，每日孩子的额头上都会出现两三个大包。

　　服部博士经常来看我们行李的整理情况，当他看到夫君用剩下的钱全部购买了《大清一统志》、某某《通志》、"二十四史"等回到日本后不可轻易入手的书籍，并且摊开一屋子书正在读时，大笑着回去了。

　　我终于整理完十几个行李包，前往服部夫人之处。夫人说道："鸟居先生是否全无回去之打算？为何至今还在到处购买书籍，读书不止？"那是看到幸子额头上的大包，便可明白的事实真相，大家一同笑了起来。

　　如果我们拥有比现在多十倍的资金，本应收集到更多的有关风俗研究的资料。每当想到这些，都会感到非常遗憾。至今令我魂牵梦绕的事情便是重新踏上这块令我怀念的第二故乡，再做一次实地考察。